跨境电商专业理实一体化活页式教材

跨境电商基础

主　编：苏颖宏　李　洋　吴陵玲
副主编：吴红英　邹木英　陈柳伊
杨松茂　李梦筠

厦门大学出版社
XIAMEN UNIVERSITY PRESS
国家一级出版社
全国百佳图书出版单位

图书在版编目（CIP）数据

跨境电商基础 / 苏颖宏，李洋，吴陵玲主编 ；吴红英等副主编. -- 厦门 ：厦门大学出版社，2024. 11.
ISBN 978-7-5615-9446-9

Ⅰ. F713.36

中国国家版本馆 CIP 数据核字第 2024CJ8429 号

跨境电商基础

KUAJING DIANSHANG JICHU

策划编辑 张佐群
责任编辑 胡 佩
美术编辑 蔡炜荣
技术编辑 许克华

出版发行 厦门大学出版社
社　　址 厦门市软件园二期望海路 39 号
邮政编码 361008
总　　机 0592-2181111 0592-2181406(传真)
营销中心 0592-2184458 0592-2181365
网　　址 http://www.xmupress.com
邮　　箱 xmup@xmupress.com
印　　刷 厦门集大印刷有限公司

开本 787 mm×1 092 mm 1/16
印张 23
字数 476 千字
版次 2024 年 11 月第 1 版
印次 2024 年 11 月第 1 次印刷
定价 58.00 元

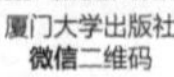

厦门大学出版社
微博二维码

前言

“跨境电商基础”是跨境电商专业的岗位核心课程，是依据《国家职业教育改革实施方案》提出的三教改革与产教融合理念，并依照现代商贸专业群人才培养方案要求，以培养复合型技术技能人才为目标，通过开展行业调研和企业实践专家访谈会，将提取到的典型工作任务进行转化而形成的专业一体化课程。课程内容紧密结合思政元素，做到理实一体、德技并修。

“跨境电商基础”课程基于企业典型工作任务，在课程项目中穿插相关岗位必备知识点与技能，侧重培养学生的应用能力。本课程的主要学习任务包括跨境店铺策划与开设、跨境电商产品开发、跨境电商产品刊登、跨境电商交易管理、跨境电商客户服务、跨境电商营销推广、跨境电商数据分析，可以作为相关专业的职业基础课程。

本书作为该课程的配套教材，在结构设置上将每个项目都分为学生工作页和信息页两个部分。学生工作页按照工学一体化的六大环节进行组织，包括获取信息、制定计划、做出决策、实施任务、过程控制和评价反馈。通过企业任务工单的驱动，最大程度地发挥学生的自主探究能力，实现边做边学的教育目标。信息页则提供了完成任务所需的知识点讲解，并穿插了“专家指导”“小贴士”“想一想”“练一练”等环节，以帮助学生串联知识点，更好地理解和掌握课程内容。

特色创新

一、科学构建知识技能体系，实现工学一体化课程教学模式的覆盖

本书严格遵循人社部印发的《推进技工院校工学一体化技能人才培养模式实施方案》的要求，由开发团队经过多次研讨、论证，确定核心知识与技能体系，形成了融教、学、做、测、评为一体的教材内容和体系。

二、采用活页式、工作手册式设计方式，并配备丰富的教学资源

本书以学生为中心、以工作过程为导向，将企业的岗位要求和工作过程有机融入其中。此外，本书还配备丰富的教学资源，包括课前微课、动画、章节小测等，方便教师使用及参考。

三、创新教学评价体系，多方面、多层次进行综合评价

本书在编写过程中，综合考虑教学活动的具体实施情况，将评价主体分为学生、小组和教师，将评价维度分为课前预习、专业知识、学习态度、团队素养、任务实施、复盘总结和课后拓展，构建“三主体七维度”教学评价

体系。通过对学生课前、课中和课后三个阶段的综合评价，全过程多元化考核学生的知识、技能和素养目标的达成程度。

四、采用“三段课、七环节”教学实施策略，有效达成学习目标

本书在编写过程中，为有效达成学习目标，采用“三段课、七环节”的教学实施策略。“三段课”分别是课前导学、课中研学和课后拓学。“七环节”分别是学、工、知、策、做、评、拓。

- 学——课前学习：课前自主预习新课内容，完成课前测试，检验预习效果。
- 工——明确任务：导入真实岗位的工作任务情景及内容，激发学生的学习兴趣，并明确本课的学习目标和重点内容。
- 知——获取信息：运用多种教学方法及手段对课程内容展开讲解。采用问题引导，激发学生对本课内容的思考，达到探究式学习目的；通过知识讲授，使本课重难点与所探究问题形成呼应，帮助学生吸收内化。
- 策——计划决策：各小组针对任务进行探讨，并做出最优实施计划的决策。
- 做——实施任务及检查反馈：各小组根据任务要求实施任务，并做好过程监控。实训操作过程与企业任务趋同，能提前让学生感知企业工作，培养职业意识。
- 评——评价反馈：召开复盘会，各小组进行成果展示，并进行综合评价。
- 拓——巩固拓展：课后引导学生自主探究，学以致用，延伸教学时空，实现知识迁移，帮助学生扩展视野。

五、坚持立德树人，落实思政及素养教学

本书将素养教学与职业技能相融合，充分挖掘“跨境电商基础”课程中所蕴含的德育元素，在专业知识中融入与社会主义核心价值观、创新思维、服务意识、责任意识和社会责任感等相关的内容，以润物无声的方式将正确的价值观传递给读者。

本书可作为中职、高职院校电子商务类、经济贸易类、工商管理类等相关专业的专业课程教材，同时也可供广大跨境电商从业人员和社会人士阅读参考使用。

在编写过程中，相关企业大力支持，提供了大量的任务背景、案例、情景素材以及诸多企业相关资料，在此深表感谢！

本书由厦门技师学院组编，由于时间及编者水平有限，书中难免有不当及疏漏之处，恳请各界人士批评指正并提出宝贵意见，以使本书日臻完善。

编　者

2024 年 11 月

目录

模块一
跨境店铺策划与开设
/1

模块二
跨境电商产品开发
/57

模块四 跨境电商交易管理 /175

模块六 跨境电商营销推广

Module 1

模块一　跨境店铺策划与开设

课时建议：12 课时

学生工作页

学习情境

店铺策划与开设是卖家进行跨境业务的首要环节。在开设店铺前，卖家需要先对店铺进行定位，明确店铺的经营类目、商业模式与目标市场；其次，卖家需要根据跨境平台的入驻规则，准备好入驻资料并按照开店流程完成入驻；最后，卖家需要完善店铺的基础信息，装修店铺首页，了解平台规则、知识产权等，做好风险防范，为后续的店铺运营工作打好基础。

学习目标

知识目标	技能目标	思政目标
• 能概述跨境店铺定位的思路与方法； • 能列举跨境收款的平台并简述结汇流程； • 能概括分析竞争对手的流程与方法； • 能举例说明跨境电商常见的侵权类型。	• 能正确分析市场情况，并完成跨境店铺定位； • 能完成跨境平台入驻； • 能准确分析市场竞争态势与竞争对手； • 能查询商标专利信息。	• 提升敬畏法治、遵纪守法的意识； • 培养求真务实、勇于探索的职业素养； • 培养团队意识、协作意识与创新精神。

聚焦竞赛

本模块学习内容聚焦如下竞赛技能标准：

1. 能够根据跨境市场现状，挖掘潜力类目，选择合适的商业模式与目标市场，完成跨境店铺定位。

2. 能够根据跨境电商主流平台的店铺开通规则，完成店铺的注册及开通。

3. 具备对不同平台规则的学习能力，能够整理和完善店铺注册资料。

4. 能够根据企业及产品信息，完善店铺信息。

5. 能够进行目标市场及竞争对手销售实力分析。

6. 能够了解国际贸易相关法规，根据商标、专利、产权等知识产权相关知识，判断店铺侵权风险。

7. 具备法律意识，遵守《中华人民共和国电子商务法》《中华人民共和国知识产权法》等相关法律法规和进出口相关条例。

工作准备

1. 认真阅读学习任务书，明确本次工作活动的学习任务要求；

2. 上网自主搜集亚马逊（Amazon）、速卖通（AliExpress，全称“全球速卖通”）、虾皮（Shopee）等跨境平台开店方面的资料，进行深入阅读，并记录感悟和问题；

3. 提前准备好本模块任务实施的相关材料；

4. 结合学习任务书梳理大致的工作计划和要点。

学习任务书

认真阅读如下所示任务背景，明确本任务要求。

任务背景

材料 1：小王家乡是著名的“玩具之都”，有许多企业在此投资建厂，生产制造的各类玩具销往全球。在各类玩具中，小王对积木、遥控类玩具情有独钟，不仅熟悉玩法，还对它们的制造工艺深有研究。小王在毕业后计划开一家跨境玩具店，在行动时小王很快就意识到了自己面临的挑战：玩具行业范围过于广泛，且他对跨境市场了解不多，不知道店铺要怎么定位才最适合自己，更能吸引顾客。这个难题让小王一时间陷入了迷茫。

材料 2：小王计划在速卖通平台上开店，而他的朋友小李已经在该平台上开店多年，经验丰富。小王向小李请教开店的方法，小李热情地告知小王需要准备的开店资质和材料，并向小王亲自演示了一遍开店流程。

材料 3：小王开店后，计划将店铺主推产品的价格设定在 40 ～ 60 美元。为了更好地制定竞争策略，提高自己的市场竞争力，现小王需要了解本行业的竞争态势，并找到自家店铺的对标竞争对手。

材料 4：当地的一个玩具厂商向小王推荐了一款新品（表 1-1），据说这款产品在国外供不应求，非常火爆。这让小王很心动。小王决定先查一下这款产品是否有版权，以确保合法性。这是一个明智的决定，如果产品存在版权问题，小王可能会面临巨大的法律风险，影响店铺的声誉和经营。

表 1-1　产品信息

产品关键词	产品图片
foam plane（泡沫飞机） launcher catapult glider airplane（弹射滑翔机） airplane launcher toy（飞机发射器玩具）	

任务要求

根据提供的任务背景信息，完成下列任务：

任务 1：联系材料 1，帮助小王完成跨境店铺定位。

任务 2：假如你是材料 2 中的小李，请你操作一遍速卖通的开店流程。

任务 3：结合材料 3，帮助小王分析行业竞争态势并对标竞争对手。

任务 4：根据材料 4 给定的产品，请你查询该产品是否存在侵权。

★ 学习任务对应岗位：跨境电商运营专员。

★ 涉及知识与能力：跨境店铺的定位、开设、安全维护，跨境市场分析。

任务分组

将学生按每组 4 ～ 6 人分组，明确每组的工作任务，并填写表 1-2。

表 1-2　学生分组表

<table>
<tr><td>班　级</td><td></td><td>组　号</td><td></td><td>指导老师</td><td></td></tr>
<tr><td>组　长</td><td></td><td>学　号</td><td colspan="3"></td></tr>
<tr><td rowspan="5">组　员</td><td>姓　名</td><td>学　号</td><td colspan="2">姓　名</td><td>学　号</td></tr>
<tr><td></td><td></td><td colspan="2"></td><td></td></tr>
<tr><td></td><td></td><td colspan="2"></td><td></td></tr>
<tr><td></td><td></td><td colspan="2"></td><td></td></tr>
<tr><td></td><td></td><td colspan="2"></td><td></td></tr>
<tr><td colspan="6">任务分工</td></tr>
<tr><td colspan="6">例如：____________同学，主要负责____________工作。</td></tr>
</table>

获取信息

据引导问题，从信息页的相关学习任务中获取对应的信息，回答引导问题并在空白处填写答案。

引导问题 1： 什么是跨境电商？跨境电商的主要模式有哪些？

____

____

____

____

跨境电商概述

引导问题 2：跨境 B2C 电商企业通常都设有哪些岗位？岗位职责是什么？

____

____

____

____

跨境电商岗位职责

引导问题 3：定位跨境店铺不可缺少的环节包括________________、商业模式决策、________________等。

引导问题 4：检验某个产品类目是否适合自身经营，应从哪些方面着手？

____

____

____

____

引导问题 5：判断图 1-1 和图 1-2 所示店铺是属于精品店铺还是铺货店，在正确的格子里打“√”。

店铺类型	图 1-1	图 1-2
精品店		
铺货店		

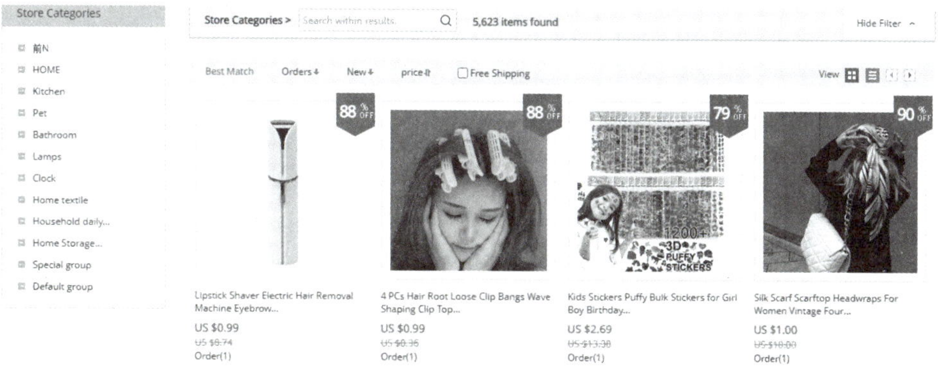

图 1-1　店铺示例 1

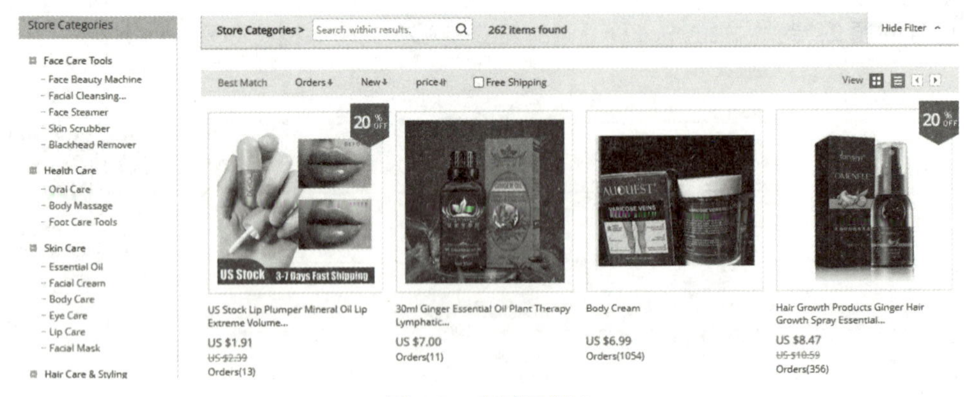

图 1-2　店铺示例 2

引导问题 6：请简述 Drop shipping 的特点与优势。

____

____

____

____

____

引导问题 7：请在下面方框中绘制 Drop shipping 模式的流程简图。

引导问题 8：选择目标市场是一个综合判断的过程。______________、市场规模和______________三个维度是选择目标市场的主要依据，但个人倾向、政策导向等因素也会影响卖家对于目标市场的选择。

引导问题 9：请简述用 Google Trends 判断某类产品市场趋势的方法。

____

____

____

____

引导问题 10：请列举四个主流的跨境收款平台。

____

____

____

____

引导问题 11：请简述中国大陆卖家的跨境收款流程。

____

____

____

____

引导问题 12：亚马逊平台的“个人卖家”和“专业卖家”两种销售计划的主要区别是什么？

____

____

____

____

引导问题 13：卖家在入驻跨境平台后，通常需要完善哪些店铺信息？

引导问题 14：分析市场竞争态势和目标市场文化，卖家可以从哪些维度展开分析？将答案填入表 1-3 中。

表 1-3　市场竞争态势和目标市场文化维度分析

市场竞争态势分析维度	
目标市场文化分析维度	

引导问题 15：请简述对标竞争对手的做法。

引导问题 16：跨境电商卖家较常触及的侵权行为有哪几类？

引导问题 17：简述跨境卖家防范侵权行为发生的做法。

____

____

____

____

计划决策

小组内每位成员提出自己的计划和方案，经小组讨论比较，综合每位同学的意见，确定小组的最终实施方案。

任务 1：跨境店铺定位

➤ 计划 1：请联系材料 1，针对定位经营类目的实施思路做出计划。

问题 1：结合小王的情况，采用哪种类目定位思路更合适？

问题 2：这种类目定位思路具体应如何实施？

决策结果：______________________________

____

____

____

➤ 计划 2：请联系材料 1 小王的个人情况，针对适合小王的商业模式做出初步判断方案。

决策结果：______________________________

____

____

____

➤ 计划 3：请联系材料 1，就选择目标市场做出计划。

问题：如何对比不同目标市场的热度？

决策结果：____

____

____

____

任务 2：跨境店铺开设

➤ 计划 4：结合材料 2，针对速卖通的开店问题做出计划。

问题 1：速卖通开店需要准备哪些材料？

问题 2：要开通计划 1 得出的类目，小王是否需要准备特殊资质？

决策结果：____

____

____

____

任务 3：跨境市场分析

➤ 计划 5：结合材料 3，制定分析行业竞争态势的实施方案。

问题：当下可实施的行业竞争态势的判断维度有哪些？要怎么做？

决策结果：____

____

____

____

➤ 计划 6：结合材料 3，制定对标竞争对手的实施方案。

问题 1：作为小王的对标竞争对手，其店铺应具备哪些特征？

问题 2：要寻找并确定对标竞争对手，具体要怎么实施？

决策结果：________________

____

____

____

任务 4：跨境店铺安全维护

➤ 计划 7：结合材料 4 所示产品，制定商标专利查询计划。

问题 1：应该去哪个国家的商标专利局进行查询？

问题 2：要判断这款产品是否侵权，应从哪些方面着手进行检验？

决策结果：________________

____

____

____

____

实施计划

根据制定的工作计划，按照任务书的要求实施任务，并将实施结果填写到对应问题下方。如果无法独立完成，可以参考配套实训任务书。

计划实施 1：联系材料 1，帮助小王完成跨境店铺定位，并将结果填入表 1-4。

表 1-4　跨境店铺定位

经营类目	商业模式	目标市场

计划实施2：假如你是材料2中的小李，请你操作一遍速卖通的开店流程，并概括操作步骤。

要求：(1)条理清晰，逻辑严谨；(2)与实际操作相符，不得捏造事实。

计划实施3：结合材料3，帮助小王分析行业竞争态势并对标竞争对手。阐述分析结果，并说明理由。

要求：(1)结果明确，理由充分；(2)条理清晰，逻辑严谨。

计划实施4：根据材料4给定的产品，请你查询该产品是否存在侵权问题。

要求：观点明确，理由充分。

评价反馈

1. 各组派代表上台展示成果，并介绍任务的完成过程。

2. 其他组同学给你们提供了哪些意见或建议？请记录在下面。

____

____

____

3. 本次课的心得体会：

____

____

____

4. 评价方式采用多元化评价，评价主体由学生、小组与教师构成，评价标准、分值及权重如下所示：

（1）学生进行自我评价，并将结果填入表 1-5 中。

表 1-5　学生自评表

班级：__________　　组名：__________　　日期：________年____月____日

评价项目	评价标准	分　值	得　分
信息检索	能有效利用网络资源、配套资料查找有效信息	10	
知识掌握	能准确理解学习任务中讲述的知识内容	15	
技能训练	能按任务书要求，按计划完成工作任务	15	
感知工作	认同工作价值，在工作中能获得成就感	10	
团队素养	能与教师、同学之间相互尊重、理解和平等交流	10	
职业素养	能严格遵守相关工作守则和法律法规	10	
思维状态	能发现问题、分析问题并解决问题	10	
参与状态	能发表个人见解，倾听他人意见和看法	10	
创新意识	能在工作过程中做出创新点	10	
合　计		100	

（2）学生以小组为单位，对学习任务的实施过程与结果进行互评，将互评结果填入表 1-6 中。

表 1-6　小组互评表

班级：______　　被评组名：________　　日期：________年____月____日

评价项目	评价标准	分　值	得　分
团队素养	该组小组成员间合作紧密，能互帮互助	15	
	该组的工作计划周密，组织有序	15	
	该组态度端正，有较强的吃苦耐劳精神	10	
工作情况	该组的工作效率突出	20	
	该组的工作成果完整且质量达标	30	
	该组严格遵守相关工作守则和法律法规	10	
合　计		100	

（3）教师对学生工作过程与工作结果进行评价，并将评价结果填入表 1-7 中。

表 1-7　教师评价表

班级：__________　　组名：__________　　姓名：___________

评价项目	评价标准			分　值	得　分
考　勤	无无故迟到、早退、旷课现象			10	
工作过程	能正确回答引导问题并填写答案			20	
	能制定详细的工作计划			10	
	能按任务书要求规范实施工作活动			20	
项目成果	能按时完成任务			10	
	学习态度认真、细致、严谨			10	
	任务成果完整且质量达标			20	
合　计				100	
综合评价	自我评价（20%）	小组互评（30%）	教师评价（50%）	综合得分	

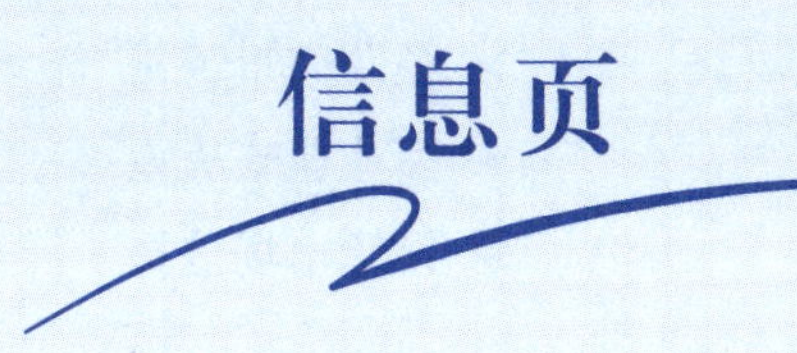

情境导入

小慧是今年刚毕业的大学生，在校期间接触到了跨境电商，也曾在跨境电商公司实习过一段时间，因此在毕业后就决定创业做跨境电商。虽然小慧的想法很美好，干劲也很足，但在开始做的时候却犯了难：到底卖什么产品才好出单呢？做美国站还是欧洲站？开店需要什么材料……小慧陷入了迷茫。现在请你根据所学知识，帮助小慧完成开店策划、准备和开设工作。

【思考】

认真思考以下问题，并带着问题进入课堂寻找答案吧。

- 定位跨境店铺要从哪些方面着手？
- 跨境收款有哪些方式？
- 入驻各大跨境平台需要准备哪些材料？
- 如何判断市场的竞争态势？
- 分析竞争对手的正确做法是什么？
- 常见的跨境知识产权侵权行为有哪些？

学习任务 1　跨境店铺定位

在正式开店前，跨境卖家就要对自己经营的店铺建立清晰定位，包括经营类目定位、商业模式决策、目标市场选择等，这是不可缺少的环节。合理的店铺定位能有效减少竞争压力，找到发展空间。反之，如果店铺没有准确的定位，则在后期运营中就会缺失主线，运营也就无从下手。

因此本学习任务主要从以下三个方面展开讲解：

- 经营类目定位
- 商业模式决策
- 目标市场选择

活动 1　经营类目定位

定位类目的过程就相当于卖家在决策自己的经营方向，目的就是想找到竞争小、收益大、成本低的好赛道。赛道不是唯一的，可分为主赛道和次赛道，由于市场状况是变化的，因此主次赛道 / 类目可动态调整。

一、挖掘潜力产品类目

挖掘有潜力的类目是跨境卖家永恒的难题，要找到这种类目并不容易，需要反复地测试。卖家要挖掘有潜力的产品类目，共有三种思路。

1. 找有竞争优势的细分热门类目

二级类目搜索量大，用户需求是确定性的，因此市场容量大，能容纳的商家数量较多。找到二级产品类目里自己具备竞争优势的下级热门类目。竞争优势包括拥有更优质的货源、品牌、服务，或者更好的专业度、资金优势等。

例： 如图 1-3 所示，汽车和摩托车是一级类目，外装配件属于二级类目，此类目在所有二级类目中相对热门。如果卖家在外装配件领域有优质货源或其他优势，则可以将外装配件作为自己店铺的主赛道。

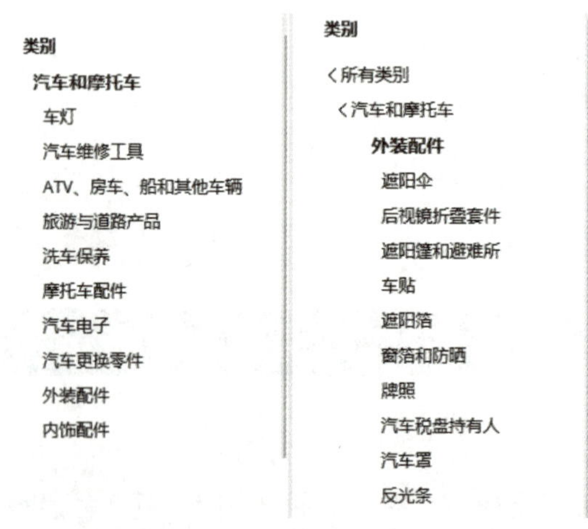

图 1-3　汽车和摩托车类目

查找方法：判断某二级类目是否为热门类目，就看该类目的月购买量是否排在前列，一般情况下建议在前三内。速卖通可以通过“生意参谋—市场大盘”查询，亚马逊可以通过“卖家精灵”查询，其他平台也有配套的数据分析工具。

例： 如图 1-4 所示为亚马逊 Dog Supplies（二级）类目某时间点的数据，该类目月购买量在宠物用品所有的二级类目中排前三，说明该类目比较热门，市场容量足够大，有竞争优势的卖家可进入。（注：数据来自“卖家精灵”）

#	关键词	搜索量趋势	月搜索量	月购买量 购买率	SPR
1	Dog Supplies		314,704 10,490	31,344 9.96%	736

所属类目：Pet Supplies(100%)　市场周期：一般性市场　商品数：13,354 (23.6)

图 1-4　Dog Supplies 类目数据

2. 找增长最快的细分类目

市场是变化的，每个行业都会有自己的兴盛衰落。当发现蓝海市场时，往往入局的商家少，红利大，作为卖家的直观感受就是“生意好做”。但随着行业不断发展，就会有更多的竞争者入场，价格战随之而来，“生意又变得不好做了”。

这种行业生命周期的变化共分为四个阶段，如图 1-5 所示。

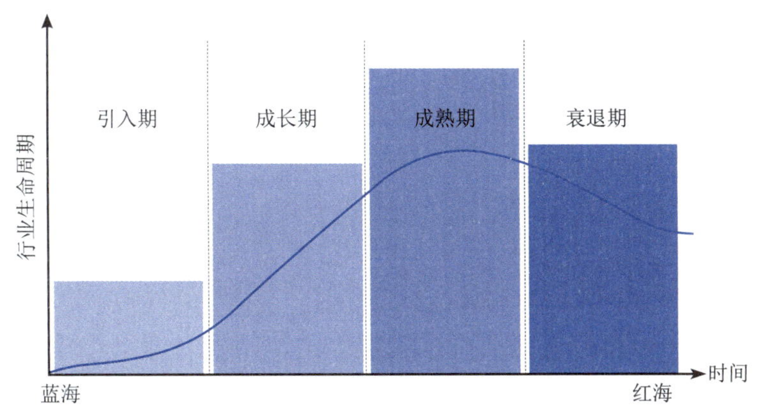

图 1-5　行业生命周期

小贴士

【什么是蓝海市场】把整个市场想象成海洋，这片海洋由红海和蓝海组成。“红海”是竞争极端激烈的市场；“蓝海”指尚未被充分开发的、潜在的新市场，也就是没有或者很少有竞争者的市场。

对跨境卖家来说，处于上升期的细分类目意味着潜力大，未来的市场规模也大，可以获得市场需求爆发的增长红利。但有许多类目具有明显的季节性，可以理解为生命周期循环，进入这种类目需要做好择时。

查找方法：通过 Google Trends 搜索类目关键词，查看热度趋势。

例：表 1-8 所示为指尖陀螺与儿童洗浴玩具 2004 年至 2022 年 1 月的热度趋势。可以发现指尖陀螺行业已经明显衰落；而儿童洗浴玩具行业有明显的周期性，进入该类目要在行业即将步入上升期的拐点进行布局。

表 1-8 热度趋势分析示例

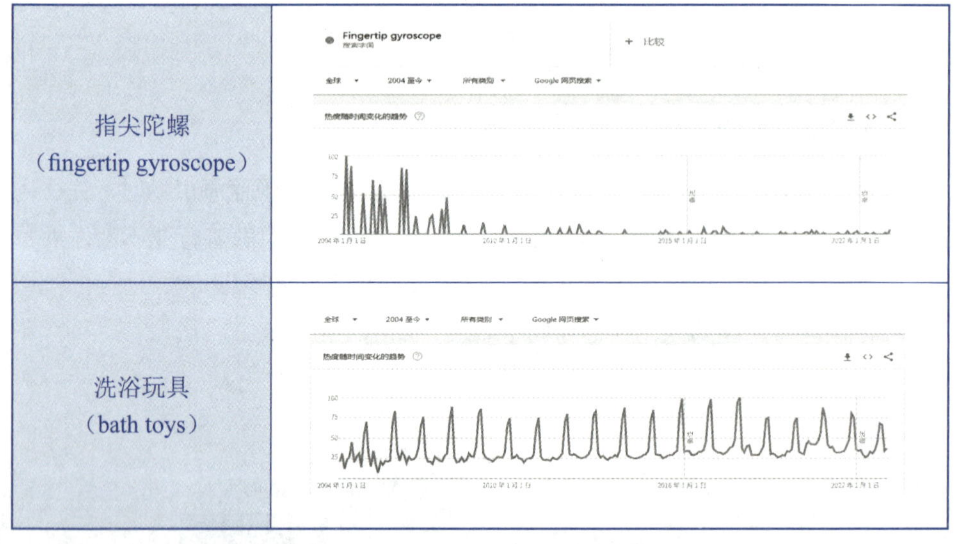

指尖陀螺（fingertip gyroscope）	
洗浴玩具（bath toys）	

小贴士

【Google Trends 是什么】Google Trends（谷歌趋势）是谷歌推出的基于搜索数据的分析工具，它通过分析谷歌搜索引擎每天数十亿计的搜索结果，告诉用户某一关键词某段时间在 Google 上被搜索的频率和相关统计数据。

3. 找利基类目

利基（niche）类目是指一个市场或产品类别中特定、狭窄的子领域或市场细分。通常是那些具有明显特定需求或兴趣的人群，这些人群在整个市场中只占少数，但是对于该特定市场来说却具有很高的忠诚度和购买力。利基市场虽然规模较小，但是由于市场需求十分明确，可以获得高于大众市场的利润率，并且可以建立强大的品牌忠诚度。

理想中的利基市场具体要满足如下特征（图 1-6）：

（1）产品市场狭小，地域市场宽广；

（2）具有持续发展的潜力；

（3）市场过小，差异性较大；

（4）企业能力与之相匹配；

（5）此市场还没有出现垄断。

查找方法：通过查看跨境电商平台的产品类目，不断浏览细分类目，并观察销量数据，直到找到符合利基标准的类目。

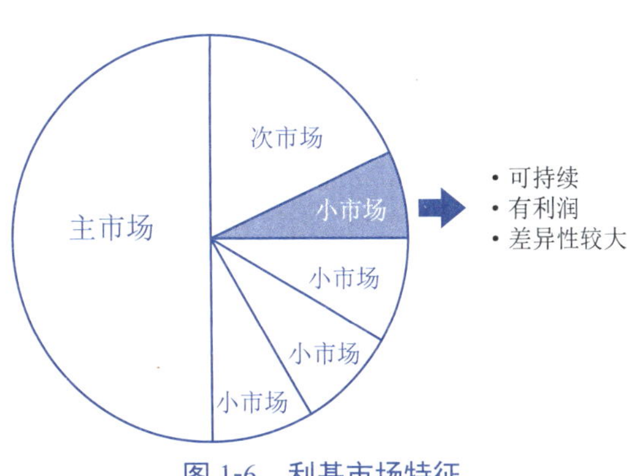

图 1-6　利基市场特征

例： 表 1-9 所示为宠物狗用品市场划分。

表 1-9　宠物狗用品市场划分

市场划分	市场名称	对应类目	特　征
主市场	狗粮	Dog Food	类目太大，竞争太激烈
次市场	狗狗服装 狗笼、狗狗玩具 ……	Dog Clothing & Shoes ……	竞争依然很大
利基市场	狗美容用品	Dog Grooming Supplies	有利润，可持续，差异性较大
其他细分市场	狗汽车坐垫、 宠物 GPS 定位器 ……	Dog Car Travel Accessories ……	差异性不大，以标品为主

利基类目属于细分市场，但并不是所有的细分市场都能称为利基市场。利基市场要保证有利润、可持续、差异性较大，但有的细分市场并不符合这些特征。

二、检验产品类目

挖掘到的产品类目是否适合自己经营，还需进一步检验。前期检验主要从类目资质、供应链、类目垄断程度等方面着手。待一切都满足后，卖家还要经过一段时间的测试经营，以判断该类目是否符合预期。

1. 调研类目资质要求

速卖通护肤品类目资质示例

调研定位类目的资质是否有准入门槛或特殊要求，如品牌限制、外观专利限制、资质证书等，尤其是食品、化妆品、母婴产品、医疗器械等敏感类目。如需要提供相关资质，得先确定自己能否满足。

例：速卖通平台母婴玩具、滑板车的资质要求如表 1-10 所示。

表 1-10　速卖通资质示例

母婴玩具	母婴玩具大件	① 同主体在淘宝、天猫、1688 或国际站经营电商平台经营，提供连续 12 个月的交易额截图及该同主体开店截图证明；或线下交易凭证（国内交易额大于 100 万元 / 年，国际出口额大于 10 万美元 / 年。 ② 卖家需提供类目下该品牌（商标）的 5 款典型产品及实物图，请卖家在明亮的光线情况下拍摄实拍图，包括能够清晰、完整展示商品的正面、侧面、顶部、底部照片各一张，产品单可于官网下载。 ③ 自店铺入驻成功后六个月内需开通海外仓，未开通海外仓可能会被清退经营权。 ④ 所需申请类目可于官网下载。
运动娱乐（含电动滑板车）	平衡车	（须签署平衡车安全承诺函，具体可于官网下载） 销往美国，需提供 UL 认证证书； 销往其他国家，需提供 CE 认证证书并签署 EU Declaration of conformity（模板可于官网下载）。
	电动滑板车	提供 CE 认证证书。

注：本表内容来源于速卖通官网。

查询类目资质要求的方法：

（1）联系官方客服，了解具体类目的资质要求，如图 1-7 所示。

（2）在官方后台“帮助”里，搜索产品品类，查看相应的合规政策。

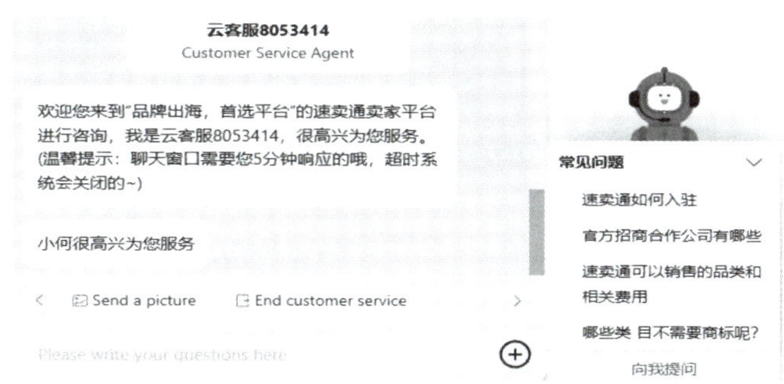

图 1-7　查询类目资质

2. 调研产品供应链

在初步找到潜力产品类目后，跨境卖家还需调研此类产品是否有合适的供应商、采购价格是否合理、是否容易采购等。

调研产品供应链的方法：

（1）首先在各大批发网站上查询此类目的直供厂家，多挑选几家经营时间长、资质齐全、产品类型专一的厂家。

（2）对比各厂家的起批量、价格、发货时间等。

（3）分别与厂家进行电话沟通。

找到合适的供应商，不仅能减少后期选品、测品时的找货时间成本，更能通过供应商及时洞察行业内的生产情况、需求情况等。

3. 分析是否存在垄断

分析类目是否存在垄断有一个非常有效的指标，即点击集中度。点击集中度越高，说明点击量都集中在某几款产品上，竞争越激烈；当点击集中度变低时，则说明点击量被分散，竞争变小。简单来说，点击集中度越高，垄断程度越高。通过这个指标，我们可以初步判断一个细分市场的竞争程度。

例： 如图 1-8 所示，以关键词“airpods pro”为例，点击集中度为 87.3%，说明该词搜索结果页点击量前三的 ASIN[①] 占了该词所有点击的 87.3%，其他 ASIN 只能瓜分剩下 12.7% 的流量，该关键词的垄断程度很高。

① ASIN 全称为 Amazon standard identification number，即亚马逊标准识别号码，由亚马逊及其伙伴分配，用于亚马逊上的产品标识。

图 1-8 “airpods pro”点击集中度

小贴士

【点击集中度】点击集中度的计算规则是某关键词搜索结果页点击量前三 ASIN 的点击量，在该关键词总点击量中的占比。查询该数据可借助第三方数据软件。

4. 测试产品类目

对选择的产品类目进行经营测试，观察销售情况和市场反馈，根据反馈来调整和优化产品类目策略。这是一个周期相对比较长的过程。

经营类目并不是固定的，卖家可以申请开通多个类目，只要具备相应的资质即可。大部分类目是不需要特殊资质的。

活动 2　商业模式决策

商业模式的范畴十分广泛，简单来说就是公司通过什么途径或方式来赚取利润。如果将商业模式聚焦于店铺定位，则只需针对如下两点做出决策。

一、选择店铺类型

“做铺货，还是精品”，这看似很简单的一个问题，却是许多跨境电商创业者都会面临的选择，尤其是资金、经验都欠缺的卖家。

1. 精品店铺

精品店铺是指店铺经营同一类的产品，如图 1-9 所示店铺只卖手机壳。精品店铺主打的是产品质量、服务质量、物流效率等综合体系，比较看重长期价值，如品牌、口碑等。

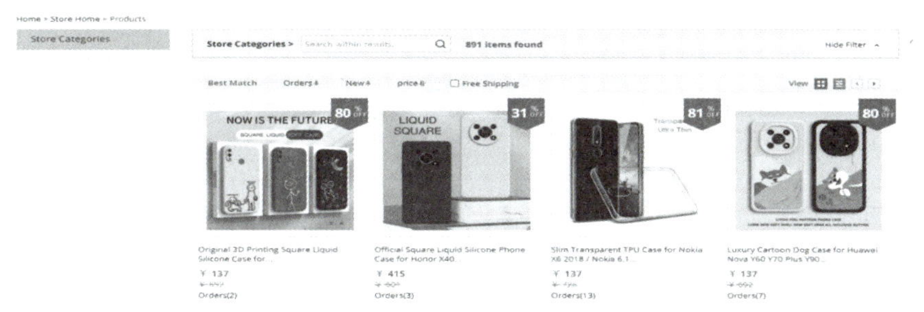

图 1-9　精品商铺示例

哪种类型卖家适合经营精品店铺呢？有优质货源、运营经验丰富、对专营产品有深入了解，且看重长期价值的卖家是比较适合的。

2. 铺货店铺

铺货店铺是指卖家会根据当前季节的需求趋势来调整产品销售，没有固定的经营产品。图 1-10 所示店铺夏天卖风扇，冬天卖加厚坐垫，或者夏天既卖风扇又卖泳衣。铺货店铺很看重选品，需要卖家对市场需求趋势有及时、准确的判断。

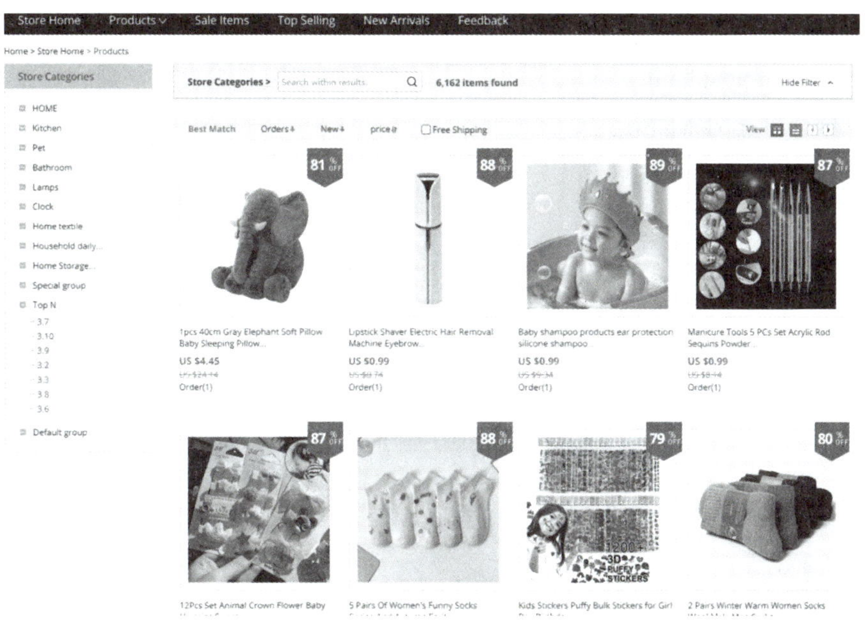

图 1-10　铺货店铺示例

哪种类型卖家适合经营铺货店铺呢？市场洞察力强、执行力强、有选品能力、看重快速变现的卖家是比较适合的。

精品店铺、铺货店铺优劣势对比如表 1-11 所示。

表 1-11 精品店铺、铺货店铺对比

评价角度	精品店铺	铺货店铺
产品长期价值	高	低
品牌塑造	强	弱
客户沉淀	易	困难
转化率	较高	较低
运营成本	较高	较低
起步难度	大	小
选品灵活性	偏弱	强
销量稳定性	好	偏差

二、选择经营模式

“到底要不要囤货？”是另一个困扰初创跨境卖家的重要问题，并由此划分成了两种经营模式：Drop shipping 和自营。这两种经营模式各有各的好处，到底要怎么选择，还得卖家结合自己的条件来决策。

1.Drop shipping

Drop shipping 是跨境专业术语，其含义就是无货源模式，或者叫一件代发。零售商无须产品库存，而是把客户订单和装运细节给供应商，供应商将货物直接发送给终端客户，而零售商赚取采购和零售价格之间的差价。图 1-11 所示为 Drop shipping 商业模式流程图。

Drop shipping
详细解读

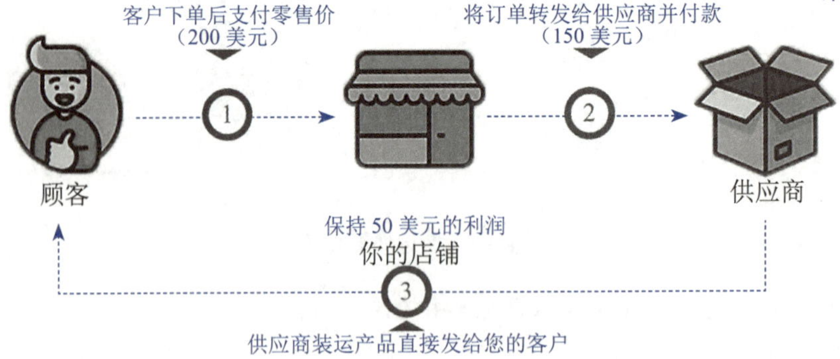

图 1-11 Drop shipping 流程图

以卖家（零售商）角色代入运作流程，Drop shipping 共分为三个阶段：

阶段 1：将支持 Drop shipping 的产品信息放到“我的店铺”。

阶段 2：买家到“我的店铺”下单购物，我将买家的订单信息发给供应商，等待供应商发货。（在市场上，这里有相应的付费工具来一键同步订单信息。）

阶段 3：供应商发货后，我回填运单号，等待买家收货即可。

Drop shipping 的优劣势如表 1-12 所示。由此可以看出，Drop shipping 模式比较轻量化，适合初期创业卖家、自由职业者，或用来测试新品等。

表 1-12　Drop shipping 优劣势分析

优　势	劣　势
① 不需要囤货； ② 资金投入小，运营费用低； ③ 容易上手，不需要自己打包发货、管控仓库等 ④ 无须制作产品图片、详情等； ⑤ 可售产品范围广，容易测试产品，利于拓展业务	① 利润率低； ② 难把控库存变动； ③ 无法控制产品质量； ④ 运输不稳定，供应商发货错误难以纠正； ⑤ 同质化程度高

2. 自营

自营就是卖家直接经营的零售店。卖家自己有货源，或者本身就有生产商品的能力。选择自营模式的卖家要处理产品销售的全流程，包括产品信息描述、图片制作、出单后打包发货等。自营流程图如图 1-12 所示。

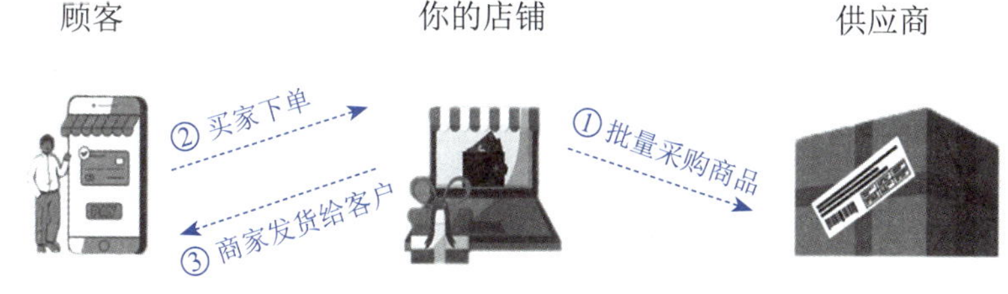

图 1-12　自营模式流程图

自营模式的优劣势如表 1-13 所示。由此可以看出，自营模式投资大、成本高，比较适合能拿到优质货源，有运营经验，并且有较高风险承受能力的卖家。

表 1-13　自营模式优劣势分析

优　势	劣　势
① 进货量大，产品平均价格低，利润率高； ② 能把控产品质量； ③ 能合理安排发货时间； ④ 同质化低，有竞争优势	① 运营费用高，需要自己制作产品图片、详情； ② 要囤货，仓储成本高，资金压力大，经营风险大； ③ 新店销量低，物流成本高； ④ 经营产品范围较窄

活动 3　目标市场选择

在确定了经营类目及商业模式后，紧接着就要选择目标市场，也就是销售地区。大部分跨境电商平台都是分站点经营，如美国站、欧洲站、日本站等，速卖通平台虽没有分站点，但卖家在经营过程中也要侧重目标市场去推广。

选择目标市场是一个综合判断的过程。市场特点、市场规模和市场趋势三个维度是选择目标市场的主要依据，但个人倾向、政策导向等因素也会影响卖家对于目标市场的选择。

一、认知市场特点

不同国家或地区的市场特点是不同的，这受当地政策、经济、文化等多种因素的影响。因此，卖家在定位目标市场时，就要考虑到当地市场的特点是否符合自己经营产品的销售。现对当前我国大陆的跨境卖家主要面向的几个市场进行简单介绍，如表 1-14 所示：

表 1-14　主流市场特点

地区 / 站点	市场特点
北美	优势：市场成熟，市场容量大，销量高，营销方式多，测评站外资源丰富（北美为跨境第一大市场）； 劣势：卖家数量多，选品难，推广难，竞争激烈
欧洲	优势：网购人数仅次于北美，销量高，利润高； 劣势：审核难，增值税高，成本高
日本	优势：人均消费高，可接受客单价高，物流条件好； 劣势：头部效应明显，税务复杂
澳大利亚	优势：竞争小，易出单； 劣势：地广人稀，消费水平低
印度	优势：人口多，消费潜力大； 劣势：物流复杂，客户差评率高
中东	优势：客单价高，利润高，电商体量增速快； 劣势：文化复杂，物流派送困难

续表

地区 / 站点	市场特点
东南亚	东南亚各国语言不同，经济发展差异大： ① 新加坡、马来西亚市场活跃、购买力强； ② 菲律宾、印度尼西亚、越南等国家消费水平偏低，但竞争不大，适合低价产品

北美是最受我国跨境卖家喜爱的海外市场，超过 60% 的跨境卖家都有在北美布局。我国跨境企业中有 53.6% 的企业最大出口销售市场为美国，远高于位列其次的东南亚（15.8%）和西欧（8.5%），如图 1-13 所示。

北美市场解读

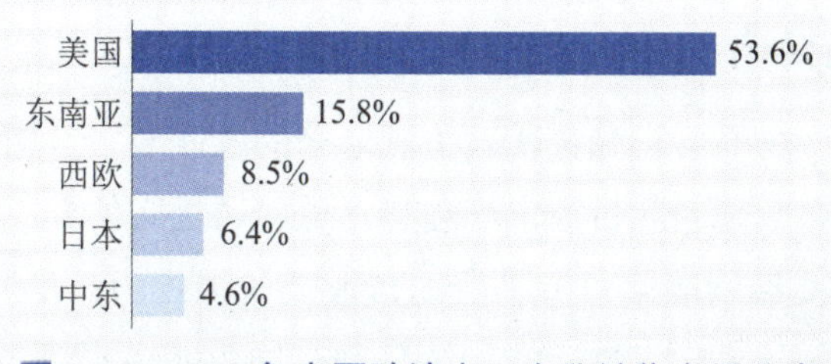

图 1-13　2022 年中国跨境出口企业销售市场分布

二、评估市场热度

通常来说，某类产品在一个地区的市场热度越高，则代表它越受当地消费者的欢迎，卖家经营也就更加容易。因此，卖家事先要对自己所经营的类目进行市场热度对比，从中选择出热度最高的市场。

例：如图 1-14 所示，卖家 A 主要经营壁炉（fireplace），加拿大热度为 100，新西兰热度为 50，则代表壁炉在加拿大相比在新西兰更受欢迎。

图 1-14　壁炉市场热度分析

市场热度可以借助 Google Trends 来评估，方法如下：

步骤 1：打开 Google Trends，在搜索框中输入类目关键词，并将检索条件设为全球、过去 5 年，如图 1-15 所示。

步骤 2：在下方区域的搜索热度中就会展现各地区的热度数据。

步骤 3：对比各地区的热度数据，如图 1-14 所示。

图 1-15　检索条件设置

三、判断市场趋势

某类产品在目标市场的增长趋势代表了它未来的发展潜力，增长越快，意味着新卖家的机会越大。卖家要准确判断目标市场趋势，可以通过两种方式：一是查看跨境电商平台官方或雨果网、艾瑞网等第三方平台的行业调研报告；二是通过 Google Trends 来进行分析。

行业调研报告的数据更为全面、细致，分析更为专业，但调研行业数量有限，某些细分行业缺乏相应的报告，且有一定的滞后性。相比之下，Google Trends 实用性更强，能及时帮助卖家做出决策。

查询方法：在 Google Trends 通过搜索类目关键词，并将检索条件设为目标地区、过去 5 年，查看搜索热度数据，即可进行判断。

例：旗袍在美国市场的 Google Trends 如图 1-16 所示，可以发现当下美国的旗袍市场趋于稳定、增长乏力。因此，对于新卖家来说入场是比较困难的，机会不大，不适合将美国作为目标市场。

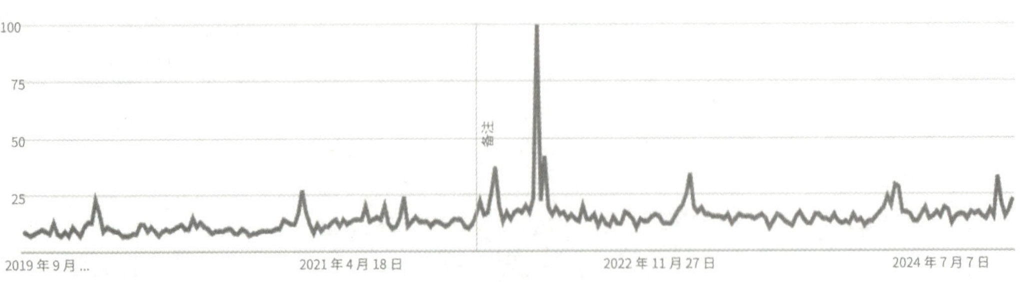

图 1-16　美国旗袍市场热度趋势

卖家在挖掘产品类目的时候，用 Google Trends 就已经判断了该类目的增长情况，为什么还要通过 Google Trends 判断市场趋势呢？有什么差异？

答：类目的整体增长趋势并不代表目标市场的趋势，如某类产品整体保持增长，但在目标市场反而处于下滑趋势，再次判断就是为了找出增长最佳的地区。

学习任务 2 跨境店铺开设

要开设跨境店铺，卖家首先要准备好跨境收款的账号，其次要清楚自己要入驻的跨境电商平台需要的开店材料。做好了开店准备，卖家只需按照平台的入驻流程申请开店即可。最后，在入驻完成后，卖家还需对店铺的基础信息和首页进行完善，至此一家跨境店铺才算真正开设完成。

因此本学习任务主要从以下三个方面展开讲解：

- 跨境支付开通
- 跨境平台入驻
- 跨境店铺完善

活动 1 跨境支付开通

跨境支付指不同国家和地区之间的资金跨境转移行为，涉及不同货币间的收付汇款与资金结算。由于交易双方币种不一样，就需要通过一定的支付系统和结算工具来实现资金的转换，完成最终交易。

一、跨境收款

申请跨境收款账号是我国大陆卖家在开通店铺前就要做的事情。目前比较主流的跨境收款平台有 Payoneer、WorldFirst、PayPal、PingPong、Alipay 等，这些平台各有优劣，收费标准也各不相同。

四大跨境支付方式对比

各大跨境电商平台支持的主流收款方式统计如表 1-15 所示。

表 1-15　跨境电商主流收款方式汇总

Amazon	AliExpress	Shopee	eBay
Payoneer、WorldFirst、美国银行卡	Alipay（支付宝国际版）	Payoneer、PingPong、LianLian Pay	PayPal
Etsy	**Lazada**	**TikTok Shop**	**Wish**
PayPal	Payoneer（唯一指定）	PayPal	Payoneer、易联支付

我国大陆卖家的收款流程：

（1）申请银联双币信用卡，如 VISA、MasterCard。

（2）注册收款平台账户，如 Payoneer、WorldFirst、PayPal。

（3）开通跨境店铺后，将收款平台账户绑定到店铺，即可正常收款。

如图 1-17 所示，有“银联”及“VISA/MasterCard 标志”的即是双币信用卡。

图 1-17　双币信用卡示例

二、跨境结汇

跨境结汇是指境内银行接受出口企业委托，将出口收入的外汇款项，通过境外合作银行在境外兑换成人民币，将兑换后相应的人民币资金汇至企业指定的境内人民币账户。简单来说，就是将外币按照当前的汇率依法换成人民币。

跨境平台上收到的货款要提现至国内银行卡，结汇操作如图 1-18 所示。

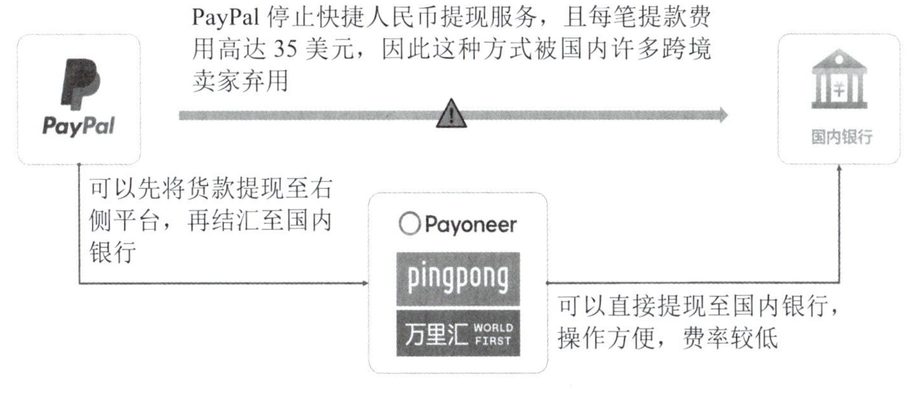

图 1-18　结汇流程

Payoneer 简称 P 卡，该平台 50 美元就可以提现。目前 P 卡无入账费用，提现费用为 1.2%，是最受我国跨境卖家喜爱的结汇平台。

活动 2　跨境平台入驻

全球的跨境电商平台数量非常多，排名靠前的跨境电商平台如图 1-19 所示，其中包括 B2B 平台、独立站平台等。我国的跨境卖家以 B2C 平台为主，因此本活动主要介绍几大主流跨境 B2C 平台。①

图 1-19　全球十大主流跨境电商平台

一、亚马逊

亚马逊（Amazon）创办于 1994 年，是全球最大的 B2C 电商平台。近几年亚马逊

① B2B，即 business-to-business，一种企业间的电子商务交易模式；B2C，即 business-to-customer，企业通过互联网直接向顾客销售产品和服务的交易模式。

在中国市场发展迅速，不少中国卖家也纷纷入驻亚马逊开展海外贸易，并取得了不错的成绩。亚马逊平台首页如图 1-20 所示。

图 1-20　亚马逊平台首页

1. 平台特点

相较于其他 B2C 跨境电商平台，亚马逊特点显著：

（1）重产品，轻店铺。在有些电商网站上，客户搜索产品的时候会出现店铺名，而亚马逊比较重视的是产品本身，一般客户搜索关键词的时候，列表里展示的都是产品。

（2）重推荐，轻广告。亚马逊不太重视各种收费广告，客户进入网站后看到的是基于后台数据的关联推荐、排行推荐，而这些推荐的依据一般都是用户的购买记录、好评度和推荐度。

（3）重产品详情，轻客服。亚马逊没有设置在线客服，鼓励客户自助购物。既然没有客服可以咨询，那商品详情页就更加重要了。卖家需要把它做得尽可能详尽，包含客户可能会关心的各种问题，如此才能促使客户尽快做出购物决策，避免其因产品信息不全而放弃购买。

（4）重客户反馈。亚马逊比较重视客户的反馈：一是对商品的评论，二是对卖家服务质量的评价。客户反馈的数据直接影响被平台推荐的概率，但由于亚马逊的买家很少主动留评，因此需要卖家主动索取才行。

2. 开店准备

在开始注册前，卖家需要做好以下准备：

（1）了解亚马逊卖家行为准则。所有卖家在亚马逊商城都必须遵守销售政策和卖家行为准则。亚马逊要求卖家在亚马逊商城遵循公平、诚实的行事原则，以确保安全的购买及销售体验。

亚马逊卖家行为准则

（2）确定要开拓的亚马逊站点。亚马逊目前已向我国卖家开放 17 个海外站点：美国、加拿大、墨西哥、英国、法国、德国、意大利、西班牙、瑞典、荷兰、波兰、日本、澳大利亚、印度、阿联酋、沙特、新加坡。卖家在注册时，须进入相应的站点进行操作。

（3）准备注册资料。五大注册材料须提前准备：

① 商业文件（比如大陆企业的营业执照）彩色扫描件。

② 法定代表人身份证彩色扫描件。身份证上的姓名须与营业执照法定代表人的姓名、注册亚马逊账户上的姓名一致。

③ 可进行国际付款的信用卡，如 VISA 或 MasterCard。

④ 联系人的电子邮箱、电话号码，公司的地址、联系电话。

⑤ 用于接收付款的银行账户。可选择：国内银行账号（即亚马逊全球收款）、海外或香港地区的有效银行账户、第三方服务商支持的存款账户。

3. 入驻流程

亚马逊入驻大致分为三个环节，如表 1-16 所示。

表 1-16　亚马逊入驻流程

注册环节	主要操作内容
步骤 1： 填写资料	① 公司所在地国家、类型、名称； ② 注册号码、营业地址、法定代表人姓名、联系人电话； ③ 法定代表人身份信息及地址、受益人信息； ④ 信用卡、收款账户、店铺、产品信息。
步骤 2： 资质审查	完成所有信息填写后，会进入资质审核环节。可能会进行的验证审核主要为： ① 身份审核：提交身份验证资料，如法定代表人身份证、公司营业执照； ② 视频验证：通过视频通话完成身份验证，按照审核人员指示展示文件； ③ 地址验证：填写亚马逊邮寄至你所填写地址的明信片上的地址验证码至审核网页。
步骤 3： 资质补充	美国站：须补充税务信息并完善银行存款账户信息； 欧洲站：须完成 KYC（Know Your Customer）审核。 账户审查：注册后若看到提示“您的账户已被停用”，说明账户被审查，卖家需要准备材料按要求进行申诉，重新激活账户。

请注意：亚马逊账户的注册过程不可逆，请在注册前准备好上述提到的所有材料，否则会卡在中间的某一步骤不能继续。但注册过程可以中断，可暂时离开注册页面，之后再登录，可延续上一次流程继续注册。

亚马逊有“个人卖家”和“专业卖家”两种销售计划。这两种类型与账户性质没有关系，最主要的区别在于销售数量的限制、费用以及可享受的销售服务方面，具体区别详见表 1-17。两种计划可在后台切换。

表 1-17 亚马逊卖家计划

比较项目	个人卖家销售计划（Individual Selling Plan）	专业卖家销售计划（Professional Selling Plan）
销售数量限制	少于 40 个 SKU	可以上传超过 40 个 SKU
批量操作	无	有
订单数据报告	无	有
是否有机会获得黄金购物车	无	有
创建促销等其他产品细节服务	无	有
费用	零月租 + 每笔销售 0.99 美元 + 每笔销售佣金	每月 39.99 美元月租 + 每笔销售佣金

注：SKU 全称为 stock keeping unit，意为“库存保有单位”，是用来区分不同商品的一个编号，一款商品对应一个 SKU。

二、全球速卖通

全球速卖通（AliExpress，简称“速卖通”）于 2010 年正式创立，是阿里巴巴旗下面向全球市场打造的在线交易平台，被广大卖家称为“国际版淘宝”。速卖通面向海外买家客户，通过支付宝国际账户进行担保交易，并使用国际物流渠道运输发货。目前已经开通了 18 个语种的站点，覆盖全球 200 多个国家和地区。速卖通平台首页如图 1-21 所示。

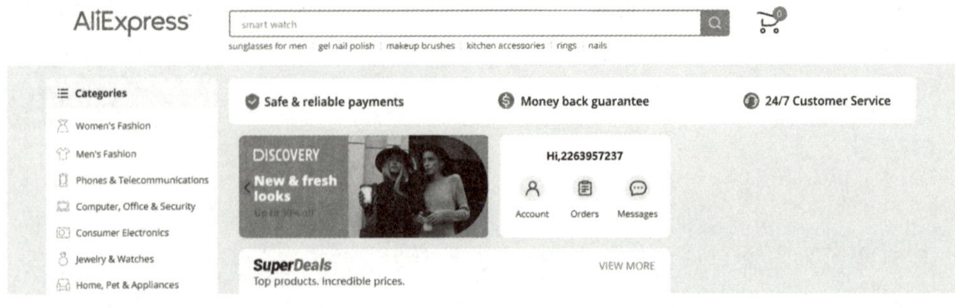

图 1-21 速卖通平台首页

1. 平台特点

速卖通平台的销售模式是“B2B+B2C”，主要针对企业卖家，平台侧重点在新兴市场，尤其是俄罗斯和巴西。自 2016 年开始，速卖通商家必须以企业身份入驻，不再允许个体商家入驻，并且要求商家必须有品牌，即商家准入标准的两个台阶：企业身份、品牌。

速卖通的优点是平台门槛低，交易活跃，全中文操作界面，同时没有关税支出，所以包裹成本比较低，可以帮助初级卖家迅速走上出口贸易的道路。缺点是竞争激烈，低价策略比较明显，利润率较低。

2. 开店准备

在速卖通上开通一个跨境店铺，商家需要准备的材料和资质有：

（1）登录速卖通所使用的邮箱账号、密码；

（2）手机号，一个手机号最多可以开 6 家店；

（3）营业执照照片；

（4）法定代表人身份证正反面照片；

（5）法定代表人支付宝账号并验证；

（6）商标证明，店铺若为授权点则需授权书。

3. 入驻流程

速卖通入驻大致分为三个环节，如表 1-18 所示。

表 1-18　速卖通入驻流程

注册环节	主要操作内容
步骤 1：注册账号	① 填写店铺基础信息，包括邮箱、登录密码、手机号等； ② 完成短信验证及邮箱验证。
步骤 2：企业认证	选择币种，进入企业认证，有两种认证方式可选择： ① 企业支付宝授权认证； ② 自行填报入驻信息并通过企业法人授权认证，需要准备好以下材料：企业营业执照资质信息、企业法人支付宝账号、法定代表人基本信息、企业股东信息。
步骤 3：法人认证	企业认证后，进入法定代表人认证页面。 卖家需要使用法定代表人实名支付宝扫码授权，法定代表人在支付宝保存的信息将直接同步。

以上信息填写完成后，就会进入信息审核阶段，在工作日，审核结果会在 30 分钟左右通知。

三、Shopee

Shopee（在国内叫作“虾皮”）成立于2015年，是领航东南亚的跨境电商平台，市场覆盖超10亿人口，业务范围辐射新加坡、马来西亚、菲律宾、泰国、越南、巴西和我国台湾地区等10余个市场。Shopee平台首页如图1-22所示。

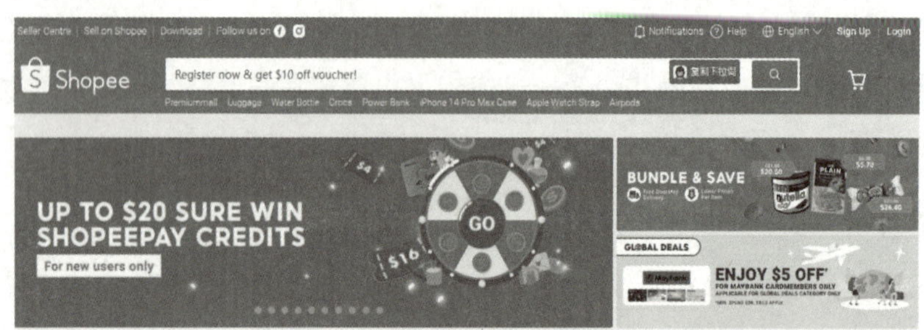

图1-22　Shopee平台首页

1. 平台特点

Shopee平台的特点可总结如下：

（1）主要面向东南亚市场，跨境业务发展迅猛，市场潜力大。

（2）允许个人入驻，且不需要任何入驻费用或者押金、保证金。

（3）对新卖家友好，前3个月免佣金，3个月之后仅收取5%的佣金，相对于其他跨境电商平台费用更低。

（4）在国内有仓库，中国卖家只需要发货到指定仓库，官方会进行配送，不需要国际物流。

（5）东南亚市场与国内的很多流行元素较为相近，运营起来更加容易。

2. 开店准备

入驻Shopee店铺，需要准备的开店材料有以下几种：

（1）基本信息。联系人姓名、手机号、邮箱、QQ号。

（2）法定代表人材料。法定代表人身份证正反面照片，法定代表人手持身份证正反面照片。

（3）企业信息。营业执照照片、办公地址、内外贸电商平台的店铺链接及3个月流水截图：有限公司资质的卖家可免提交店铺链接及流水截图，个体工商户卖家必须提交店铺链接及流水截图。

Shopee 会根据卖家的过往运营经验决定开设首站（只可选择一个），次站可开设其他市场。

（1）内贸电商经验卖家首站可开设马来西亚、菲律宾、我国台湾站点。

（2）外贸电商经验卖家首站可开设马来西亚、巴西、菲律宾站点。

（3）无经验 / 传统内贸 / 传统外贸首站默认开通我国台湾站点。

3. 入驻流程

Shopee 入驻大致分为三个环节，如表 1-19 所示。

表 1-19　Shopee 入驻流程

注册环节	主要操作内容
步骤 1： 申请主账号	主账号用于绑定营业执照，并管理新店申请，主要目的是方便卖家对多个店铺统一管理。 申请主账号操作如下： ① 设定基础信息，包括电话号码、邮箱； ② 设定登入信息，包括名称、密码； ③ 完成手机验证码验证，即可完成主账号申请。
步骤 2： 申请入驻	进入入驻申请流程： ① 完成法定代表人实名认证，包括上传身份证照片、人脸识别等； ② 自行填写联系人信息、公司信息及店铺信息。
步骤 3： 申请开店	完成以上操作后，入驻资料就进入审核阶段。审核期间，卖家可以“申请开店”体验店铺操作流程，但无销售权。等待审核通过后，销售权会自动激活，届时会收到 Shopee 发送的店铺账号与密码。 Shopee 入驻官方教学

在卖家申请开店后，如还处于店铺审核阶段，则店铺状态为“无销售权”，无销售权的店铺可以进入卖家中心进行商品上新、店铺装修、店铺设置等操作，但由于店铺还未通过审核，因此上架的商品不会展示给消费者。

四、其他平台

除了以上三大跨境平台，如表1-20所示的几个B2C平台也深受中国卖家欢迎。这几大平台对入驻材料要求大体相同，都需要身份证、收款账号、双币信用卡、邮箱、手机号、地址等。但在卖家开店资质上，各大平台的要求存在差异：

（1）eBay、Wish、Etsy允许个人开店；TikTok Shop和Lazada则只接受企业卖家，即卖家要用企业营业执照注册店铺。

（2）Etsy平台关闭了大陆卖家的入驻通道，因此对大陆卖家来说，必须有海外的真实个人资料才能注册。

（3）Lazada要求卖家有跨境开店经验，且根据不同站点需要提供内贸或外贸平台的店铺链接进行证明。

表1-20　跨境电商平台特点总结

平　台	特　点
eBay	线上拍卖及购物网站，开店门槛较低，主打二手售卖及拍卖
Wish	北美和欧洲最大的移动电商平台，主打低价，中国卖家多
TikTok Shop	短视频+直播电商平台，主打兴趣电商，也被称为“国际版抖音”
Lazada	Lazada隶属阿里系，东南亚电商平台，和Shopee平分秋色，两个平台的用户及市场高度重叠。区别在于：Lazada走高端品牌路线，强调产品图片专业规范；Shopee走低价路线，产品图片的形式更多样
Etsy	以手工艺成品买卖为主要特色，是全球大型的创意市场电商平台

活动3　跨境店铺完善

卖家在平台入驻成功之后，还需要去后台完善店铺信息，比如设置店铺名、装修店铺首页等等，最重要的是要申请并开通经营大类，这是发布商品的前提。做完这部分工作，一个跨境店铺才算真正地开设完成。

一、设置基础信息

一般情况下，卖家需要去店铺后台进行如下设置：

1. 填写卖家信息

填写店铺名称、客服邮箱和电话、退货地址、配送设置等。

2. 绑定收款账号

添加用来接收 / 扣除款项的跨境收款账户。

3. 添加子账号

卖家添加多个子账号并分别设置不同的操作权限，用于团队操作。

4. 备案品牌

上传商标、品牌授权证明等，向平台备案自己的品牌。

5. 申请经营大类

店铺注册成功后，需要先申请开通相关类目，之后才能正常发布产品。

（1）开通特殊类目需要卖家提供相应的经营资质。

（2）速卖通平台在申请类目时，需要卖家缴纳保证金，且不同类目的保证金数额不同。

二、装修店铺首页

首页是店铺的门面，如图 1-23 所示，向进店客户传达着店铺的形象、理念，同时卖家还能通过首页塑造店铺专业度、表达实力，从而增强客户的信任感。

装修店铺首页最重要的三个部分，分别是店标、店招和 Banner（横幅）。

（1）店标：店铺 logo（标志）。

（2）店招：店铺招牌，位于店铺首页最上方，通常传达店铺的经营理念。

（3）Banner：首页广告轮播图，用来宣传店铺主打产品。

图 1-23　亚马逊店铺首页示例

不同跨境电商平台的首页结构存在差异，统计如表 1-21 所示。

表 1-21　不同跨境电商平台的首页结构

结　构	Amazon	AliExpress	Shopee	Lazada	eBay	Wish	TikTok Shop	Etsy
店标	√	×	√	√	√	√	√	√
店招	√	√	×	×	×	×	×	√
Banner	√	√	√	√	√	×	×	×

注：“√”代表需要装修，“×”代表不需要。

装修店铺首页所需要的图片素材需要企业美工人员制作，因此，卖家须提前与美工人员商讨并确定设计要点。图片制作完成后，进入店铺后台，将店标、店招、Banner 按操作要求上传即可。

学习任务 3　跨境市场分析

在店铺开设完成后，许多跨境卖家都会有两个相同的疑问：市场什么情况？我的竞争对手是谁？在企业工作中，这两个问题属于跨境市场分析的工作任务，也是新开店铺必须做的工作。

因此本学习任务主要从以下两个方面展开讲解：

- 目标市场分析
- 竞争对手分析

活动 1　目标市场分析

分析目标市场主要从两方面展开：一是目标市场当下的竞争态势，二是目标市场的文化习俗。对这两点做好了分析，则可以帮助卖家判断目标市场的现状，以此指导后续的运营工作。

一、分析市场竞争态势

要了解市场竞争的态势，卖家可以从如下四个维度展开调研分析：

（1）平均价格。平均价格反映了当下该行业的市场价格。

（2）评分星级。通过平均评分星级可判断该市场中产品质量的平均水平。

（3）新品占比。老品越多，竞争越激烈；新品占比越多，机会越大。

（4）商品总数。该类目下正在售卖的商品总数。

其中最关键的就是“商品总数”指标，它直接代表市场的竞争程度。商品总数越大，则说明该市场参与竞争的商家 / 商品越多。

分析市场竞争态势的操作有两种方式：

（1）在跨境电商前台，如在亚马逊直接搜索关键词，就会显示商品总数，如图 1-24 所示。对于评分星级、平均价格和新品占比，卖家则只能手动统计，且样本数越多，数据越准确。

图 1-24　检索商品总数

（2）使用第三方数据平台，如亚马逊平台的“卖家精灵”，会将许多数据指标统计好，如图 1-25 所示。这种方式比较便捷，但须付费。

#	细分市场	样本数量	月总销量	月均销量 头部商品	月均销售额 头部商品	平均价格	平均评分数 平均星级	平均BSR 头部商品	平均卖家数	卖家类型	集中度指标	新品数量 新品占比	商品总数	操作
90	Pillowcases (枕套)	商品: 100 品牌: 71 卖家: 71	439,156	4,391 18,512	97,839 326,177	$24.22	2,797 4.5	17,670 307	1.1	FBA: 91% AMZ: 3% FBM: 4%	商品: 42.1% 品牌: 58.0% 卖家: 57.7%	11 11%	2,730	

完整市场路径: Home & Kitchen › Bedding › Sheets & Pillowcases › Pillowcases

市场路径(中文): 家居厨房用品 › 床上用品 › 枕头枕套 › 枕套

A+商品占比: 42%　新品平均评分数: 1,827　新品平均价格: $27.39　新品平均星级: 4.6　新品月均销量: 3,991　新品月均销售额: $133,793

平均重量: 0.81 pounds (366 g)　平均体积: 126.69 in³ (2,076 cm³)　平均利润率: 63.83%　卖家所属地: 中国|43.7%

图 1-25　数据统计工具

不同类目判断竞争态势的数据范围不同。通常情况下，某一细分市场的商品总数超过 5 000，平均评分星级超过 4.7，则代表市场竞争激烈，不利于新卖家。

除此之外，其他影响竞争激烈程度的因素还有：

（1）产品的价格范围：价格范围越窄的类目，竞争激烈程度越高。

（2）产品差异化程度：产品差异化程度越低的类目，竞争激烈程度越高。

因此，需要考虑多方面的因素来评估一个类目的竞争激烈程度。

二、分析目标市场文化

跨境电商虽然打破了传统贸易方式，但交易依然是在不同地域的人之间展开，文化差异难以避免，因此卖家要尊重和迎合目标市场的文化特点。分析目标市场文化可以从以下五点着手：

1. 产品标准

不同国家的产品标准是不同的，比如一台电器在不同国家有不同的适用电压或插头标准。关于目标市场的产品标准，跨境卖家要准确掌握，要能够向目标市场销售符合当地要求的产品。

2. 地域文化

分析每个国家独有的地域文化，如传统节日、风俗习惯以及宗教信仰，借此开展营销活动，能够让卖家在产品销售中事半功倍。

3. 消费观念

消费观念越前卫的地区，当地的消费者更倾向于选择品牌产品，高级包装、独特调性是营销重点；而消费观保守的地区，追求产品实用、低价，品牌对消费者的决策影响有限。

4. 政治因素

卖家要了解目标市场的政治情况，并且在进行相关宣传推广时，应避免触及政治色彩，以免引起麻烦。

5. 语言

语言的本地化是最基本也是最重要的，在宣传和产品详情上使用当地语言，能够降低用户的理解成本，增加亲切感。

专家指导

分析目标市场文化并不能一蹴而就，在初期可以通过 Google 检索当地的文化信息，卖家可以进行大致的了解。但要做到真正洞察，则需要长年累月地与当地客户接触，真正融入当地生活。

活动 2　竞争对手分析

正所谓“知己知彼，百战不殆”，分析竞争对手的情况，可以让卖家找到对手的强弱项，强项加以学习、弱项加以利用，并能跟踪本行业的技术与市场需求的变化，帮助卖家制定更有效的市场竞争策略。在实际操作中，分析竞争对手分三步走：首先要寻找对标的竞争对手；其次要通过多渠道调研竞争对手数据；最后运用 SWOT 分析法，综合考虑自己优劣势，制定市场竞争策略。

一、对标竞争对手

某个细分市场有 100 名卖家，从新秀到头部卖家都有分布，如此多的同行卖家，到底哪个卖家能作为自己的对标竞争对手呢？谈谈你的看法。

按照竞争对手的类别划分，可以将竞争对手划分为三类，分别是直接竞争对手、间接竞争对手和行业头部企业。

（1）直接竞争对手：有相同销售产品、相似受众，体量相差不大。

（2）间接竞争对手：销售产品相似，但品牌定位和受众群体不直接冲突。

（3）行业头部企业：本行业中的头部卖家（即 Top 卖家）。

对标竞争对手的做法是找到同类目的阶段性竞争对手，以及确定一个模仿或学习的标杆店铺。阶段性竞争对手一定是稍领先自己的直接竞争对手，主要从销量和类目排名两个角度判断；而标杆店铺则是与自己店铺定位相同或相似的头部企业。用简图表示如图 1-26 所示。

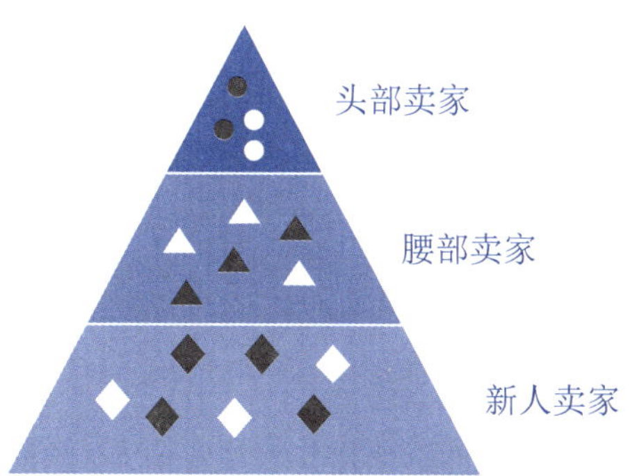

不同形状代表不同定位的卖家：圆圈代表标杆店铺，三角形代表阶段性竞争对手，菱形代表自己。

图 1-26　竞争对手划分

二、采集竞争对手数据

确定竞争对手之后，卖家就要去采集竞争对手的各项数据，并定期跟踪，做好竞争对手动向的监查。主要采集的数据维度有如下几种：

1. 产品描述

产品页面的描述越有吸引力，转化率就越高。要制作出优秀的产品页面，不能光靠自己闭门造车，要学会观察竞争对手店铺热销品的产品标题、主图与详情描述文案，挖掘对方产品描述的亮点和缺陷，取其精华去其糟粕。

采集方法：卖家直接浏览竞争对手热销品的详情页，如图 1-27 所示。

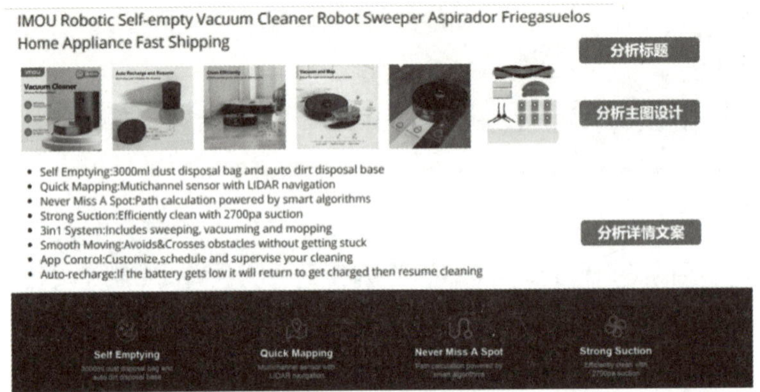

图 1-27　产品描述示例

2. 产品销量

监查同类目头部卖家和竞争对手的销量情况。头部卖家的销量反映着市场需求的变化，卖家要及时洞察。而根据竞争对手产品销量的走势变化，即可判断该产品的市场销售潜力，如果销量增长快，卖家就要考虑是否及时跟进。

采集方法：需要借助第三方工具进行销量监控，如图 1-28 所示。

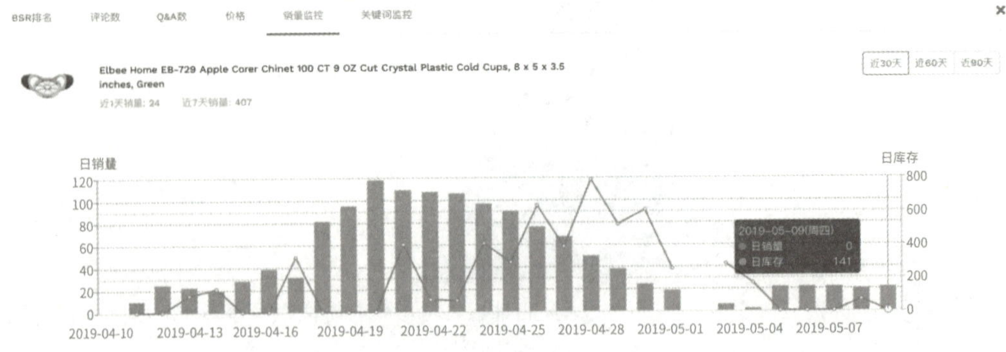

图 1-28　竞争对手销量监控

3. 价格区间

观察竞争对手店铺产品的定价策略，尤其是新品、热销品，看这些产品的价格处于什么区间，这有助于自己店铺的定价。许多卖家会根据产品的发展情况去调整销售价格，因此在搜集价格数据时，也要追溯该产品往期的定价。

采集方法：借助第三方工具搜集价格数据，并将价格汇总到表格中。

例： 采集亚马逊平台产品的历史价格数据可以使用插件，统计结果如图 1-29 所示。

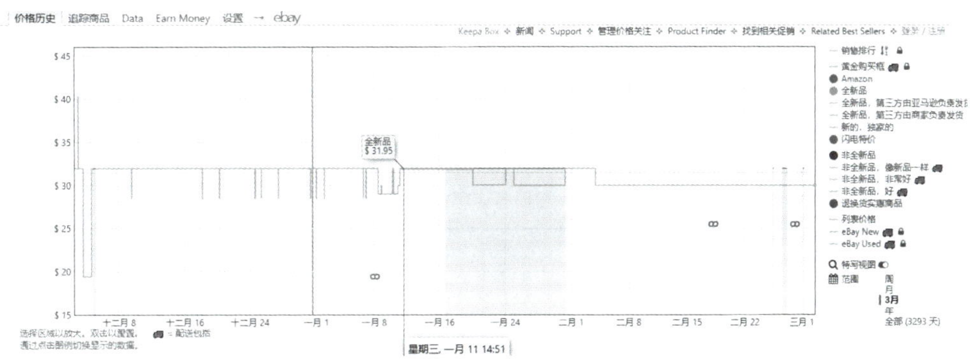

图 1-29　用 keepa 插件采集历史价格数据

4. 产品评价

每个卖家对自己的产品都有极大的信心，但产品评价往往反映了产品的真实质量，现在已经成为揭示竞争对手产品弱点的一个重要组成部分。

采集方法：卖家直接浏览竞争对手店铺热销品的产品评价。

以下是在采集竞争对手产品评价时，需要思考的四个要点：

（1）竞争对手产品存在的问题是什么？自己是否存在？

（2）竞争对手是如何解决这些问题的？

（3）客户喜欢其产品的理由是什么？自己如何效仿？

（4）如果自己可以效仿竞争对手，是否还有任何可以改善产品的方法？如果没有，自己的产品有何独特的卖点？

小贴士

分析竞争对手除了以上四点外，还可以分析对方的社交媒体账号、广告策略、产品线布局等，这有助于更深入地洞察竞争对手的经营策略。

三、制定竞争策略

完成对竞争对手数据的采集后，卖家可以用 SWOT 分析法，将收集到的竞争对手情报进行综合分析，并最终形成分析结论和策略。

小贴士

SWOT 分析也称为道斯矩阵（如表 1-22 所示）由美国旧金山大学的管理学教授韦里克提出，经常被用于企业战略制定、竞争对手分析等场合。

（1）S（strengths）即优势；

（2）W（weaknesses）是劣势；

（3）O（opportunities）是机会；

（4）T（threats）是威胁。

表 1-22　SWOT 分析法

	积　极	消　极
内　部	优势（Strengths） • 独特能力 • 特殊资源	劣势（Weaknesses） • 资源劣势 • 经济劣势
外　部	机会（Opportunities） • 优势条件 • 对手的劣势	威胁（Threats） • 劣势条件 • 对手的不良影响

使用 SWOT 分析竞争对手的步骤为：

1. 分析环境因素

从外部环境和内部环境两个方向展开调研分析，分析各要素如图 1-30 所示。内部环境分析要与竞争对手做对比，找出自身的优势和劣势；外部环境分析要从 PEST 四维度挖掘市场中存在的机会和威胁。

内部环境分析

优势（Strengths）	劣势（Weaknesses）
• Q：品质（安全性、稳定性、可靠性） • C：成本 / 价格 • D/D：产量 / 效率 / 交付能力 • D/L：产品研发 / 技术 • M：人才设备 / 物 / 方法 / 测量 • S：销售 / 服务	• Q：品质（安全性、稳定性、可靠性） • C：成本 / 价格 • D/D：产量 / 效率 / 交付能力 • D/L：产品研发 / 技术 • M：人才 / 设备 / 物 / 方法 / 测量 • S：销售 / 服务
机会（Opportunities）	**威胁（Threats）**
• P：政治 / 法律 / 政策 • E：经济 • S：社会文化 / 市场 • T：技术	• P：政治 / 法律 / 政策 • E：经济 • S：社会文化 / 市场 • T：技术

外部环境分析

图 1-30　分析环境因素的维度

2. 构建 SWOT 矩阵

将调查出的各种因素填入矩阵图，并按轻重缓急或影响程度等排序方式，构造 SWOT 矩阵，如表 1-23 所示

表 1-23　SWOT 矩阵

维度	内　容	优先顺序				维度	内　容	优先顺序			
		重要度	紧急度	影响度	No.			重要度	紧急度	影响度	No.
S						W					
O						T					

注：表中“No.”是 number 的缩写，代表排序编号，通过重要度、紧急度和影响度的综合分析进行优先顺序排列。

3. 制定战略计划

在完成环境因素分析和 SWOT 矩阵的构造后，便可以制定出相应的行动计划。制定计划的基本思路是：

（1）发挥优势因素，分析劣势因素，并克服劣势因素。

（2）利用机会因素，识别威胁因素，并规避或化解威胁因素。

（3）考虑过去，立足当前，着眼未来。

运用系统的综合分析方法，将考虑的各种因素匹配起来，得到未来发展的可选择战略，如图 1-31 所示。卖家需要确定战略优先顺序，并将战略对策转换成可执行的具体事项。

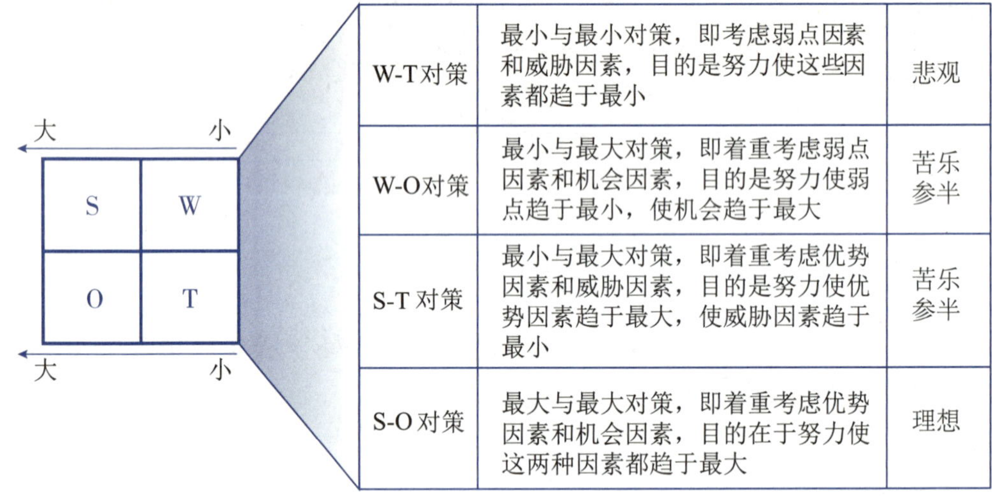

W-T对策	最小与最小对策，即考虑弱点因素和威胁因素，目的是努力使这些因素都趋于最小	悲观
W-O对策	最小与最大对策，即着重考虑弱点因素和机会因素，目的是努力使弱点趋于最小，使机会趋于最大	苦乐参半
S-T 对策	最小与最大对策，即着重考虑优势因素和威胁因素，目的是努力使优势因素趋于最大，使威胁因素趋于最小	苦乐参半
S-O 对策	最大与最大对策，即着重考虑优势因素和机会因素，目的在于努力使这两种因素都趋于最大	理想

图 1-31　SWOT 战略对策

学习任务 4　跨境店铺安全维护

跨境平台对卖家的审核非常严格，但凡涉及违规操作、产品质量、知识产权等问题，轻则下架产品，重则直接封账户、关店铺。为了维护店铺安全，卖家要避免侵权行为发生，并能够遵守平台规则，做好店铺风险防范。

因此本学习任务主要从以下两个方面展开讲解：：

- 知识产权保护
- 店铺风险防范

活动 1　知识产权保护

知识产权是指权利人就其智力劳动成果在一定期限内享有的专有权利。跨境电商平台对知识产权的保护非常严格，如果卖家销售的产品涉嫌侵权，账号就会被审查或销售权限被移除。

小丽是一名跨境电商运营，她发现竞争对手的产品详情页设计得非常专业，于是小丽下载了对方的产品详情页，并应用到自家产品中。

请问，小丽的行为是否构成侵权？

一、常见侵权行为

根据知识产权的分类，跨境电商卖家较常触及的侵权行为有三类：

1. 商标侵权

未经品牌方正规授权，擅自使用对方商标，即为商标侵权。如在产品描述里使用他人品牌名或商标。

2. 版权侵权

版权侵权在跨境电商领域屡见不鲜，最常见的就是“盗图”，如擅自使用著名动画形象、他人原创设计、包装图案等等。版权侵权主要针对的是一些图片、视频、电影、动漫、书籍、音乐作品、游戏和绘画等。

3. 专利侵权

专利包括发明专利、实用新型专利和外观设计专利。发明、实用新型专利比较复杂，侵权判定和调查取证比较困难。因此，在跨境电商平台上常见的专利侵权类型主要是外观设计专利。如果卖家正在销售的产品外观与有外观专利产品的外观相同或相近，则大概率会被判定为专利侵权。

亚马逊平台允许跟卖，跟卖即不同卖家之间的同款产品共用同一个详情页面。但要注意的是，跟卖有商标的产品属于侵权行为。

二、侵权维护方法

作为跨境卖家，在店铺经营过程中既要防范侵权他人权益，又要保护好自身权益。另外，在侵权发生时也要懂得如何进行处理，减少损失。

1. 防范侵权行为

Amz123 网站

卖家在发布产品的过程中一定要慎重，避免因为侵权导致账号受限而影响运营计划。那么在实际运营中，卖家该如何防范侵权行为的发生呢？

（1）刊登产品前，先通过商标及专利查询网站进行侵权判断，做好自查自纠、避免侵权。在 amz123.com 网站的商标专利模块就能跳转到各国的商标专利查询网站，如图 1-32 所示：

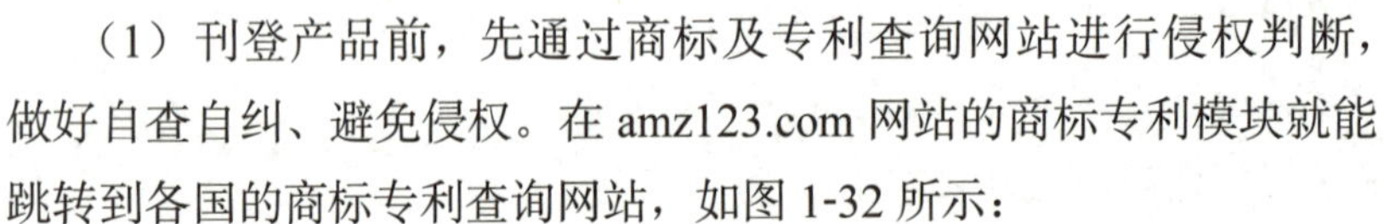

图 1-32　商标专利查询网站

（2）保证供货渠道的正规性，在选品时要注意供应商是否存在侵权。

（3）发布产品时，使用原创图片和文字。

2. 保护自身产权

当然，对于跨境电商卖家来说，除了在运营中要避免发生侵权行为之外，也要尽可能地保护好自己的知识产权。具体怎么做呢？

（1）保留自己拍摄的产品原图，遇到图片被盗用的情况，可以用原始拍摄图片向平台投诉。

（2）注册商标，能有效减少被跟卖的概率。但商标具有地域性，要想自己的商标在其他国家受保护，就一定要在相应国家注册商标。

（3）如果是原创设计的产品，可以申请专利来确保自身权益，并向跨境平台官方进行品牌备案。

3. 侵权处理方法

侵权处理分两种情况：

（1）真实侵权了，及时下架产品并联系投诉人进行妥善处理，以博得投诉人的原谅并撤诉，同时回复亚马逊邮件说明情况。

（2）确实没侵权，那么请准备好材料进行申诉。申诉的材料主要是一些授权书、采购发票及供应商的联系方式等。

活动 2　店铺风险防范

从事跨境电商行业，卖家对店铺运营的综合素质能力非常重要：既要求拥有灵活的运营策略，以保障增加店铺盈利，又要具备及时把控和规避运营中产生的风险，维持店铺正常运转。

一、商品货源风险

卖家不管在哪个跨境电商平台运营，都要保证自己店铺产品的供应，清楚了解店铺产品特性。如果没有充足的货源保证，消费者购买之后没有产品发出，会影响订单进度，严重时会影响店铺的信誉度以及评价，甚至平台还可能直接进行封店惩罚。所以在运营店铺时，卖家一定要保证有稳定、可靠、充足的货源。

规避货源风险的办法有：对于货源这方面的问题，卖家一定会有自己的一套解决方案，除了选择合适的供应商，还要有备选供应商，保证货源充足。另外，还要维护好与供应商之间的关系。这两者也是相互依存的，如果平时没有及时沟通交流，出现问题时可能会增加运营风险。

二、货物运输风险

货物的运输过程是跨境商家难免要面对的运营风险问题，因为不是所有的物流公司都可以安全顺利地运送到目的地，都会有一定的局限性。因此，这就需要店家在选择物流运输商时多多了解，综合分析选择一个更方便的物流运输公司。有时候可能会遇到不可抗力的问题，也可能会发生包裹丢失等等的风险。

货物运输方面规避风险的办法有：一方面，建议卖家选择物流运输商时多关注运输范围、口碑、时效等等，可以及时查看物流运输更新信息，更好地规避跨境电商运营风险；另一方面，卖家可以通过平台的协议明确权责归属，在日后出现问题的时候可以及时地解决问题。

三、政策变化风险

因为国家的政策会因时间、事件等因素对电商平台的一些规范调整产生影响，不管在哪个平台运营都要遵守相关国家的法律规定。因此，更建议卖家了解平台随时更新的政策，以规避政策变化带来的跨境电商平台运营风险。

亚马逊平台规定卖家只能拥有和操作一个账户，如果同一卖家被平台发现拥有不止一个账户，将被视为违反平台规定，并且其所有账户都会被直接封掉。账号关联风险是导致亚马逊中国卖家被封店的重灾区。

亚马逊账号关联

课程总结

本次课程主要讲解了跨境店铺策划与开设的四个关键环节，从开店前的跨境店铺定位，到开店中的平台入驻准备、申请与店铺完善，再到开店后的目标市场分析、竞争对手分析，以及在店铺安全维护方面的知识，站在跨境新卖家的角度，以工作流程为主线，对相关知识、技巧等进行了翔实讲解。

课后思考

1. 判断某个产品类目的未来发展趋势，有哪些方法可以实现？

2. 很多人建议亚马逊新卖家应该先从美国站做起，你认同这个看法吗？

3. 要分析某个类目是否适合经营，要从哪些方面着手？

4. 有部分卖家为了快速试错，用数据软件盗用其他卖家的产品信息并上架到自己店铺，在销量有起色后再用原创“改头换面”。你认为这种做法合理吗？

延伸拓展

拓展阅读

扫码阅读以下学习资源，拓宽自己的知识和视野：

文章 1：亚马逊新手卖家须知：关于平台的 24 个必知基本常识

文章 2：亚马逊开店全流程实操

文章 3：竞争对手分析实战

案　例：普通创业者如何通过跨境电商每月赚取 40 000 美金

文章 1

文章 2

文章 3

案　例

思政园地

Emoji 带来的侵权风险

思政元素：增强版权意识，遵纪守法。

Emoji 起源于日本，由黑田茂创建，经由苹果公司表情使用而传遍全球。据统计，全球约有 90% 的在线用户频繁使用 Emoji，每天有 60 亿个 Emoji 表情符号被传送。Emoji 的大火，使得周边产品都极为受欢迎。

图 1　Emoji 示例

在跨境电商平台上，也有很多卖家提供与此相关的产品，比如印有各式各样 Emoji 图案的贴纸、书籍、衣物等等，如图 2 所示。而这一举动，却为不少产品卖家带来了侵权风险。

图 2　印有 Emoji 的产品

据不完全统计，仅在 2020 年下半年间，Emoji 方面至少已在美国联邦法院立案 29 起。2021 年以来短短 3 个月就接连发生 5 起，仍陆续有新案件提交至联邦法院，诉讼类型为商标侵权。

（资料来源：侵权预警 | 从 Emoji 侵权案例看美国商标侵权案件的流程及应诉对策[EB/OL].（2021-03-11）[2024-06-01]. https://www.sohu.com/a/455227790_115514）

【思考与讨论】

1. 跨境卖家如何在日常运营中避免侵权事件发生？
2. 假设侵权事件已经发生，作为卖家的你该如何应对？

自我分析与总结

错题整理

学会的内容

总　结

Module 2

模块二　跨境电商产品开发

课时建议：8 课时

学生工作页

学习情境

某跨境电商企业近期开设了一家新店铺，需要对新店铺进行产品开发。现需要你按照跨境电商产品开发工作流程及操作规范，协助该企业规划新店铺的产品线结构与产品组合，并运用数据化思维完成选品，找到合适供应商，最后对产品进行合理定价，帮助该企业做好产品开发工作。

学习目标

知识目标	技能目标	思政目标
• 能概述产品线结构及产品组合的策略； • 能简述数据化选品的工作流程； • 能记忆产品成本的构成与核算方法。	• 能规划跨境店铺的产品线结构与产品组合； • 能运用数据化选品思维进行产品挖掘及判断； • 能核算产品成本并对产品进行合理定价。	• 养成独立思考的习惯； • 强化团结协作、严谨细致的职业素养； • 开阔国际视野，增强国家荣誉感、文化认同感。

聚焦竞赛

本模块学习内容聚焦如下竞赛技能标准：

1. 能够根据店铺定位和目标站点，分析引流款、利润款、形象款的上架数量及占比，设定引流款、利润款、形象款的价格区间，完成产品线综合规划。

2. 能够根据市场容量、产品特性、销售潜力等进行选品，并确保所选产品未侵权或违规。

3. 能够利用各种选品渠道，分析市场趋势与市场需求，优化选品思路。

4. 具备一定的跨文化理解、审美和创新能力，能够根据不同地区的文化特点选择合适的产品。

5. 能够根据营销策略对产品进行合理定价与利润控制。

6. 能够根据产品成本、物流成本、推广成本和平台费用，针对不同的销售阶段调整定价方案。

7. 具备一定的计算能力、数据分析能力和逻辑思维，能够进行数据化选品分析，以及掌握产品线综合规划的方法。

工作准备

1. 认真阅读学习任务书，明确本次工作活动的学习任务要求；

2. 登录任意跨境电商知识或资讯平台，自主搜集有关产品线规划、选品、产品定价等方面的资料，进行深入阅读，并记录感悟和问题；

3. 提前准备好本模块任务实施的相关材料；

4. 结合学习任务书梳理大致的工作计划和要点。

学习任务书

认真阅读如下所示任务背景，明确本任务要求。

任务背景

材料 1：小明团队在亚马逊平台上开设了一家网店，处于起步期。在商品上架阶段，小明团队设定店内商品引流款、利润款、形象款和活动款的比例，如表 2-1 所示。但按这个比例进行分配后，店铺流量却迟迟不见增长。

表 2-1　店铺起步期产品线结构和比例

产品线结构	占整体产品的比例 / %
引流款	10
利润款	70
形象款	10
活动款	10

最终小明的店铺花了比其他网店更长的时间才开始赢利，进入店铺发展的成长期。恰逢“黑色星期五”购物季，小明团队决定参与“黑五”活动，于是调整了店铺的产品线结构占比，如表 2-2 所示。

表 2-2　店铺成长期产品线结构和比例

产品线结构	占整体产品的比例 / %
引流款	10
利润款	30
形象款	10
活动款	50

材料 2：某企业在亚马逊平台上架的几类产品销量均不佳，于是找到了小万帮助该企业改善该情况。小万根据该企业的店铺情况提供了四点选品依据（见表 2-3），并确立了“hall tree/ 衣帽架”这类产品的选品方向（见表 2-4）。

表 2-3　四点选品依据

选品依据	目标产品具备条件	重要程度
竞品分析的结果	产品特点要与销售趋势良好的热销竞品特点大致相同	一般
产品特性	① 利润高； ② 运输成本低； ③ 非敏感 / 危险品； ④ 不涉及侵权	重要
目标客户	符合目标客户的需求	重要
差异化	具有独特的功能或外观	一般

表 2-4　选品方向

选品方向	落地式：组装方便、存储空间大、空间整洁
	门厅式：便携、布局合理、坚固稳定

材料 3：浙江某公司是一家从事办公用品外贸业务的企业。今年，该公司决定拓展业务，向跨境电商转型，并选择在亚马逊平台上架产品。该公司正计划为“活页夹”产品进行定价，产品信息如表 2-5 所示。

表 2-5 活页夹信息

	名称	活页夹
	发货目的国	美国
	重量	0.1 kg/ 件
	汇率	6.8
	快递	E 邮宝
	发货方式	商家自发货
	平台收取费用	5% 平台佣金 +5% 联盟佣金
	其他费用（营销、售后等）	忽略不计

任务要求

根据提供的任务背景信息，完成下列任务：

任务 1：联系材料 1，并根据起步期与成长期的运营特点，帮助小明调整两个阶段店铺产品线结构和比例。

任务 2：假如你是材料 2 中的小万，请你根据设定的选品依据和方向，帮助该企业完成衣帽架选品。

任务 3：结合材料 3 提供的活页夹信息，帮助该企业完成活页夹的成本核算，并基于成本制定这款产品合理的定价范围。

★ 学习任务对应岗位：跨境电商运营专员、跨境电商选品专员。

★ 涉及知识与能力：产品线规划、数据化选品、产品定价。

任务分组

将学生按每组 4 ～ 6 人分组，明确每组的工作任务，并填写表 2-6。

表 2-6　学生分组表

<table>
<tr><td>班　级</td><td></td><td>组　号</td><td></td><td>指导老师</td><td></td></tr>
<tr><td>组　长</td><td></td><td>学　号</td><td colspan="3"></td></tr>
<tr><td rowspan="5">组　员</td><td>姓　名</td><td>学　号</td><td colspan="2">姓　名</td><td>学　号</td></tr>
<tr><td></td><td></td><td colspan="2"></td><td></td></tr>
<tr><td></td><td></td><td colspan="2"></td><td></td></tr>
<tr><td></td><td></td><td colspan="2"></td><td></td></tr>
<tr><td></td><td></td><td colspan="2"></td><td></td></tr>
<tr><td colspan="6">任务分工</td></tr>
<tr><td colspan="6">例如：____________同学，主要负责____________工作。</td></tr>
</table>

获取信息

根据引导问题，从信息页的相关学习任务中获取对应的信息，回答引导问题并在空白处填写答案。

引导问题 1：什么是产品线和产品组合？两者的关系是什么？

____

____

____

____

引导问题 2：按照营销目的进行划分，产品线结构可以划分为________、利润款、________和________。通常情况下，这四种产品线结构的数量占比分别是______%、______%、______%、______%。

引导问题 3：产品组合元素包括________、________以及________。请指出图 2-1 中的产品组合元素。

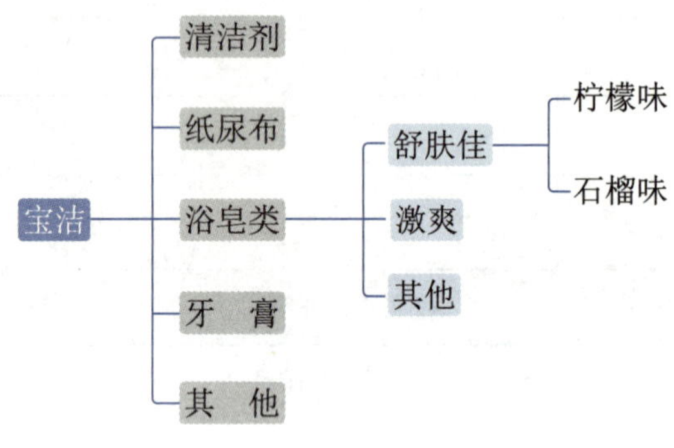

图 2-1　某品牌个护产品线

引导问题 4：请简述产品组合扩展策略和缩减策略的区别。

____

____

____

____

引导问题 5：什么是利基产品？理想的利基产品应具有什么特征？

____

____

____

____

引导问题 6：在跨境选品时，应遵循的选品原则有哪些？从产品、市场和卖家三个方面进行回答。

产品方面	市场方面	卖家方面

引导问题 7：要判断某款产品销售是否有淡旺季或带有节日性特点，可以借助＿＿＿＿＿＿＿＿工具来进行分析。

引导问题 8：什么是市场容量？

引导问题 9：什么是销量垄断和品牌垄断？谈谈你的理解。

小贴士

（1）市场容量是指在不考虑产品价格或供应商策略的前提下，市场在一定时期内能够吸纳某种产品的单位数目。市场容量实际上就相当于需求量，在跨境市场上，市场容量可以直接理解为市场规模。

（2）销量垄断就是头部商家的销量遥遥领先，进而在价格、口碑、消费者决策、供应链等方面已经形成了绝对优势，后来者很难与之竞争。

（3）品牌垄断就是因品牌的信任背书，所以消费者在购买产品时，会盲目选择具备品牌知名度的产品，导致其他产品无法与之竞争。

引导问题 10：在选品时，亚马逊站内的五大榜单非常具有研究价值，这五大榜单分别是指什么？

____

____

引导问题 11：请列举 4 种选品方式：亚马逊站内榜单选品、__________、__________和__________。

引导问题 12：简述分析产品热度趋势的方法。

____

____

____

引导问题 13：如何针对一款产品进行市场容量判断？

____

____

____

引导问题 14：简述分析产品生命周期的方法。

____

____

____

引导问题 15：简述竞品评价对自身选品的作用。

____

____

____

引导问题 16： 产品的上架价格、销售价格和成交价格有什么区别？三者的定价公式怎么表示？

____

____

____

____

计划决策

小组内每位成员提出自己的计划和方案，经小组讨论比较，综合每位同学的意见，确定小组的最终实施方案。

任务 1：产品线规划

➤ 计划 1：请联系材料 1，就产品线结构的调整做出计划。

问题 1：不同发展时期的跨境店铺，其产品线结构和比例应该怎么调整？

问题 2：如何判断产品线结构调整的比例？

决策结果：____

____

____

____

____

任务 2：数据化选品

➤ 计划 2：请联系材料 2 设定的选品依据和方向，制定产品挖掘的计划。

问题 1：“衣帽架”产品挖掘工作应该如何展开？

问题 2：如何判断产品是否有爆款潜质？

问题 3：如何判断一款产品是否存在销量垄断和品牌垄断？

决策结果：____

____

____

____

____

➤ 计划 3：请联系材料 2，制定寻找“hall tree/ 衣帽架”货源的计划。

问题 1：“衣帽架”的跨境货源渠道有哪些？

问题 2：对比货源时，应该要考量哪些因素？

决策结果：____

____

____

____

任务 3：产品定价

➤ 计划 4：请联系材料 3，针对活页夹的定价做出实施计划。

问题 1：产品总成本要怎么计算？

问题 2：产品定价的策略有哪几种？材料 3 中公司应采用哪种定价策略？

决策结果：____

____

____

____

实施计划

根据制定的工作计划，组织实施并记录实施操作过程中的关键信息与数据，完成引导问题的填写。如果无法独立完成，可以参考配套实训任务书。

计划实施 1：联系材料 1，并根据起步期与成长期的运营特点，帮助小明调整两个阶段的店铺产品线结构和比例（表 2-7）。

表 2-7　店铺产品线结构和比例调整

调整后起步期产品结构与比例	引流款	利润款	形象款	活动款
调整后发展期产品结构与比例	引流款	利润款	形象款	活动款

计划实施 2：假如你是材料 2 中的小万，请根据设定的选品依据和方向，帮助该企业完成衣帽架选品。

要求：（1）选品数量不少于 3 款，且所选产品不涉及侵权；（2）自行创建表格汇总产品信息，参考表 2-8 所示“选品清单”；（3）产品挖掘操作合理，数据分析严谨。

表 2-8　选品清单

采购产品	产品名称	产品特点	采购价	最低采购数量	供应商单位	联系方式	采购链接

计划实施 3：结合材料 3 提供的活页夹信息，帮助该企业完成活页夹的成本核算，并为这款产品制定合理的定价范围。

要求：（1）保留成本计算过程，且步骤清晰，计算严谨；（2）定价范围明确，理由充分。

评价反馈

1. 各组派代表上台展示成果，并介绍任务的完成过程。

2. 其他组同学给你们提供了哪些意见或建议？请记录在下面。

____

____

____

3. 本次课的心得体会：

____

____

____

4. 评价方式采用多元化评价，评价主体由学生、小组与教师构成，评价标准、分值及权重如下所示：

（1）学生进行自我评价，并将结果填入表 2-9 中。

表 2-9　学生自评表

班级：__________　　组名：__________　　日期：________年____月____日

评价项目	评价标准	分　值	得　分
信息检索	能有效利用网络资源、配套资料查找有效信息	10	
知识掌握	能准确理解学习任务中讲述的知识内容	15	
技能训练	能按任务书要求，按计划完成工作任务	15	
感知工作	认同工作价值，在工作中能获得成就感	10	
团队素养	能与教师、同学之间相互尊重、理解和平等交流	10	
职业素养	能严格遵守相关工作守则和法律法规	10	
思维状态	能发现问题、分析问题并解决问题	10	
参与状态	能发表个人见解，倾听他人意见和看法	10	
创新意识	能在工作过程中做出创新点	10	
合　计		100	

（2）学生以小组为单位，对学习任务的实施过程与结果进行互评，将互评结果填入表 2-10 中。

表 2-10　小组互评表

班级：__________　　被评组名：________　　日期：________年____月____日

评价项目	评价标准	分　值	得　分
团队素养	该组小组成员间合作紧密，能互帮互助	15	
	该组的工作计划周密，组织有序	15	
	该组态度端正，有较强的吃苦耐劳精神	10	
工作情况	该组的工作效率突出	20	
	该组的工作成果完整且质量达标	30	
	该组严格遵守相关工作守则和法律法规	10	
合　计		100	

（3）教师对学生工作过程与工作结果进行评价，并将评价结果填入表 2-11 中。

表 2-11　教师评价表

班级：__________　　组名：__________　　姓名：___________

评价项目	评价标准			分　值	得　分
考　勤	无无故迟到、早退、旷课现象			10	
工作过程	能正确回答引导问题并填写答案			20	
	能制定详细的工作计划			10	
	能按任务书要求规范实施工作活动			20	
项目成果	能按时完成任务			10	
	学习态度认真、细致、严谨			10	
	任务成果完整且质量达标			20	
合　计				100	
综合评价	自我评价（20%）	小组互评（30%）	教师评价（50%）	综合得分	

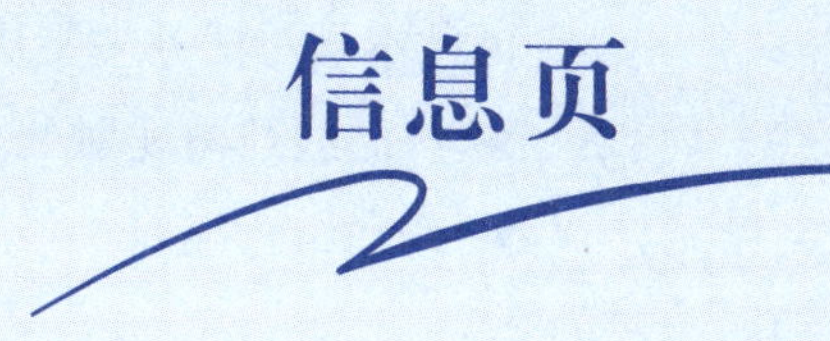

情境导入

小万是一家跨境电商企业的实习生，主要工作是协助部门进行公司的产品开发。根据公司操作手册规定，产品开发要完成产品线规划、选品、定价等工作，然而小万对这些并不熟悉，不知道该如何实施。

于是，小万向主管老李请教。老李告诉小万，规划产品线是为了制定店铺产品的发展战略，目的是让店铺能长期良性运转；选品方面则需要先确定选品策略，再从多渠道挖掘潜力产品，最后通过数据进行分析判断；定价方面需要综合考虑才能获得竞争力和利润。小万在主管的指导下，逐渐明确了跨境产品开发的流程和策略，并通过不断学习和实践，帮助部门成功完成了产品开发工作。

【思考】

认真思考以下问题，并带着问题进入课堂寻找答案吧。

- 什么是产品线？产品线的结构应该如何规划？
- 挖掘产品的渠道有哪些？
- 判断一款产品是否具有销售潜力，应从哪些角度展开分析？
- 如何计算产品的总成本？
- 产品的定价策略有哪些？

学习任务 1　产品线规划

产品线指的是一组相关的产品，这些产品可以满足同样的需求，或者需要配套使用，可能在同一价格范围内，也可能销售给同一顾客群等。如果能够确定产品线的最佳长度，就能为店铺带来最大的利润。

因此本学习任务主要从以下两个方面展开讲解：：

- 产品线结构规划
- 产品组合规划

活动 1　产品线结构规划

产品线划分实际是一种业务分类，产品线结构设置是对店铺商品进行正确的分类和布局，做好产品线结构的规划能够有效提高店铺收益。

一、产品线结构划分

按照营销目的进行划分，产品线结构通常有引流款、利润款、活动款、形象款四种，在店铺运营中分别起着不同的作用，如图 2-2 所示。

引流款	利润款	活动款	形象款
流量最大	盈利较高	减少库存	提升形象
又称“爆款”	精准定位	冲刺销量	定价较高

图 2-2　产品线结构划分

1. 引流款

引流款是为店铺吸引流量的产品，流量最大，也称爆款。引流款受众面广，同行竞争中有优势；可带动店铺其他产品，尤其是利润款的销售，能为店铺沉淀老客户。

2. 利润款

利润款是可以给店铺带来较高盈利的商品，能提高店铺整体利润率。首先定位到精准的目标人群，用引流款将其吸引进店，盈利的任务主要由利润款完成。

3. 活动款

活动款是指配合店铺活动进行促销的商品。活动款的主要功能在于减少库存、冲刺销量，在提高店铺销量的同时让顾客享受到优惠，吸引客户下单。

4. 形象款

形象款指能够代表店铺形象的商品。这类商品是为了增加客户对店铺的信任而存在，因此会注重商品的整体调性和档次，价格会偏高。

二、产品线结构策略

产品线结构规划需要根据店铺经营情况来定，如果缺乏对产品线规划的结构化思考，容易给店铺后续经营带来许多麻烦。下面介绍两种产品线结构策略。

1. 结构占比策略

产品线结构需根据营销目的按比例划分。如形象款的作用为提高店铺档次，定价高，销量低，不适合占比过高；而利润款作为主要盈利产品，占比要最高。通常情况下，产品线结构占比分配如图 2-3 所示。

形象款
高质、高价、高利润，提升店铺形象档次
（占比 10%）

利润款
高质、高价、高利润，带来较高盈利
（占比 70%）

引流款
中质、中低价，带动其他产品销量
（占比 10%）

活动款
中质、中价、中利润，配合活动进行促销
（占比 10%）

图 2-3　产品线结构占比

2. 结构调整策略

产品线结构不能一成不变。店铺为了实现不同时期的预期目标，需要针对各个时期的运营重点对产品结构比例进行调整，如表 2-12 所示。

表 2-12　结构调整策略

时　期	具体策略
起步期	店铺起步时曝光量不足，店铺运营重点在于吸引流量，因此需重点设置引流款比例，约为 40% ～ 50%，利润款作为盈利主力需保证比例在 40% 左右，活动款和形象款非起步期必要，可暂不设置
成长期	成长期店铺流量提升，此时店铺的运营重点在于创造营收，因此要提高利润款的比例至 50% 以上，但仍需要保持引流款不低于 20%，形象款设置一款即可，约占整体的 5% ～ 10%，活动款 10%
稳定期	稳定期采用通常情况下的产品线结构即可，即引流款 10%，利润款 70%，活动款 10%，形象款 10%

活动 2　产品组合规划

前文所述产品线是指同类产品组成的系列，而产品组合则通常由多条产品线组成，是一个店铺经营的所有产品线和产品项目的组合，如图 2-4 所示。

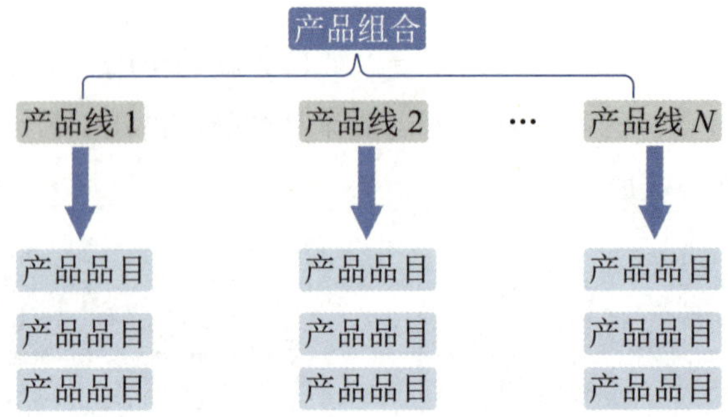

图 2-4　产品线与产品组合的关系

一、产品组合元素

产品组合元素包括产品组合的宽度、长度以及深度，如图 2-5 所示。

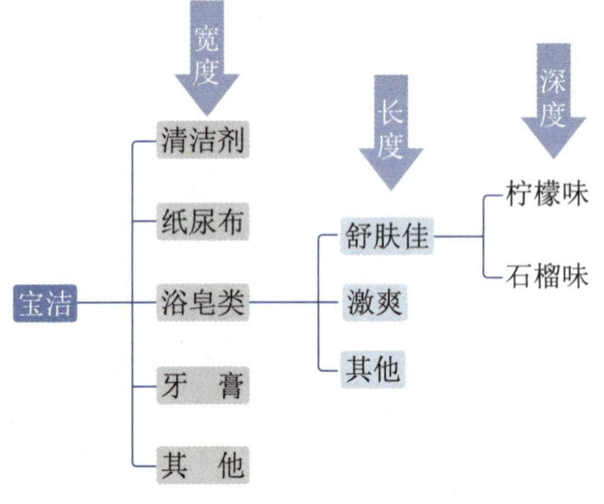

图 2-5　产品组合元素

1. 产品线宽度

通常一个企业或店铺不会只有一条产品线，多条产品线组成了产品组合，产品线的数量即为产品线宽度。

例：某网店共有洗发水、护发素、沐浴露 3 个产品大类，则说明该网店的产品线有 3 条，宽度为 3；或如表 2-13 所示的某店铺产品线，产品线宽度为 4。

表 2-13 某店铺产品线

上 衣	下 装	鞋 类	帽 子
男短袖 女短袖 男衬衣 女衬衣 男毛衣 女毛衣	男长裤 女长裤 男短裤 女短裤 女短裙	男皮鞋 女皮鞋 运动鞋	鸭舌帽 贝雷帽 礼帽

2. 产品线长度

每条产品线内的产品品目数称为产品线长度，如果一个公司具有多条产品线，将所有产品线的长度加起来即为产品线总长度，除以宽度则可以得到公司平均产品线长度。

例： 如表 2-13 所示的产品线，产品线长度为所有产品品目的总和，为 6+5+3+3 = 17，平均产品线长度为 17 ÷ 4 = 4.25。

3. 产品线深度

产品线深度指的是产品线中每个产品的版本数量，比如某款毛衣具有多种尺码和颜色，这就构成了该毛衣的深度。

例： 某款毛衣有 4 个尺码、2 种颜色，那么该款毛衣的深度为 4×2 = 8。

二、产品组合策略

产品组合策略是根据对企业或店铺的产品线分析，并结合市场的变化来调整现有的产品组合结构。下面介绍几种常见的产品组合策略。

1. 组合拓展策略

产品组合拓展策略实际上是对产品组合深度的加强和拓展，包括增加产品线，拓展产品经营范围，以及在原有的产品线内加入新的产品品目。

（1）优点

产品组合拓展策略的优点如下：

① 帮助店铺扩大市场份额，提高销售额，增加利润。

② 利用店铺信誉和商标知名度，完善产品系列，扩大经营规模。

③ 充分利用资源和剩余生产能力，提高经济效益。

④ 减小市场需求变动的影响，分散市场风险，降低损失程度。

（2）实施手段

产品组合拓展有并购和自主研发两个方向，具体拓展方式如表 2-14 所示。

表 2-14　具体拓展方式

方　式	案　例
增加与原产品类似的产品	全球最大钟表商精工除大力发展钟表业之外，还发展了精密机械业务
增加与原产品不相关的产品	丰田公司以汽车产业闻名，除此之外还经营房地产业务
增加不同品质和不同价格的同种产品	力士拥有了具排浊除菌功能的香皂后，还开发了香氛精油香皂
在维持原产品品质和价格的前提下，增加同一产品的规格、型号和款式	多芬品牌樱花甜香款沐浴露在推出 1 kg 大规格后，又推出了 200 g 的小规格

2. 组合缩减策略

产品组合缩减策略是指从产品组合中取消那些获利少的产品种类或品种，集中资源经营获利多的产品，力求从较少的产品中获得更多的利润。在市场不景气或能源供给紧张时，采用组合缩减策略反而能使店铺总利润增加。

（1）优点

产品组合缩减策略的优点如下：

① 改进保留产品的品质，提高产品商标的知名度。

② 店铺经营专业化，提高效率，降低成本。

③ 有利于店铺向市场的纵深发展，寻求合适的目标市场。

④ 减少资金占用，加速资金周转。

（2）实施手段

产品组合缩减策略的具体缩减方式如表 2-15 所示。

表 2-15　具体缩减方式

方　式	案　例
减少产品线数量，降低生产成本，实现专业化生产经营	康师傅“食面八方”系列推出后从备受追捧到热度逐渐消失，最终选择减少产量，仅在少部分地区销售
保留原产品线，削减产品项目，停止生产某类产品	康师傅推出“爱鲜大餐”系列，但由于生产成本高售价高导致消费者反应平平，最终选择停产

3. 高档产品策略

高档产品策略是指在店铺的产品线中增加高档产品项目，用来提高企业现有产品的声望以及店铺整体的档次。

（1）优点

高档产品策略的优点如下：

① 高档产品容易为企业带来丰厚的利润。

② 可以提高店铺现有产品声望，提高产品的市场地位。

③ 增加原有廉价产品的销量，且逐步使消费者享用高档产品。

（2）实施手段

店铺可以在未使用高档产品策略之前先着力推销廉价产品，这类商品主要起引流作用，过一段时间流量稳定后就取消廉价产品，推销高档产品。这是一种市场转移手段，使店铺产品重点逐步从低收入市场转移到新的中等收入市场。

4. 低档产品策略

与高档产品策略相反，低档产品策略是指在原本的产品线中，增加低档低价格的产品项目，吸引更多消费者购买。

（1）优点

低档产品策略的优点如下：

① 补充店铺中的产品项目空白，形成产品系列。

② 增加店铺销售总额，扩大市场占有率。

（2）实施手段

该策略实施的前提是店铺原本的产品线定位较高端，因此在实施低档产品策略时，可以借原本产品线中高档产品的声誉，吸引消费水平较低的顾客慕名购买该产品线中的低档廉价产品。

学习任务 2　数据化选品

“三分靠卖家，七分靠选品”，选品作为跨境卖家的核心工作，一直是企业最为重视的经营环节。由于每家企业的经营理念各不相同，因此发展出了许多选品方式，其中最受推崇的便是数据化选品。数据化选品需要卖家依据一定的选品策略通过多个渠道去挖掘产品，再通过市场数据来进行产品分析，筛选出有销售潜力的产品，最后寻找货源，建立合作，补充产品库。

因此本学习任务主要从以下三个方面展开讲解：

➤ 选品策略制定

- 产品挖掘
- 货源寻找与合作

活动1 选品策略制定

在选品工作中，首先要明确两个问题：一是选什么，即选品的方向和原则；二是选得对不对，即分析产品的销售潜力。这两个问题始终是选品工作的焦点，在市场演进中，也逐步发展出了具备代表性的选品策略。

一、确定选品方向

在跨境贸易中，选对方向永远比努力更加重要，选品策略亦是如此。从产品类型来看，可以把选品方向划分为如下三点：

1. 热销产品

热销产品是指市场上搜索量大、平台热卖的产品。这类产品最大的优势就是确定性强，已经被市场验证过，及时采取跟卖策略也能分到一波流量；但劣势也很明显，产品大部分流量已被先发卖家抢占，后发卖家将与前者直面竞争。

2. 趋势产品

趋势产品是指搜索趋势呈现爬升状态，即将走向上升通道的产品。在趋势产品中，具有较强确定性的就是应季品和节日品，但这种产品淡旺季很明显，卖家计算不当易造成囤货压力，对卖家具有相当大的考验。

3. 利基产品

利基产品（niche product）是指该产品表现出来的许多独特利益有别于其他产品，同时也能得到消费者的认同。利基产品的受众不会很多，但企业集中力量于这样一个特定的利基市场，可以更好地创造出产品和服务优势。

例：减肥产品竞争太大。
女性减肥产品就会比较好一点，但依然竞争太大。
生育后的女性减肥产品就是减肥领域的利基产品。

理想的利基产品应具有以下特征：

（1）该产品具有一定的需求，能有足够的利润空间；

（2）这类产品种类很多，差异性较大，具有持续发展的潜力；

（3）企业所具备的能力和资源与利基市场相匹配；

（4）利基产品的信息不被消费者熟悉，缺少像主流产品那样的营销推广。

以上三种选品方向并无优劣之分，只与店铺的经营方向和发展阶段有关。通常来说，小卖家会选择利基产品，有丰富经验的卖家则会去把握趋势产品，有供应链优势的卖家则更偏向选择热销产品。

二、明确选品原则

选品是要找到符合预期的合格产品，在选品逻辑上，合格产品所具备的特点就代表了选品原则，如表 2-16 所示。

表 2-16　选品原则汇总

产品方面	市场方面	卖家方面
① 有利润空间； ② 不涉及侵权； ③ 不属于敏感品或危险品，易于清关； ④ 不是易碎 / 易变质品	① 需求大，竞争小； ② 没有品牌和销量垄断； ③ 产品处于成长期； ④ 消费者对产品的反馈好，好评率高	① 卖家资金可周转； ② 供应商寻找方便； ③ 最大限度地满足目标市场的需求； ④ 符合平台特色

下面分别对这几方面进行详细解读：

1. 产品方面

从产品本身来说，为了支撑起流量、物流、服务等成本，就要求产品至少要有 2 倍的利润空间；跨境平台对知识产权的保护非常严格，产品一定不要涉及侵权，如专利侵权、商标侵权；为了便于清关，尽量不要选液体、粉末，或带有异味等的敏感品或危险品，这类产品需要找特定的物流商处理，这在无形中增加了发货难度和成本；易碎品及易变质品不仅包装费较高，而且易在运输过程中损坏，复杂的物流无疑会加大卖家难度。

2. 市场方面

从市场方面来说，对于需求大、竞争小、没有品牌和销量垄断的产品，卖家更容易进行营销推广，也更容易带来销量；处于成长期的产品，不仅市场需求不断扩大，而且自带搜索流量，产品的发展空间更大，利润更高；消费者反馈好、好评率高的产品，说明质量更有保障，遵循这个原则，能有效减少因产品质量带来的中差评、退换货等售后问题。

产品的生命周期分为四个阶段：导入期、成长期、成熟期和衰退期。成长期市场规模逐步扩大，销售量迅速增长，在这一阶段企业利润达到高峰。

3. 卖家方面

从卖家层面来说，选品不仅要考虑产品本身、市场情况，还要考虑卖家的资金流周转是否可支撑、供应商寻找是否方便等要素；选品要遵循平台规则，符合平台特色，例如 Wish 需要大量的、多类的商品，而亚马逊则要卖家提供高质量的商品；选品要最大限度地满足目标市场的需求，要以客户需求为导向，针对目标市场的消费者不同采取差异化的选品策略。

总体说来，选品需要综合考量多方面的因素，要在充分权衡多个条件后再做决策，切记不能以单一条件盲目地做决定。

三、分析产品潜力

挖掘到的产品到底好不好、有没有销售潜力，不能凭借主观意志来判断，而是要站在市场的角度，通过产品趋势数据、市场容量数据、竞争数据、评价数据等来进行全面评估，这也是数据化选品的关键所在。

1. 分析产品趋势

在 Google Trends 中搜索 3 ～ 5 个关键词，看目标销售国家的搜索变化趋势，结合“过去 5 年”的趋势曲线，判断该产品是否有淡旺季、节日性，以及需求变化节点。

例：如图 2-6 所示，户外产品就有明显的季节性趋势，3 月份开始出现销量，6、7、8 月份销量爆发，9 月份开始慢慢回落。所以我们选品时一定要弄清其季节性趋势，确定销售节点，判断产品是否符合销售要求。

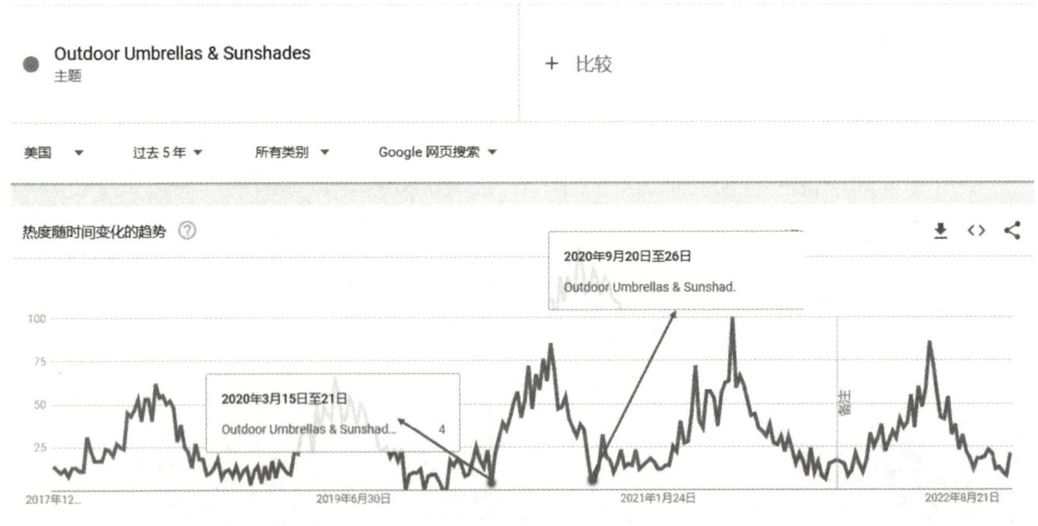

图 2-6　Google Trends 示例（数据采集日期：2017 年 12 月至 2022 年 8 月）

2. 分析市场容量

在亚马逊产品详情页面有一个大小类目排名（Best Sellers Rank），可以查看在同类产品中的销量排名，如图 2-7 所示。

通常来说，如果一款产品连小类目的 Best Seller 每天都只有几个的销量，那说明这个市场太小，不适宜进入。同理，市场容量大的产品，竞争异常激烈，也很难做得起来。下面两种情况可作为市场容量的辅助判断依据：

（1）在大类目前 6 000 内，说明市场容量适宜；

（2）在小类目前 10 内，但在大类目前 10 000 外，说明市场容量小，不宜进入。

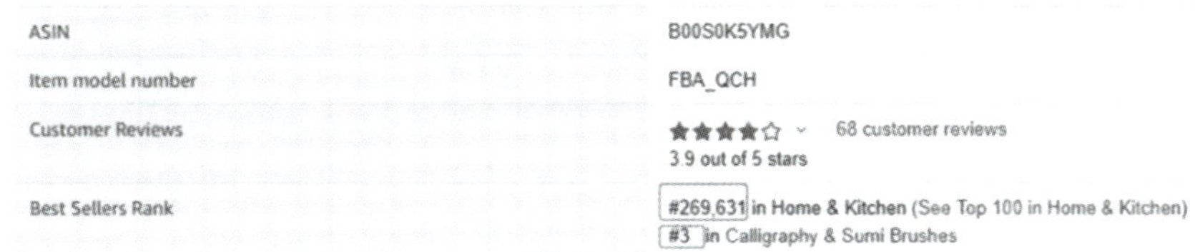

图 2-7 大小类目排名

3. 分析是否存在垄断

远离有大牌和自营垄断以及销量垄断的产品，这种产品不但排名稳固，产品线成熟，团队经验成熟，而且有忠实的消费群体，小卖家很难与其竞争。

（1）分析产品是否被品牌垄断

统计类目 Top 100（前 100）产品的品牌，统计前 10 品牌在 Top 100 的 listing① 数量总和，若总占比在 50% 以上，则可以断定是品牌垄断。

例： 如图 2-8 所示，在亚马逊手机壳类目 Top 100 中，前 10 品牌占比竟达到了 75%，显然属于品牌高度垄断的市场。

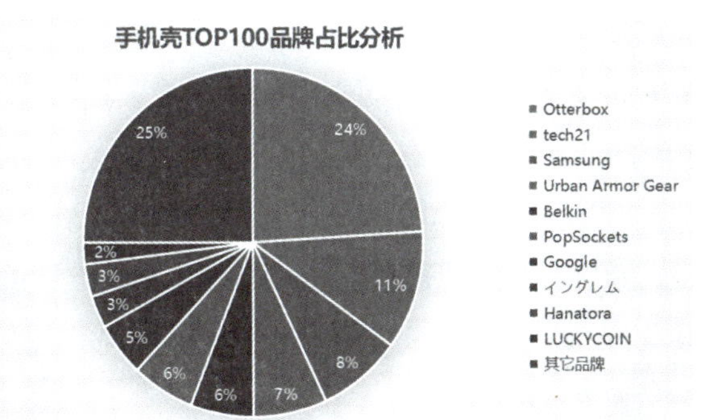

图 2-8 手机壳 Top 100 品牌占比分析（数据采集日期：2022 年 11 月 29 日）

注：图例从上到下依次对应饼状图从 24% 顺时针开始到 25%。

① listing 是指在跨境电商平台上展示商品的一个页面，包含产品的各种关键信息。以亚马逊平台为例，一个完整的 listing 页面会有产品的标题、图片、价格、描述、特性、客户评价等内容。

（2）分析产品是否被销量垄断

统计 Top 100 的销量数据，观察销量数据分布，如果销量呈两极分化状态，或存在断崖式下跌的情况，则代表销量垄断。

亚马逊并没有公开销售数据，卖家一般有两种方式来统计销量：一是将 Reviews 数量代替销量进行预估；二是借助第三方工具查看销量，如卖家精灵、Jungle Scout 等。

例： 如图 2-9 所示，Jungle Scout 统计某产品的销量情况，可以看到销量出现断崖式下跌情况，则说明该产品存在销量垄断。

Jungle Scout PRO

Average Monthly Sales	Average Sales Rank	Average Price	Average Reviews	Opportunity Score
1,527	24,315	$38.65	933	4 High Demand with high competition

#	Add	Product Name	Brand	Price	Category	Rank	Mo. Sales ▲	D. Sales	Revenue	Reviews	Rating	Seller	LQS
3	⊕	Dog Training Collar - Rechargeabl...	DOG CARE	$39.98	Pet Supplies	#5	26,030	917	$1,040,6...	9510	4.5	FBA	7
11	⊕	Dog Shock Collar - Remote Dog T...	Petrainer	$21.31	Pet Supplies	#147	7,859	265	$167,475	10888	3.5	FBA	--/
10	⊕	PATPET Dog Shock Collar with Re...	PATPET	$34.99	Pet Supplies	#188	6,810	235	$238,282	327	5	FBA	--/
1	⊕	TBI Pro [Newest 2019] Rechar...	TBI Pro	$34.95	Pet Supplies	#638	4,897	119	$171,150	3271	4	FBA	7
4	⊕	TBI Pro [Newest 2019] Rechargea...	TBI Pro	$34.95	Pet Supplies	#638	4,897	119	$171,150	3271	4	FBA	7
52	⊕	Dog Training Collar - Enhanced R...	DOG CARE	$39.99	Pet Supplies	#255	4,859	201	$194,311	447	4.5	FBA	--/
48	⊕	DOG CARE Dog Training Collar - U...	DOG CARE	$39.99	Pet Supplies	#720	3,784	110	$151,322	1901	4.5	FBA	5
39	⊕	TBI Pro [All-New 2019 Dog Shock ...	TBI Pro	$47.95	Pet Supplies	#522	3,567	134	$171,038	1120	4.5	FBA	5
8	⊕	Petrainer Shock Collar for Dogs - ...	Petrainer	$46.49	Pet Supplies	#2,115	2,287	52	$106,323	7910	3.5	FBA	7
33	⊕	GoodBoy Small Size Remote Colla...	GoodBoy	$39.99	Pet Supplies	#2,100	1,795	53	$71,782	231	4	FBA	--/
X	⊕	HOLDOG Rechargeable Dog Traini...	HOLDOG	--/	Pet Supplies	#3,007	1,586	40	--/	154	4.5	--/	7
18	⊕	Dog Training Collars with Remote...	Petrainer	$40.19	Pet Supplies	#3,988	1,333	32	$53,573	2017	3.5	FBA	7
2	⊕	Petrainer PET998DRU Dog Trai...	Petrainer	$19.73	Pet Supplies	#1,667	1,324	62	$26,123	1661	3.5	FBA	5
5	⊕	AMDIEU Rechargeable Anti Dog B...	AMDIEU	$26.98	Pet Supplies	#3,377	1,322	36	$35,668	74	4.5	FBA	8
30	⊕	DogRook Dog Bark Collar- Human...	DogRook	--/	Pet Supplies	#5,300	1,259	25	--/	607	4	--/	5

图 2-9　Jungle Scout 销量垄断分析

4. 分析产品生命周期

借助工具，统计类目 Top 100 各个年份的上架产品数量占比，以此判断该类产品的生命周期，如图 2-10 所示。

（1）如果多数是近 30 天上架，则证明产品刚进入导入期；

（2）如果 30 天内的新品数量占比超过 10%，则代表这类产品进入成长期；

（3）如果多数已经上线超过 1 年，新品较少，则证明产品已经处于成熟期；

（4）如果发现 Top 100 销量整体逐步下滑，则证明产品处于衰退期。

图 2-10　产品上架时间

5. 分析产品评价

通过竞品评价来判断这款产品的质量：如果好评率低于 4.5 星，则说明这款产品存在质量问题，需要查看客户评价，确定产品的具体缺陷，在选品时要规避发现的产品问题；如果好评率低于 4 星，则直接放弃这款产品。

例：某电热毯的客户评价数据，如图 2-11 所示：

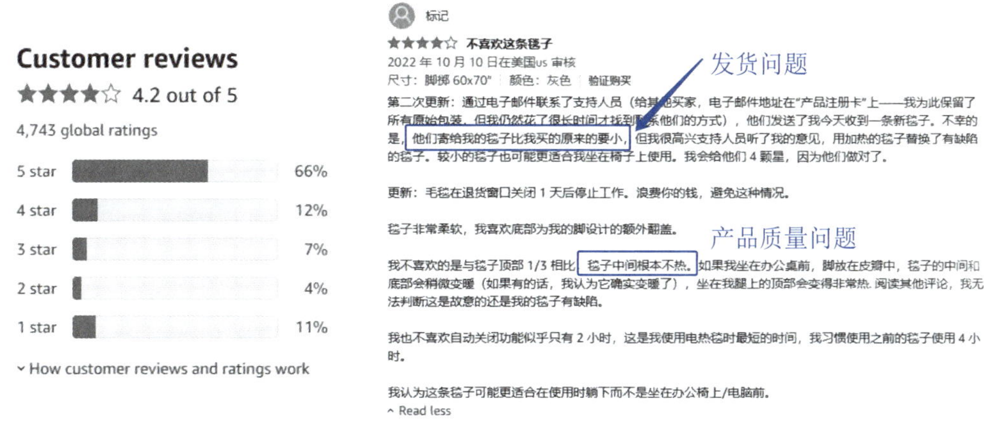

图 2-11　客户评价数据

活动 2　产品挖掘

产品挖掘就是寻找有销售潜力的优质产品。在当前市场上，比较具备代表性的产品挖掘方式共有四种，接下来就针对这四种方式进行详细讲解：

一、亚马逊榜单选品

亚马逊站内的五大榜单非常具有研究价值，它可以帮助卖家抓住平台销售趋势，以及挖掘有上升潜力的产品。

打开榜单的方式：

（1）进入任意一款产品详情页面，下拉找到"Best Sellers Rank"，点击查看"See Top 100"，进入热销榜单；

（2）点击"Any Department"即可进入五大榜单页面，如图 2-12 所示：

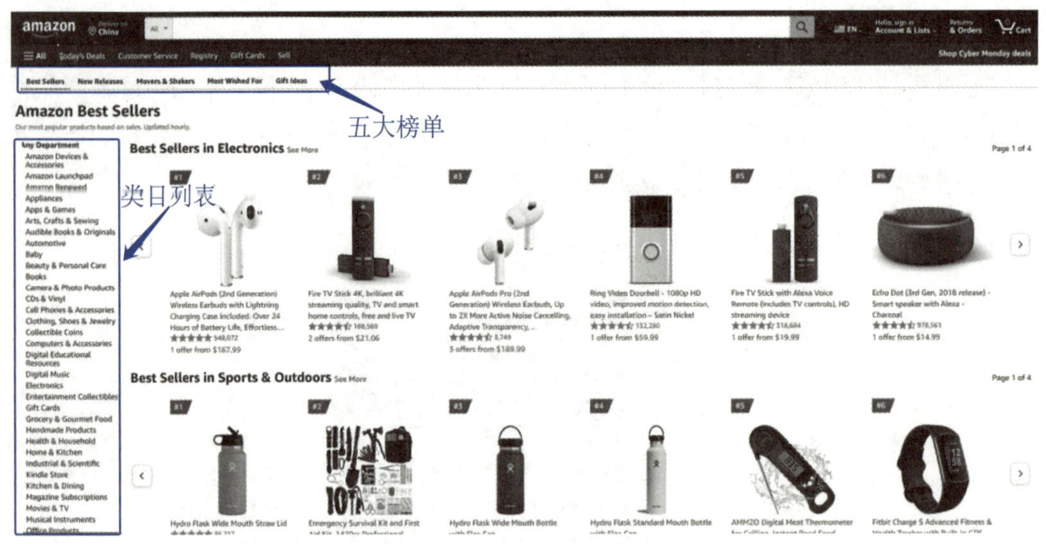

图 2-12　亚马逊五大榜单

1.Best Sellers（热卖榜单）

统计 24 小时内销量最好的 100 款产品，每天更新一次。在挖掘产品时，可以从此榜单中查看同类目的热销品类型，再结合自身的优势，从该榜单中挑选已有产品或相近的产品来做。

2.New Releases（新品榜单）

基于过去 24 小时总体的曝光量、点击量以及订单转化量等综合数据的热门新品排名。新品榜反映着市场对新产品的需求趋势状况，选品时，重点关注那些评价（Review）数量很少但在新品榜单里且销量可观的产品。

3.Movers & Shakers（飙升榜单）

即过去 24 小时内排名上升或下降最多的产品榜单。找到飙升榜单里评价较少但销售数据增长比较快的产品，如果该产品连续多天出现在榜单里，那就表明该产品迎来了一个市场爆发期。

4.Most Wished For（愿望榜单）

即消费者想买的产品排名，被收藏最多。当这个产品有打折降价的信息时，亚马逊会自动发邮件提醒买家，促进交易。对卖家来说，凡是此榜单上排名靠前的产品，其产品特点和 listing 可以作为重点参考对象。

5.Gift Ideas（礼品榜单）

即被赠送最多的礼物排行。它主要针对适合节日赠送的产品，如果你的产品带有礼品、节日元素，可以在节日来临前更有针对性地备货。

二、海外社交媒体选品

卖家经营跨境店铺时，要着重关注终端消费者的购物习惯。现在最大的市场信息聚集地就是社交媒体，如 TikTok、YouTube、Instagram、Facebook 等，如图 2-13 所示。

TikTok

YouTube

Facebook

Instagram

X

Pinterest

图 2-13　海外主流社交媒体

跨境卖家可以在这些海外社交软件上洞察当前的产品流行趋势，结合用户发表的评价，了解消费者的喜好。主要选品方法有两种：

1. 查看近期热门视频

通过类目关键词在社交媒体上搜索相关视频，查看带产品标签的近期热门视频，尤其是近 7 天发布的视频，一旦发现点赞、评论、转发等各项数据都非常不错的商品视频，就要重点关注。

例： 以 YouTube 为例，搜索产品关键词如“Shower products”，查看近 7 日热门视频，浏览视频并挖掘潜力商品，如图 2-14 所示。

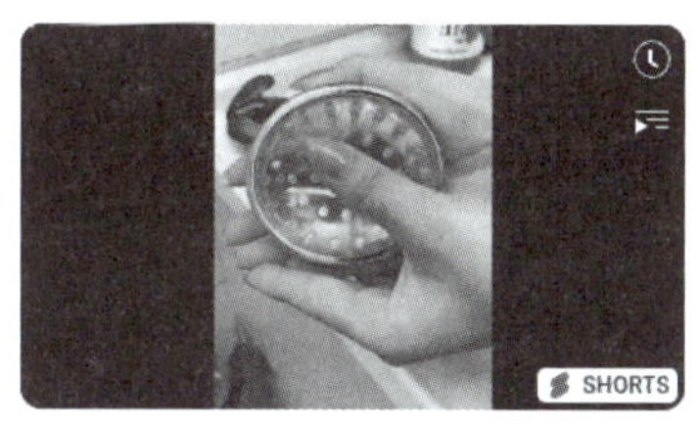

Product Link in Comments! Head Massager Shower Brush
3.1万次观看 · 6天前
M　MaviGadget
#headmassager #shower #brush.
最新

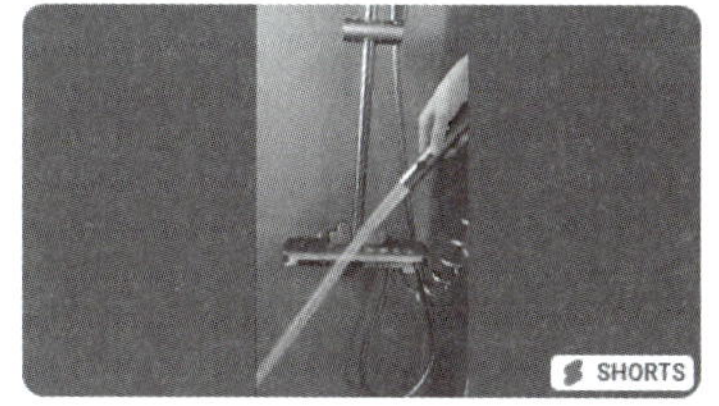

LED Bathroom Shower - Gockel Faucet
2.2万次观看 · 4天前
Kaiping Gockel Sanitray Ware
Official Website : https://www.gockel.cn/ Product Website : https://www.gockel.cn/Thermostatic-LED-Bathroom-Shower-Set.html ...
最新

图 2-14　YouTube 商品视频

2. 监测竞争对手广告

监测竞争对手投放在社交媒体上的信息流广告，以及用户对广告的数据反馈，对数据表现好的广告产品要重点关注。

为了能更多地刷到同类广告，可以对广告视频进行点赞、收藏、评论，甚至点击广告的访问落地页，把产品加入购物车，让系统认为你有购物倾向，后台算法就会推送更多的同类广告给你。

三、跟进榜样店铺选品

对于选品没有方向的卖家，不妨对自己的选品简而化之，首先确定几个可以学习和效仿的榜样店铺，持续关注其上新情况，就很容易找到合适的产品。

对榜样店铺的要求如下：

（1）店铺里的产品保持在 10 ～ 30 款；

（2）反馈（Feedback）中好评（Positive）数量越多越好，如图 2-15 所示。查看 Feedback 的方法：在产品详情页面，点击“sold by”后面卖家名字即可。

（3）店铺里的多款产品销量都很好。

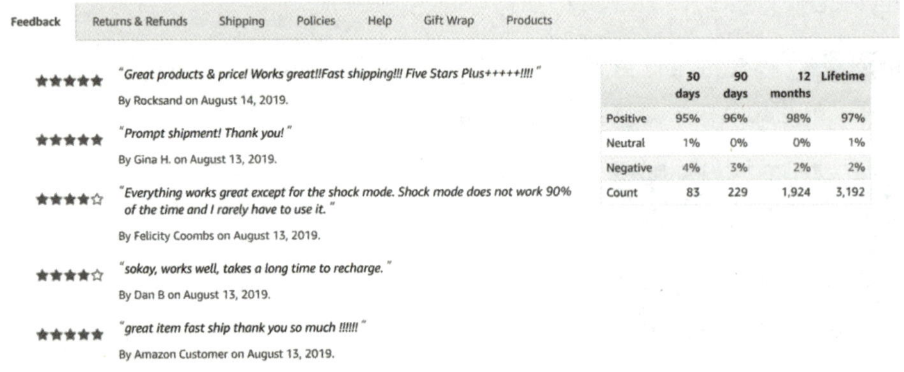

	30 days	90 days	12 months	Lifetime
Positive	95%	96%	98%	97%
Neutral	1%	0%	0%	1%
Negative	4%	3%	2%	2%
Count	83	229	1,924	3,192

图 2-15　亚马逊店铺反馈情况

对于新卖家来说，跟着榜样店铺来选品能少走很多弯路，但切记不能盲目模仿，一定要结合自己的实际情况，充分验证后再决定是否跟进。

四、数据工具选品

目前市场上有许多功能十分丰富的数据选品工具，如“卖家精灵”、Jungle Scout 等。卖家可以通过数据工具输入各个维度的选品条件，如 Sports & Outdoors 类目、月销量大于 1 000、价格高于 10 美元，如图 2-16 所示，系统即可自动筛选出符合条件的相关产品。

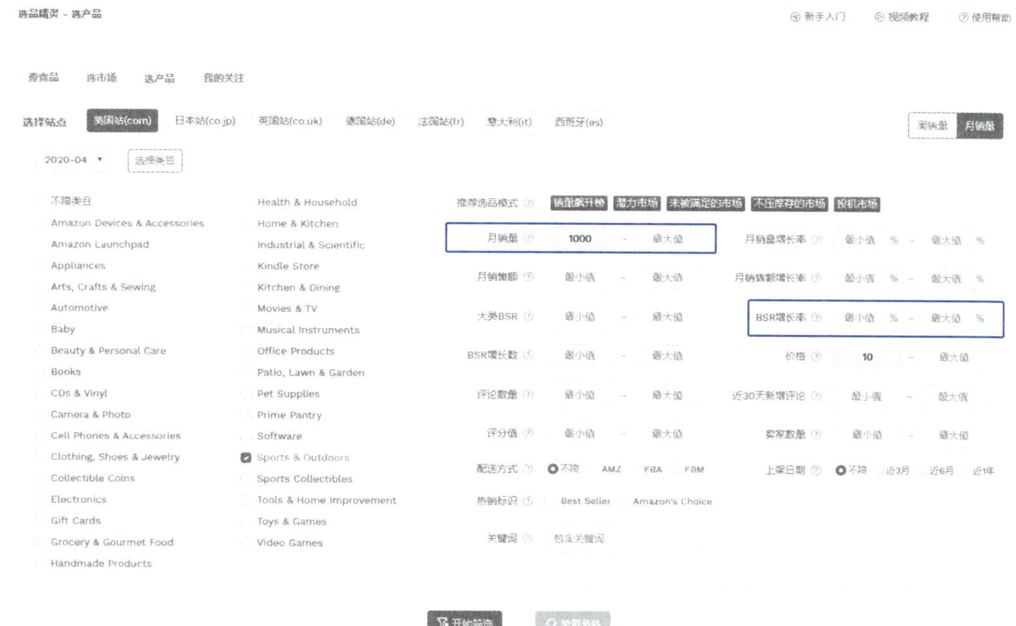

图 2-16　“卖家精灵”选品页面

通过数据工具选品虽然快捷、方便，但缺点也很明显，即卖家可以通过该软件选择的产品也可以由其他卖家选择，同质化会比较严重。因此，数据工具只能作为参考，不能过分依赖数据工具进行选品。

在产品挖掘结束后，要对产品进行潜力分析判断，最终筛选出符合选品原则的产品，填入产品库。

活动 3　货源寻找与合作

对于有自己工厂的大卖家来说，选品后就是开模打样，生产小批量样品用来测试市场；而对于绝大部分无货源卖家来说，选品之后则需要寻找合适的货源，并与供应商建立合作关系。

一、货源寻找与对比

要找到合适的跨境货源，主要有两种渠道：一是线上货源，二是线下货源。在找到货源之后，还要进行货源对比，筛选出更优质的供应商。

1. 货源渠道

（1）线上货源

线上货源指的是线上批发网站，主要有 1688、义乌购、中国制造网、包牛牛、衣联网、鞋库网等。在线上批发网站通过搜索产品长尾关键词，或是“以图搜图”的方式即可进行货源查找。

例：如图 2-17 所示，1688 平台有提供“跨境专供”频道，支持一件代发。

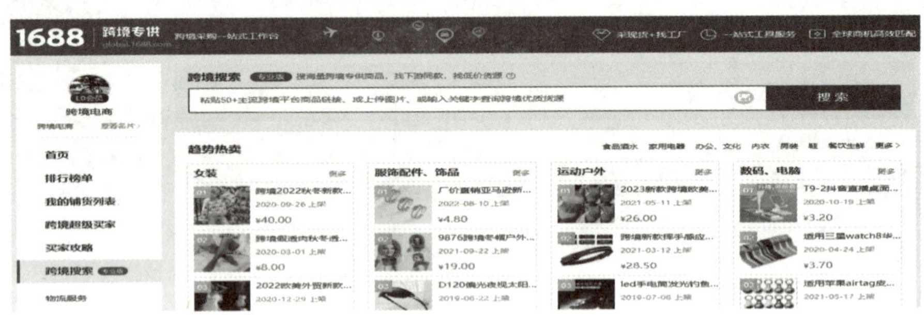

图 2-17　1688 跨境专供

（2）线下货源

线下货源包括可以提供货品的专业批发市场和工厂。专业批发市场可见实物、可议价，且比较稳定，合作比较方便；工厂直供价格更低，交付、售后有保障，还可以定款、定量、定价，但若小批量拿货，很难与工厂建立合作关系。

2. 货源对比

线下货源可以实地考察，要拿到合适的货源就要“货比三家”，主要对比产品质量、价格以及账期。线上货源由于其特性，因此在对比货源时需要考量更多的因素，主要对比条件有价格、质量和服务（图 2-18）。

（1）价格对比：单个产品售价和批发价；

（2）质量对比：销量、好评率；

（3）服务对比：发货时间、星级、复购率。

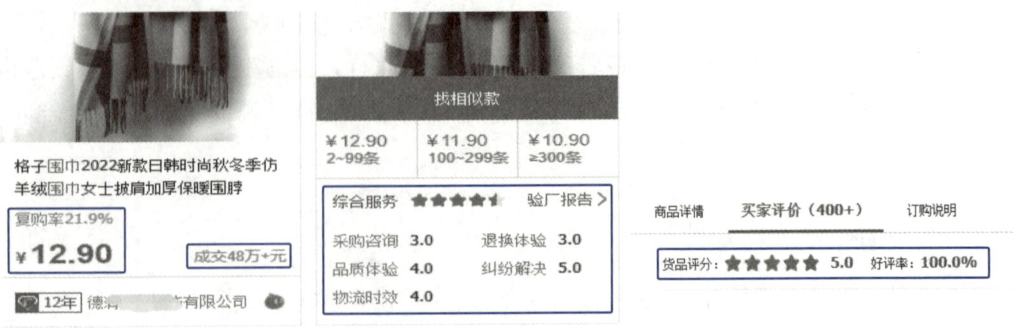

图 2-18　线上货源对比维度

除了以上三点外，还要格外注意供应商的真实性。有些供应商并非厂家直供，而是中间商转卖，不仅价格更高，而且无法保障发货时间。因此，在对比货源时，一定要仔细甄别供应商，方法如下：

（1）查看经营时间。经营时间越久，则说明实力越强。

（2）是否只经营一类产品。越专注的供应商其真实性越高；如果存在大量铺货的情况，则说明该供应商为中间商。

二、供应商合作

线下货源都是供需双方经过面谈，确定合作事宜；但是采用线上货源，要与供应商开展合作，需要经过如下两个环节：

1. 与供应商建立联系

在供货网站上直接通过在线聊天进行沟通，或者点进供应商主页，找到供应商的联系方式，通过电话沟通与供应商建立联系，如图 2-19 所示：

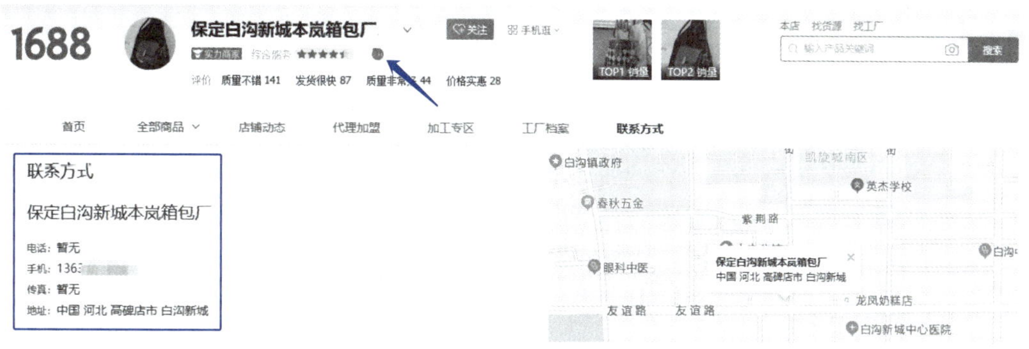

图 2-19　与供应商建立联系

2. 订货与寄样

跟供应商相关负责人洽谈，沟通合作事宜，并要求对方寄样，收到样品后，验收样品质量，确认无误后再进行小批量订货。

关于寄样，有两个关键点需要注意：

（1）要确定好样品的型号、尺寸、颜色等规格，最好附有图片。这样做是为了避免寄错样品，造成麻烦和损失。

（2）寄样费用需要双方协商。

学习任务 3　产品定价

产品定价对跨境电商销售来说非常重要。产品定价既要能覆盖产品的成本，如采购价、国内物流费、头程物流费、平台佣金、FBA费用等，又要保证卖家能有利润空间，同时又要考虑平台上其他竞争者的定价。

因此本学习任务主要从以下三个方面展开讲解：

- 产品成本核算
- 产品定价策略明确
- 产品价格制定

活动1 产品成本核算

不同的跨境电商平台，其价格有不同的算法。其中产品成本的核算在产品定价中占据非常重要的地位。

一、产品成本构成

产品价格取决于成本和利润，因此定价前要了解产品的总成本构成，这是后期定价策略的基础。

1. 进货成本

进货成本指从供应商处采购商品的成本，包括商品进价和国内物流费用。进货成本取决于供应商的价格基础。在进行采购时要多方了解供应商信息，看供应商的价格是否具有优势，产品进货成本是否具有竞争力，这样才能拥有足够的利润空间做运营和推广。

2. 跨境物流成本

跨境物流成本是商品实际成本的重要组成部分，根据跨境物流模式的不同会有所不同。它是商品从境内分拨仓运送至当地仓所产生的物流费用，这部分运费归属于卖家将商品发送到售卖目的国的物流成本，通常卖家会将这部分成本直接加入商品售价中，如图2-20所示。

图2-20 跨境物流流程图

3. 跨境电商平台成本

跨境电商平台成本是指店铺月租、佣金及其他费用。

例：亚马逊平台的月租费是 39.99 美元，平台佣金根据不同的类目会有所不同，如童鞋类目的佣金为 18%，如表 2-17 所示。如果是 FBA 发货卖家，还要支付仓储费、配送费等相关 FBA 费用，如表 2-18 所示。

表 2-17　亚马逊平台“专业卖家”销售计划成本费用

店铺费用	月租金 + 每个销售产品对应的佣金费
月租金	39.99 美元
销售佣金	根据不同品类收取不同比例的佣金，一般为 8% ～ 15%

表 2-18　FBA 配送费、库存仓储费

配送费		FBA 库存仓储费	
亚马逊标准尺寸	2.41 ～ 4.71 美元	1—9 月	每立方英尺 0.43 ～ 0.64 美元
大件商品尺寸	8.13 ～ 137.32 美元	10—12 月	每立方英尺 1.15 ～ 2.35 美元

4. 售后维护成本

很多中小卖家在我国境内发货，发货周期长，可能会出现一些商品破损、丢件或者顾客退换货的情况。因为跨境电商的特性，这样的成本投入往往比较高。

5. 其他成本

其他成本包括人工成本、办公成本、换汇成本等。在对商品进行定价时，除了考虑这些商品成本，利润率也是跨境电商卖家需要考虑的因素，利润率越高，商品的售价就越高。

二、成本核算方法

产品的最终价格有很大一部分来源于成本，因此在确定产品价格之前需要先明确成本核算方法。

跨境产品总成本 = 进货成本 + 跨境物流成本 + 跨境电商平台成本 + 售后维护成本 + 其他成本

1. 计算跨境物流成本

（1）自发货成本

计算公式为：

自发货成本 =（基本资费标准 + 运输附加费）× 重量 + 每件所收费用

查询运费表的方法如下：

例：以E邮宝运费为例，登录E邮宝官网，查询运费表，如表2-19所示。

表2-19　E邮宝部分地区运费表明细

序　号	路　向	地　区	资费标准		运输附加费	起　重	限　重
			元/件	元/kg	元/kg	g	g
1	爱尔兰	欧洲	25	65	0	1	2 000
2	韩国	亚洲	20	40	0	1	2 000
3	美国	北美洲	25	80	15	1	2 000
4	新加坡	亚洲	15	40	0	1	2 000
5	法国	欧洲	19	60	0	1	2 000
6	墨西哥	北美洲	25	85	0	1	2 000

计算运费：根据具体情况套公式计算运费。

例：如图2-21所示的某款玩具进货价是18元，跨境电商包裹重量是0.185 kg，发货到美国，采用E邮宝的物流方式，则该产品的运费应为（80+15）× 0.185+25 ≈ 42.58元。

图2-21　玩具售价信息

（2）FBA成本

FBA成本与自发货成本的不同在于：如果跨境电商卖家采用的是FBA发货，需要额外支付FBA的费用，如订单配送费、月度库存仓储费、长期仓储费、退货处理费、计划外服务费用等。

① FBA 费用可以参照 FBA 计算器，网址为：https://sellercentral.amazon.com/fba/profitabilitycalculator/index。

② 在该页面选择具体目的国的亚马逊商城，然后选择计量单位，输入产品的包裹尺寸、商品重量、商品分类、商品价格、运费参数，点击“估计值”按钮，即可自动计算出亚马逊物流以及自配送费用价格。

③ 如有销售成本、仓储成本等，可直接在下方对应选项框中填写相应金额，FBA 计算器将自动生成单件商品预估成本等。另外“预计销售额”选项框可方便卖家预估店铺产品所获得的利润额，方便后期实施营销策略。如图 2-22 所示。

图 2-22 FBA 计算器

2. 计算跨境电商平台成本

跨境电商平台成本的计算公式为：

跨境电商平台成本 = 售价 × 佣金率 + 店铺租金 + 推广费用等

可通过网络查询跨境电商平台的佣金率与店铺租金等信息。

3. 计算售后维护成本与其他成本

售后维护成本与其他成本难以量化，需根据具体情况具体计算。

活动 2　产品定价策略明确

定价策略是指企业通过对顾客需求进行估量和成本分析，制定出一种能吸引顾客、实现市场营销组合的策略。

一、常用定价策略

跨境电商卖家常用的定价策略主要有基于成本的定价、基于竞争对手的定价和基于产品价值的定价。

1. 基于成本的定价

基于成本的定价是指实体店或电商店铺不需要进行大量的顾客或市场调研就可以直接设定价格，并确保每个销售商品的最低回报。要想计算基于成本的定价，只需知道产品的成本，并提高标价以创造利润。

该定价策略的计算方式为：

成本 + 期望的利润额 = 售价

例：要采购一件如图 2-23 所示衬衫，这件衬衫的平均运费是 3 美元，成本大概是 14.5 美元。如果想在每件衬衫上赚取 10.5 美元的利润，按照基于成本的定价策略公式可知：售价 = 成本 + 期望的利润额，即 14.5+10.5，定价就应该是 25 美元。

图 2-23　采购衬衫信息

2. 基于竞争对手的定价

采用基于竞争对手的定价策略时，只需“监控”直接竞争对手对特定商品的定价，并设置与其相对应的价格。这种定价策略可能会带来价格竞争，把利润空间压缩得很小，卖家要谨慎使用。

例： 假设亚马逊平台有一个标价 299.99 美元的商品，你将同款产品的价格也设定为 299.99 美元，但订单没有实质性进展，原因可能是竞争对手正在以 289.99 美元的价格出售相同的商品，如图 2-24 所示。为了获取更多订单就需要进行降价，可将产品售价设定为 279.99 美元。

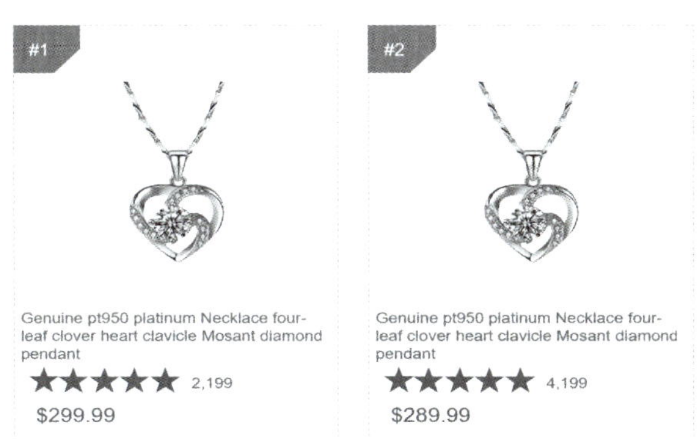

图 2-24 基于竞争对手的定价策略

3. 基于产品价值的定价

如果专注于商品可以给顾客带来的价值，卖家要思考的问题是：在一段特定时期内，顾客会为一个特定商品支付多少费用？然后根据顾客的这种感知来设定价格，这种定价就是基于产品价值的定价。

例： 如图 2-25 所示为晴雨季雨伞的价格走势，可以看到有明显的价格起伏，因为当雨季（7—11 月）来临时，雨伞需求剧增，因此雨伞的价格走高。这种就是基于产品价值的定价。

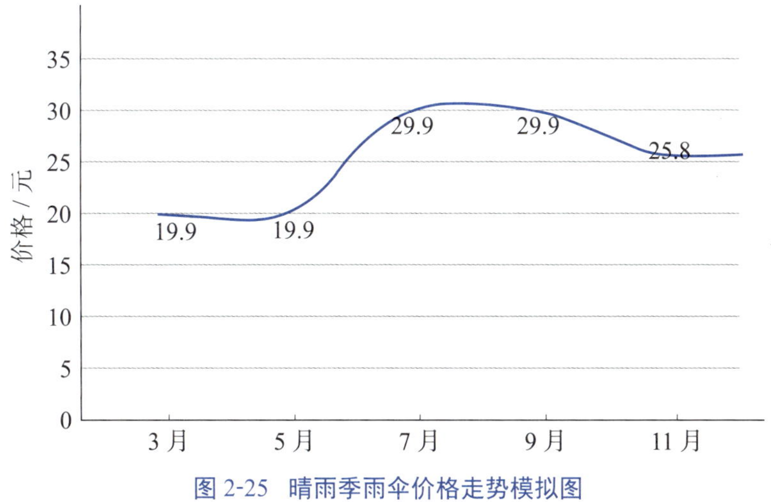

图 2-25 晴雨季雨伞价格走势模拟图

二、折扣定价策略

折扣定价策略是指利用电商平台的促销功能设置折扣价，其目的是吸引消费者。通常是在标价的基础上选择折扣，把利润、成本、邮费全部包含在标价中。

卖家也会定期做一些优惠活动，如“满减”或参与平台的推广活动等。需要注意折扣的英文表达，如果卖家想将某商品打 8.8 折，其英文应该写“12% off”（–12%），而不是“88% off”，如图 2-26 所示。

图 2-26　亚马逊平台产品促销信息

三、不同阶段的定价策略

产品在进入市场后会经历导入期、成长期、成熟期、衰退期四个阶段，针对不同的阶段需要采取不同的定价策略。不同阶段的产品情况如图 2-27 所示。

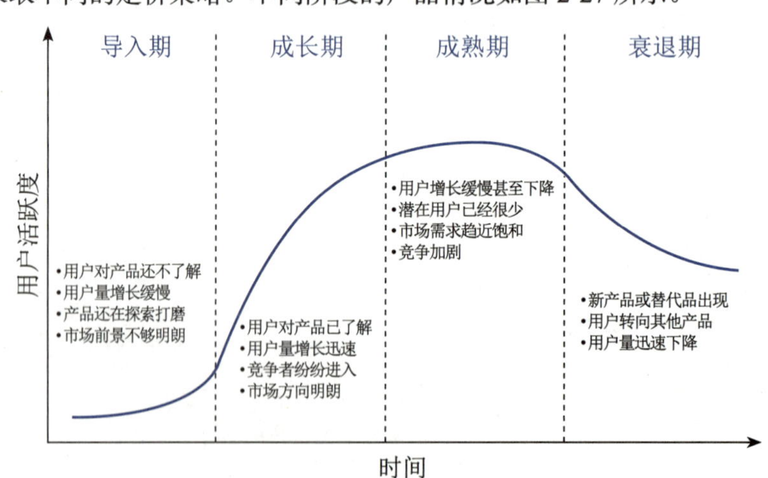

图 2-27　产品生命周期不同阶段的产品情况

1. 新品上架阶段（导入期）

产品刚上架时，没有好评，没有星级评分，没有忠实的粉丝，产品处于无竞争力状态。为了让产品快速切入市场，卖家可以在保证自身利润的前提下将价格设低一些以进行引流。但也不能设得太低，否则会让买家低估商品的价值，甚至怀疑是假货。

2. 产品成长阶段（成长期）

产品处于成长阶段时，卖家的产品在销量、好评、星级评分各项指标上有了一定改善，销量处于稳定上升的阶段，但忠实客户依然很少。这时卖家可以在上架阶段的价格基础上稍微提价，或者将价格控制在比竞争对手稍微低一点的范围。

3. 产品成熟阶段（成熟期）

该阶段的卖家产品销量已经趋于稳定，各项绩效指标都不错，在市场上积累了不少人气，表现已经远超一般卖家，此时已经打造了一款爆品或准爆品。那么，在这个层次的产品，比价功能已经弱化，更多的是要代表品牌形象与店铺定位。因此，卖家可以放心地将价格调得比市场价高一些，忠实的买家不会因为涨价而离开。

4. 产品衰退阶段（衰退期）

爆款产品不可能一直维持销量火爆，而后会慢慢地进入衰退期。当市场上推出更加完善的新产品取而代之时，消费者的忠诚度就会下降，需求也会逐渐减弱，销量与利润都会大不如前，那么这时候可以采取一些打折促销策略，如满减、打折、包邮等。

活动 3　产品价格制定

影响产品定价的因素主要有产品成本、需求、竞争状况等，再结合产品品质、功能、材质、包装、使用场景、定价目的等对产品价格进行调整。产品价格的制定对跨境电商销售的影响非常大，它关系到点击量、搜索排序，有时会直接决定购买转化率的高低。

一、上架价格

上架价格（list price，LP）是指产品在上传的时候所填的价格，也称为对外统一报价。定价公式为：

上架价格 = 成本 /（1−平台佣金−联盟佣金）/ 产品折扣 /（1−利润率）/ 汇率

各变量具体含义如表 2-20 所示。

表 2-20　上架价格定价公式各项含义

变量名称	变量含义
成　　本	单件进货价格 × 数量 + 国内运费 + 国际运费 + 清关费
平台佣金	例：（亚马逊）8% ～ 15% 不等、（速卖通）5%、（Wish）15%

续表

变量名称	变量含义
联盟佣金	联盟营销佣金率（一般为 3% ～ 5%）
产品折扣	店铺设置的产品折扣（一般为 15% ～ 50%）
利 润 率	设想的利润占比，例：速卖通平均利润率为 15%
汇　　率	当天美元兑人民币的汇率
清 关 费	按照 CIF[1] 价格计算，即货值 + 海运费 + 保险费

例： 一款产品成本价 50 元，重量 300 g，到美国 EUB 运费价格 85 元 /kg，假设当天美元兑人名币汇率为 6.6，利润率 20%，平台佣金 5%，联盟佣金 5%，打 8.5 折，那它的上架价格为 18.69 美元。具体计算如下：

上架价格 =（成本价 + 运费）/（1− 平台佣金 − 联盟佣金）/ 产品折扣 /（1− 利润率）/ 汇率

=（50+85×0.3）/（1−0.05−0.05）/ 0.85 /（1−0.2）/ 6.6

= 83.889 / 0.85 / 0.8 / 6.6

≈ 123.366 / 6.6

≈ 18.69（美元）

二、销售价格

销售价格（discount price，DP）是指实际成交价，也称折后价，是商品在店铺折扣下显示的价格。定价公式为：

销售价格 = 上架价格 × 折扣率

例： 亚马逊平台的促销活动折扣率大多是在 25% ～ 70% 范围内，而通常 15% ～ 30% 的折扣率最受买家欢迎。假设上例中的商品作为活动款，按照平台要求折扣率为 30%，这时其销售价格应为 18.69×（1−0.3）= 13.084 美元。

三、成交价格

成交价格（order price，OP）是指买家最终下单后所支付的金额。定价公式为：

成交价格 = 销售价格 − 营销优惠

其中，营销优惠是指商家提供的满立减、优惠券、手动优惠等等。

① CIF 英文全称为 cost，insurance and freight，即成本、保险费加运费。

例：商家提供一张 8 折的优惠券，那么上例商品的成交价格套进以上公式就应该为 13.084−（13.084−13.084×0.8）≈10.47 美元。

要想在激烈的跨境电商竞争中赢得订单，店铺商品的价格应该有比较明显的优势，因此可以组织一次市场调研。对于商品的市场调研，卖家一般要了解下面几个核心点：

（1）商品价格：进入常规的跨境电商平台，如速卖通、亚马逊、eBay、Shopee 等，选择要调研商品的商品类目，统计销量前 10 名店铺的商品价格区间，并计算出一个平均的价格水平，对照自己商品的价格，了解商品价格是否具有优势。最好在中等偏下的位置，这样最有市场竞争力，如表 2-21 所示。

表 2-21　亚马逊某产品销量前 10 名价格区间

名　次	销　量 / 件	MOQ / 件	价格范围 / 美元
1	640 042	30	1.94 ～ 1.68
2	621 100	50	0.62 ～ 1.01
3	621 007	30	1.94 ～ 2.68
4	617 749	50	3.72 ～ 7.84
5	567 435	40	1.51 ～ 2.05
6	563 350	50	1.29 ～ 1.70
7	525 770	30	2.14 ～ 2.92
8	519 440	65	1.06 ～ 1.43
9	494 165	30	2.09 ～ 2.86
10	486 801	65	1.06 ～ 1.43

注：MOQ 全称为 minimum order quantity，即最小订购量。

（2）市场竞争度：从几个维度进行调研。第一，竞争者的数量。如果竞争者数量太多，那该市场已经是红海市场，定价只会越来越低。第二，地区的分布。关注竞争对手店铺的地区分布，同一个地区的竞争者越多，价格溢价能力越差。第三，分析核心竞争对手的实力，如店铺的综合能力、品类等，实力竞争对手越多，后期的溢价能力也越差。

（3）商品差异化：一个店铺商品的差异化程度越高就意味着商品价格溢价能力越强，所以卖家要在店铺经营的过程中注重自己商品的个性化和差异化，在商品拍摄、店铺装修、商品包装、服务等方面都要有自己的特色，拒绝同质化竞争。

课程总结

本次课程主要围绕跨境电商产品开发进行讲解：先讲解了产品线结构与产品组合的规划策略；其次介绍了选品策略、产品挖掘方法与寻找货源的途径，并通过实例详细讲解了相关知识、技巧等；最后详细讲解了产品成本核算，以及定价策略与方法。通过本课程的学习，学生能够深入了解跨境电商产品开发的关键点和工作流程，从而在实际工作中更加游刃有余，提高工作效率。

课后思考

1. 判断一款产品是否适合销售，应该从哪些方面进行分析？
2. 如果让你寻找某款产品的供应商并进行合作，你要如何开展工作？
3. 在计算产品成本时，要考虑哪些成本要素？
4. 假设你有义乌小商品的货源，那你会如何利用这个优势进行选品呢？

延伸拓展

拓展阅读

扫码阅读以下学习资源，拓宽自己的知识和视野：

文章 1：产品线长度决策

文章 2：国内货源聚集地

文章 3：如何合理规划产品线

文章 4：如何选择热门产品

文章 5：跨境电商卖家如何给产品定价

文章 1

文章 2

文章 3

文章 4

文章 5

思政园地

中国跨境电商发展为世界企业提供新机遇

思政元素：增进国际理解和国家认同。

2020 世界跨境电子商务大会聚焦跨境电商新业态发展，围绕疫情形势下跨境电商市场监管、全球跨境贸易通关便利化等热点话题展开深入研讨。2020 年以来，受新冠疫情影响，世界经济下行压力增大。而跨境电商作为外贸的新业态，以其数字化、多边化、便捷化，为国际贸易合作提供了广阔的空间。

上海合作组织秘书长弗拉基米尔·诺罗夫指出，中国电子商务模式不仅促进了世界数字经济的增长，在发达城市成为强大工具，同时减少了贫困和促进了就业。

对于中国跨境电商蓬勃发展以及疫情之下这一模式发挥的作用，中欧数字协会主席路易吉·干巴尔代拉也给予了积极肯定。他认为，跨境电子商务已经成为世界上增长最快的行业之一。"中国毫无疑问地是现在全球跨境电子商务的领导者。"他还观察到，"'直播带货'也正成为中国跨境电商的新方式"。

（资料来源：中国跨境电商发展为世界企业提供新机遇 [EB/OL].（2020-11-20）[2024-09-10].https://baijiahao.baidu.com/s?id=1683806686237011264&wfr=spider&for=pc）

【思考与讨论】

1. 以上案例给你带来了什么启示？
2. 你认为中国跨境电子商务模式有哪些优势？

自我分析与总结

错题整理

学会的内容

总　结

Module 3

模块三　跨境电商产品刊登

课时建议：16 课时

学生工作页

学习情境

完成店铺开设与产品开发之后，跨境电商卖家就可以开始运营店铺。第一步应根据各跨境电商平台的产品刊登要求，完成产品主图和详情页制作，并撰写产品标题，填写产品信息后提交审核，确保商品正常销售，店铺才能够达到赢利目的。跨境电商产品刊登是店铺运营的必需步骤，产品图片制作效果和产品标题的好坏决定了客户是否愿意点击主页进行选购，对店铺转化率有较大影响。

学习目标

知识目标	技能目标	思政目标
• 能概述产品图片处理类型； • 能说出主图的类型及其格式规范和设计说明； • 能概述详情页包含的图片类型及其表现形式和设计说明； • 能说出如何进行产品标题撰写，以及产品上架和产品管理的方法。	• 能掌握产品图片处理的技巧； • 能根据格式规范和设计要求完成主图制作； • 能根据详情页的表现形式和设计说明等要求，完成详情页制作； • 能掌握产品标题撰写的方法。	• 树立正确的情感价值取向； • 培养敬畏法治、遵纪守法的意识； • 培养勇于探索的职业素养。

聚焦竞赛

本模块学习内容聚焦如下竞赛技能标准：

1. 能够根据产品属性、产品特点提炼卖点、布局图文，使用图形图像处理软件，对页面图片进行简单处理，选择与上传符合平台规则的产品图片。

2. 具备一定的艺术审美能力和创新意识，能够制作符合平台要求的产品图片。

3. 能够根据平台规则、产品属性、产品卖点及平台热搜词，使用第三方工具初步选定“关键词”。

4. 能够根据产品属性、产品特点与提炼的卖点，撰写符合消费特征、具有吸引力的文案。

5. 具备一定的产品标题创新能力，能够撰写符合平台规则的产品标题。

6. 具备一定的产品类目及属性的收集和分析能力，能够正确对产品类目进行分类。

7. 能够根据产品特性、竞品和平台规则，进行产品属性填写。

工作准备

1. 认真阅读学习任务书，明确本次工作活动的学习任务要求；
2. 查找并学习与跨境电子产品刊登相关的各种操作；
3. 提前准备好本模块任务实施的相关材料；
4. 结合学习任务书梳理大致的工作计划和要点。

学习任务书

认真阅读如下所示任务背景，明确本任务要求。

任务背景

材料 1：假如你是一名跨境电商美工，运营部门的同事发来休闲鞋的产品原图（图 3-1），希望你能使用 Photoshop 软件校正图片过曝。

图 3-1　过曝图片

材料 2：假如你是一名跨境电商美工，公司店铺想要上新一款不锈钢碗，主管发来了已经完成图片处理的不锈钢碗产品图（图 3-2），希望你制作出一张合格的产品主图。

图 3-2　不锈钢产品图

材料 3：假如你是一名跨境电商美工，主管要求你分析不锈钢碗的卖点，并根据表 3-1 中的信息完成包括焦点图、卖点图、信息图和细节图在内的详情页制作。

表 3-1　不锈钢碗基本信息

品　名	SUS304 双层不锈钢碗	品　牌	米选
规　格	儿童款、成人款	重　量	126 g/140 g
用　料	食品级 SUS304 内层、 真空隔热保温层、 食品级 SUS304 外层	特　点	隔热，不易破损，容量大，保温，易清洗

材料 4：假如你是一名跨境电商运营助理，主管要求你为不锈钢碗产品挖掘标题关键词，并完成产品标题撰写。

任务要求

根据提供的任务背景信息，结合小组讨论结果，完成以下任务：

任务 1：联系材料 1，完成休闲鞋产品图片过曝校正；

任务 2：联系材料 2，制作一份不锈钢碗主图；

任务 3：联系材料 3，制作一份不锈钢碗详情页；

任务 4：联系材料 4，撰写不锈钢碗的产品标题。

★ 学习任务对应岗位：跨境电商美工专员、跨境电商运营助理。

★ 涉及知识与能力：产品图片处理、产品主图制作、产品详情页制作、产品发布与管理。

任务分组

将学生按每组 4 ～ 6 人分组，明确每组的工作任务，并填写表 3-2。

表 3-2　学生分组表

<table>
<tr><td>班　级</td><td></td><td>组　号</td><td></td><td>指导老师</td><td></td></tr>
<tr><td>组　长</td><td></td><td>学　号</td><td colspan="3"></td></tr>
<tr><td rowspan="5">组　员</td><td>姓　名</td><td>学　号</td><td colspan="2">姓　名</td><td>学　号</td></tr>
<tr><td></td><td></td><td colspan="2"></td><td></td></tr>
<tr><td></td><td></td><td colspan="2"></td><td></td></tr>
<tr><td></td><td></td><td colspan="2"></td><td></td></tr>
<tr><td></td><td></td><td colspan="2"></td><td></td></tr>
<tr><td colspan="6">任务分工</td></tr>
<tr><td colspan="6">例如：__________同学，主要负责__________工作。</td></tr>
</table>

获取信息

根据引导问题，从信息页的相关学习任务中获取对应的信息，回答引导问题并在空白处填写答案。

- 引导问题 1：修复画面污点可以使用__________工具和__________工具。
- 引导问题 2：图片色差主要包括__________、__________和__________。

引导问题 3：请简述如何调整和移动选区。

引导问题 4：简述场景图的设计要求和设计禁忌。

引导问题 5：简述白底图的格式规范。

引导问题 6：完整的商品详情页包括哪些结构？

小贴士

【详情页的整体结构】完整的商品详情页包括焦点图、卖点图、信息图、细节图。焦点图也被称作详情页首屏海报，位于详情页的最上方；卖点图通常位于焦点图的下方；信息图也被称作商品参数图，通常位于卖点图的下方；细节图通常位于商品信息图之后，通过排版有条理地展示出商品的细节特征。

卖家也可根据自己的需要，适当添加售后服务图等。

引导问题 7：焦点图的表现形式有哪些？分别有哪些特点？

____

____

____

引导问题 8：简述卖点图的设计规范。

____

____

____

____

引导问题 9：适用性比较广泛的信息图表现形式有三种，分别是通栏文本、__________、__________。

引导问题 10：简述细节图的特点和作用。

____

____

____

____

引导问题 11：请写出产品标题撰写公式。

____

____

____

____

引导问题 12：请简述跨境电商平台中产品上架时所需要填写的产品基本信息包括哪些。

____

____

____

____

引导问题 13：请简述标题关键词挖掘可以使用哪几种方法。

____

____

____

____

引导问题 14：简述以下几种产品状态所代表的含义。

正在销售：____________________

草稿箱：____________________

审核中：____________________

审核不通过：____________________

已下架：____________________

计划决策

小组内每位成员提出自己的计划和方案，经小组讨论比较，综合每位同学的意见，确定小组的最终实施方案。

任务 1：校正休闲鞋图片色差

➤ 计划 1：请联系材料 1，计划校正过曝图片的操作步骤。

问题：处理该图片可以用到 Photoshop 中的什么工具？

决策结果：____

____

____

____

任务 2：制作不锈钢碗主图

➤ 计划 2：请联系材料 2，针对如何制作一张合格的产品主图做出计划。

问题 1：不锈钢碗产品有哪些能够吸引客户的特点？

问题 2：不锈钢碗的什么特点可以体现在主图中？

决策结果：____

____

____

____

____

任务 3：制作不锈钢碗详情页

➤ 计划 3：请联系材料 3，针对如何制作一张合格的产品详情页做出计划。

问题 1：不锈钢碗有哪些可以凸显的卖点？

问题 2：焦点图、卖点图、信息图、细节图在内的详情页各组成部分的呈现侧重点分别是什么？

决策结果：________________

____

____

____

____

任务 4：撰写跨境电商产品标题

➤ 计划 4：请联系材料 4，计划产品标题的撰写步骤。

问题 1：产品标题由哪些部分组成？

问题 2：可以从哪些渠道挖掘关键词？

问题 3：产品标题撰写要注意什么？

决策结果：________________

____

____

____

____

实施计划

根据制定的工作计划，组织实施并记录实施操作过程中的关键信息与数据，完成引导问题的填写。如果无法独立完成，可以参考配套实训任务书。

计划实施 1：请写出校正休闲鞋图片色差的关键步骤，使用 Photoshop 软件完成图片美化，将美化后的图片以 psd 格式提交。

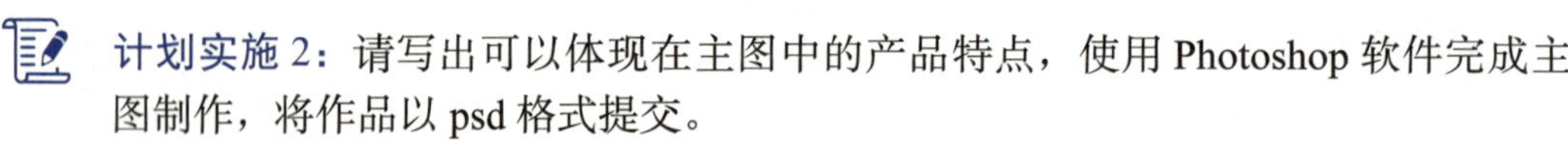

计划实施 2：请写出可以体现在主图中的产品特点，使用 Photoshop 软件完成主图制作，将作品以 psd 格式提交。

计划实施 3：简述详情页制作的步骤，使用 Photoshop 软件完成详情页制作，将作品以 psd 格式提交。

计划实施 4：完成不锈钢碗的产品标题撰写。

评价反馈

1. 各组派代表上台展示成果，并介绍任务的完成过程。

2. 其他组同学给你们提供了哪些意见或建议？请记录在下面。

____

____

____

3. 本次课的心得体会：

____

____

____

4. 评价方式采用多元化评价，评价主体由学生、小组与教师构成，评价标准、分值及权重如下所示：

（1）学生进行自我评价，并将结果填入表3-3中。

表3-3　学生自评表

班级：__________　　组名：__________　　日期：________年____月____日

评价项目	评价标准	分　值	得　分
信息检索	能有效利用网络资源、配套资料查找有效信息	10	
知识掌握	能准确理解学习任务中讲述的知识内容	15	
技能训练	能按任务书要求，按计划完成工作任务	15	
感知工作	认同工作价值，在工作中能获得成就感	10	
团队素养	能与教师、同学之间相互尊重、理解和平等交流	10	
职业素养	能严格遵守相关工作守则和法律法规	10	
思维状态	能发现问题、分析问题并解决问题	10	
参与状态	能发表个人见解，倾听他人意见和看法	10	
创新意识	能在工作过程中做出创新点	10	
合　计		100	

（2）学生以小组为单位，对学习任务的实施过程与结果进行互评，将互评结果填入表 3-4 中。

表 3-4　小组互评表

班级：__________　　被评组名：________　　日期：________年____月____日

评价项目	评价标准	分　值	得　分
团队素养	该组小组成员间合作紧密，能互帮互助	15	
	该组的工作计划周密，组织有序	15	
	该组态度端正，有较强的吃苦耐劳精神	10	
工作情况	该组的工作效率突出	20	
	该组的工作成果完整且质量达标	30	
	该组严格遵守相关工作守则和法律法规	10	
合　计		100	

（3）教师对学生工作过程与工作结果进行评价，并将评价结果填入表 3-5 中。

表 3-5　教师评价表

班级：__________　　组名：__________　　姓名：___________

评价项目	评价标准			分　值	得　分
考　勤	无无故迟到、早退、旷课现象			10	
工作过程	能正确回答引导问题并填写答案			20	
	能制定详细的工作计划			10	
	能按任务书要求规范实施工作活动			20	
项目成果	能按时完成任务			10	
	学习态度认真、细致、严谨			10	
	任务成果完整且质量达标			20	
合　计				100	
综合评价	自我评价（20%）	小组互评（30%）	教师评价（50%）	综合得分	

信息页

情境导入

跨境电商专业的小李和小吴到跨境公司实习，分别应聘为美工和运营助理。小李负责对产品原图进行处理，并完成主图和详情页制作；小吴负责将小李设计的图片上传，完成产品刊登。小李和小吴首次实操，不熟悉操作流程。

现在请你根据跨境电商产品刊登的要求和流程，帮助小李顺利完成产品刊登前的图片处理并制作主图和详情页，帮助小吴撰写产品标题。

【思考】

认真思考以下问题，并带着问题进入课堂寻找答案吧。

- 跨境美工需要掌握哪些技能?
- 跨境电商平台对产品图片有哪些要求?

学习任务 1　产品图片处理

商品拍摄过程中，会受到拍摄环境、光线、拍摄设备等因素的影响，导致图片出现瑕疵、色彩偏差等问题，也可能出现背景杂乱的情况，这时需要通过后期处理，对商品图片进行美化。

产品禁止刊登和劣质刊登情况

因此本学习任务主要从以下三个方面展开讲解：

- 图片瑕疵修复
- 图片色差校正
- 产品图片抠图

活动1 图片瑕疵修复

部分拍摄的商品图片可能存在杂点、划痕、破损、瑕疵、背景杂乱等现象，这样的图片会严重影响商品呈现效果，因此需要对瑕疵进行修复。

一、修复画面污点

图片有污点会导致图片不够美观，此时需要将污点修复。经常使用修补工具和污点修复画笔工具，对图片污点进行修复。

1. 使用修补工具修复污点

Photoshop 修补工具的作用：利用图片上采集的样本像素区域或者已设置好的图案来修复图片中感觉不好看或者不理想的像素区域，从而让被修复过的像素区域自然融入画面中去。

选择修补工具，其属性栏如图 3-3 所示。

图 3-3 修补工具属性栏

打开图片后选择修补工具，框选需修补的区域，如图 3-4 所示。

图 3-4 框选需要修补的区域

学习任务 1 彩图版

在属性栏中选中“源”按钮，在选区中单击并按住鼠标不放，拖曳到需要的位置，如图 3-5 所示。释放鼠标，选区中的图片为新位置的图片所修补，如图 3-6 所示。

图 3-5 拖曳至需要的位置

图 3-6 选区被新位置的图片修补

按住“Ctrl+D”组合键，取消选区，效果如图 3-7 所示。

图 3-7　修复后的效果图

2. 使用污点修复画笔工具修复污点

污点修复画笔工具
属性栏参数详解

污点修复画笔工具的工作方式是使用图片中的样本像素进行绘画，并将样本像素的纹理、光照、透明度和阴影与修复的像素相匹配。与修补工具的区别在于，污点修复画笔工具不需要制定样本点，将自动从修复区的周围取样。

选择污点修复画笔工具，其属性栏如图 3-8 所示。

图 3-8　污点修复画笔工具属性栏

选择污点修复画笔工具，在属性栏中进行设置，对属性栏进行设置，如图 3-9 所示。

图 3-9　设置属性栏状态

打开一张图片，如图 3-10 所示，在要修复的瑕疵图片上拖曳鼠标，如图 3-11 所示。释放鼠标，瑕疵被去除，效果如图 3-12 所示。

图 3-10　原图片

图 3-11　修复瑕疵

图 3-12　修复后效果

运营部门的人员给美工小李发来了一张产品图片，如图 3-13 所示，希望小李能帮忙处理掉鞋内侧的污渍瑕疵。你知道该怎么做吗？

图 3-13　产品图片

二、修复画面褶皱

污点和瑕疵会让展现效果不够美观，而褶皱则会降低商品的质感，使好商品廉价化，从而使后期的促销变得困难。去除褶皱常使用修复画笔工具。

修复画笔工具属性栏参数详解

修复画笔工具可以将取样点的像素信息非常自然地复制到图片的破碎位置，保持图片的亮度、饱和度、纹理等属性，使修复效果更加自然逼真。

选择修复画笔工具，其属性栏如图 3-14 所示。

图 3-14　修复画笔工具属性栏

打开一张需要修复的照片，如图 3-15 所示。

选择修复画笔工具，在褶皱处的平滑部分按住 Alt 键不放单击，鼠标出现圆形十字图标，如图 3-16 所示。

图 3-15　原图片

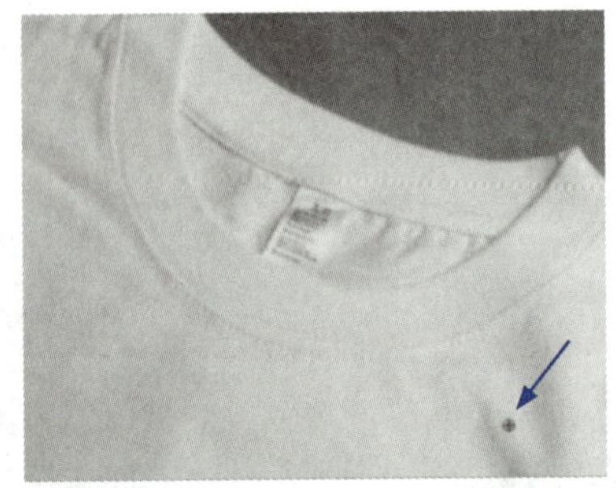

图 3-16　圆形十字图标

再在周围进行拖动，可以发现拖动区域的褶皱已经消失，如图 3-17 所示。全部涂抹完成后，效果如图 3-18 所示。

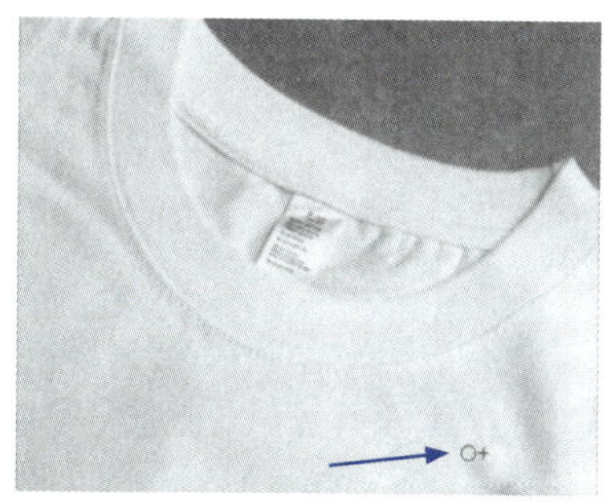

图 3-17　使用画笔工具修复褶皱

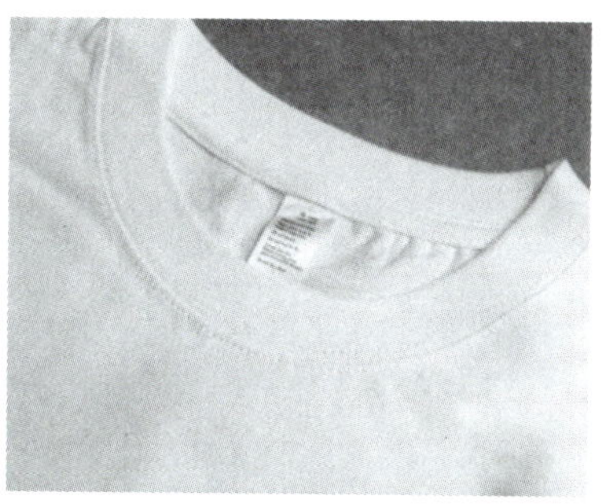

图 3-18　最终效果

练一练

运营部门的人员给美工小李发来了一张产品图片，如图 3-19 所示，希望小李能帮忙处理掉 T 恤产品图上的褶皱。你知道该怎么做吗？

图 3-19　产品图片

三、去除背景杂物

在处理背景较为复杂的图片时，采用前面的方法并不能达到理想的效果，此时可以结合仿制图章工具进行修复。该工具常用于处理人物皮肤或去除一些与主体较为接近的杂物。

仿制图章工具能以指定的像素点为复制基准点，将其周围的图片复制到其他位置。如果使用仿制图章工具修复后的区域与周围没有融合，则可以通过设置不透明度与流量来控制覆盖图像的清晰程度。

选择仿制图章工具，其属性栏如图 3-20 所示。

图 3-20　仿制图章工具属性栏

在工具箱中打开仿制图章工具，确定仿制图章工具画笔大小，设定仿制图章工具的相关属性：模式、不透明度、流量等。

选择取样，将鼠标指针放置在图片中需要复制的位置，按住 Alt 键的同时，鼠标指针变为圆形十字图标，单击确定取样点，释放鼠标，如图 3-21 所示。

图 3-21　选取桌面作为取样点

在适当的位置单击并按住鼠标不放，拖曳鼠标复制取样点的图片。如图 3-22 所示，将背景的桌面复制到背景的明信片上。

图 3-22　复制取样点的图片

通过使用仿制图章工具消除背景中的明信片，使得杂乱的背景变得更加简洁，如图 3-23 所示。

图 3-23　使用仿制图章工具去除背景杂物

练一练

运营部门的人员给美工小李发来了一张产品实拍图，如图 3-24 所示，希望小李能帮忙处理掉背景中的手，只保留图片中的商品。你知道该怎么做吗？

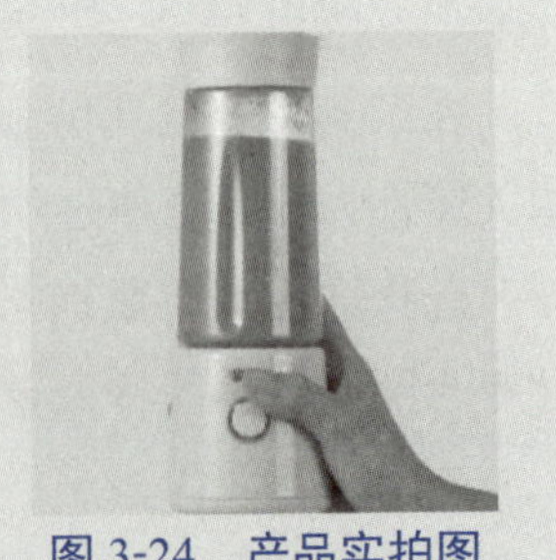
图 3-24　产品实拍图

活动 2　图片色差校正

处理图片之前，先要观察图片颜色存在的问题，如画面太亮、画面太暗、偏色（如画面偏红色、偏紫色、偏绿色等），对存在的问题进行有针对性的处理。以下介绍几种校正图片色差的方法。

一、校正过曝照片

过曝就是指光圈过大、快门过慢等原因造成的图片画面中亮度过高，照片泛白。曝光过度是商品拍摄过程中常见的问题之一。

校正方法：先通过调整“曲线”命令降低照片的整体色调亮度，再通过“色阶”命令对图片中不同的色调进行调整，以还原商品的真实效果。

1. “曲线”与“色阶”详解

“曲线”是最常用的色调调整命令之一，它可以综合调整图片的亮度、对比度和色调，让画面色彩更为协调。

打开一张图片，选择“图像”→“调整”→“曲线”，或按“Ctrl+M”组合键，弹出对话框，如图 3-25 所示。

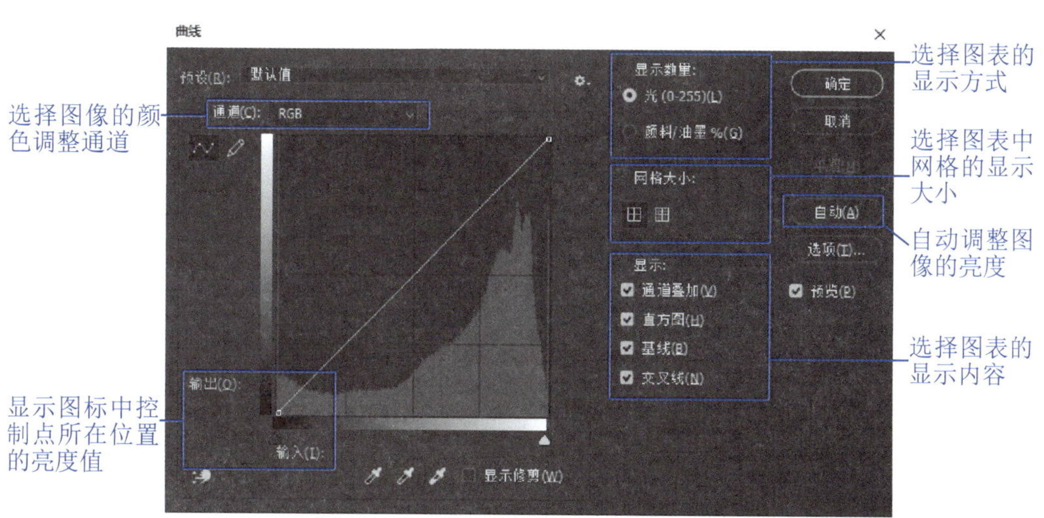

图 3-25　“曲线”对话框

在图片中单击任意一点，对话框中图表的曲线上会出现一个圆圈，横坐标为色彩的输入值，纵坐标为色彩的输出值。

曲线上有两个端点，左端点控制阴影区域，右端点控制高光区域，曲线的中间位置控制中间调区域，如图 3-26 所示。

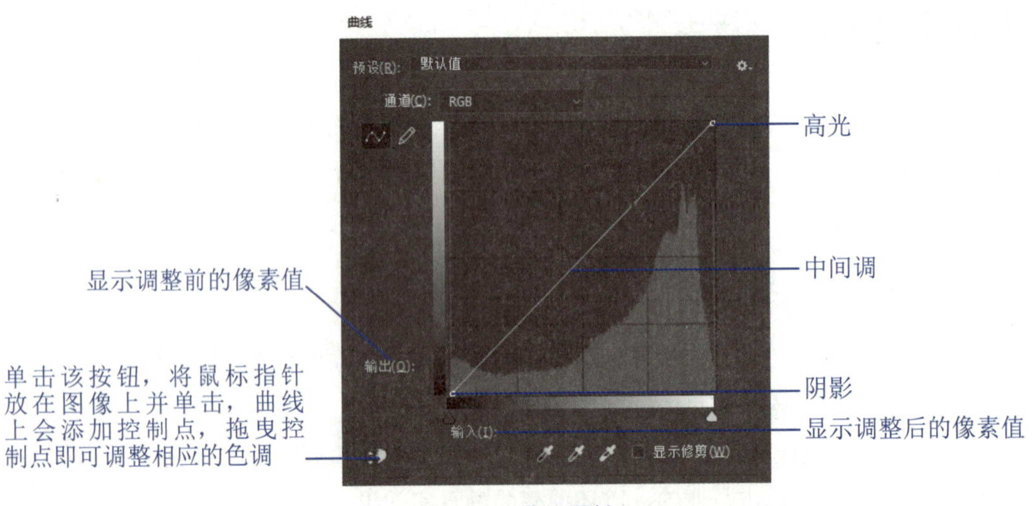

图 3-26　曲线属性

按住左端点向上拖曳可以提亮阴影区域，向右拖动可以压缩阴影区域；按住右端点向左拖动可以提亮高光区域，向下拖动可以压暗高光区域。

在曲线的中间位置添加控制点可以调整中间调区域，向左上角拖动控制点可以提高中间调区域，向右下角拖动控制点可以压暗中间调区域。

常见的调整图片明暗的曲线形状如表 3-6 所示。

表 3-6　曲线调整效果

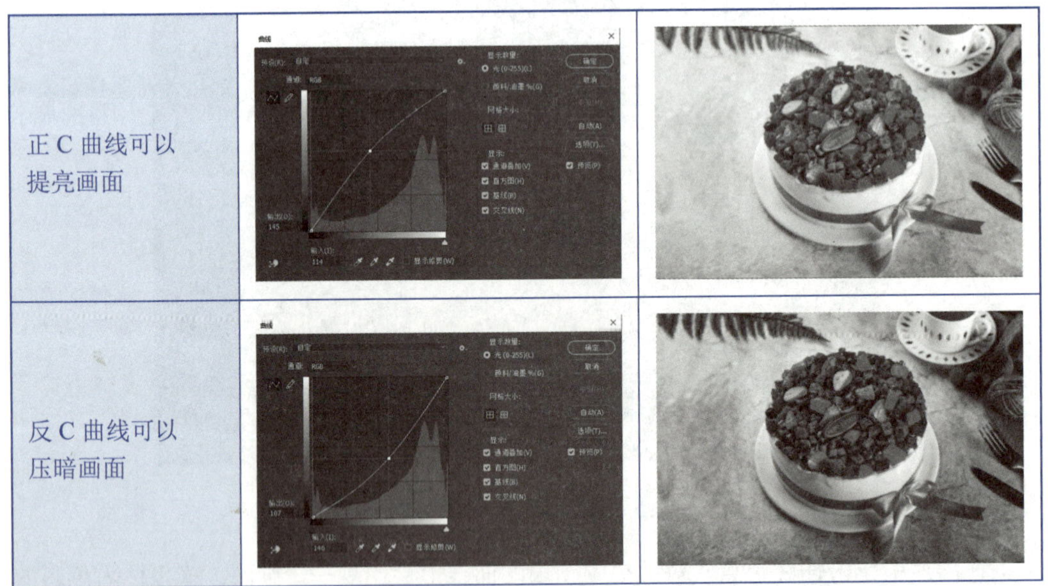

正 C 曲线可以提亮画面		
反 C 曲线可以压暗画面		

续表

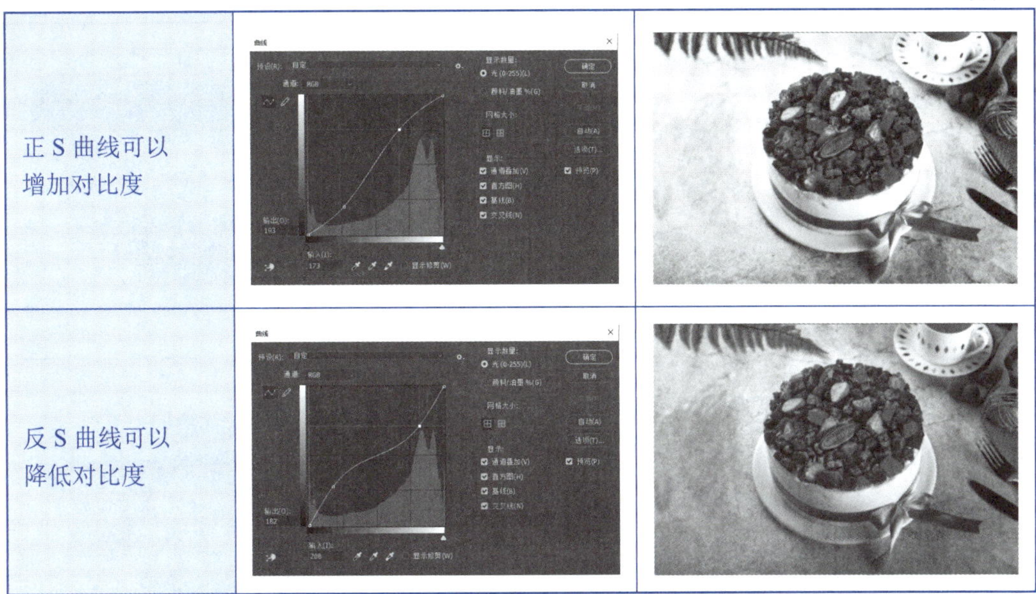

正 S 曲线可以增加对比度		
反 S 曲线可以降低对比度		

“色阶”主要用于调整画面的明暗程度，它通过改变图片中的像素分布来调整图片的明暗程度。使用“色阶”可以单独对画面的阴影、中间调和高光区域进行调整，常用于调整图片曝光不足或曝光过度的图片，也可以用于调整图片的对比度。

选择菜单栏中的“图片”→“调整”→“色阶”，打开“色阶”对话框，如图 3-27 所示。

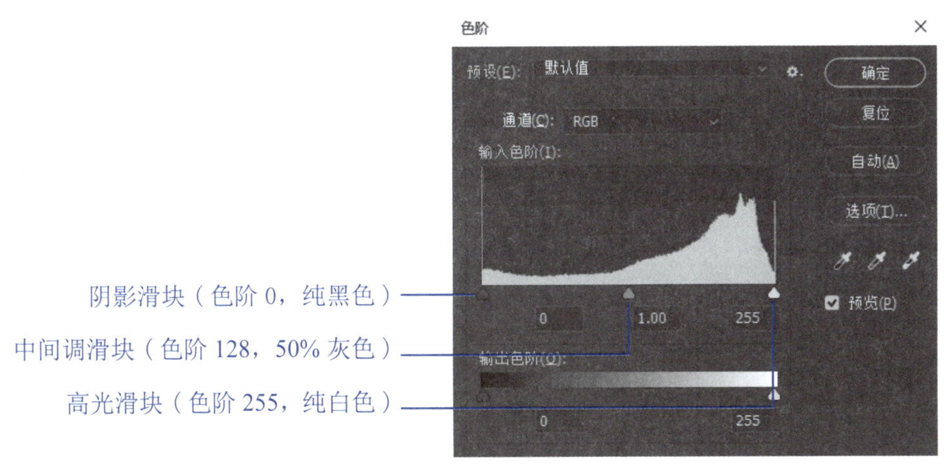

图 3-27　“色阶”对话框

向右拖动阴影滑块，可以压暗阴影区域。向左拖动高光滑块，可以提亮高光区域。拖动中间调滑块，当数值大于 1 时，表示提亮画面；当数值小于 1 时，表示增加暗调。如表 3-7 所示。

表 3-7　色阶调整效果

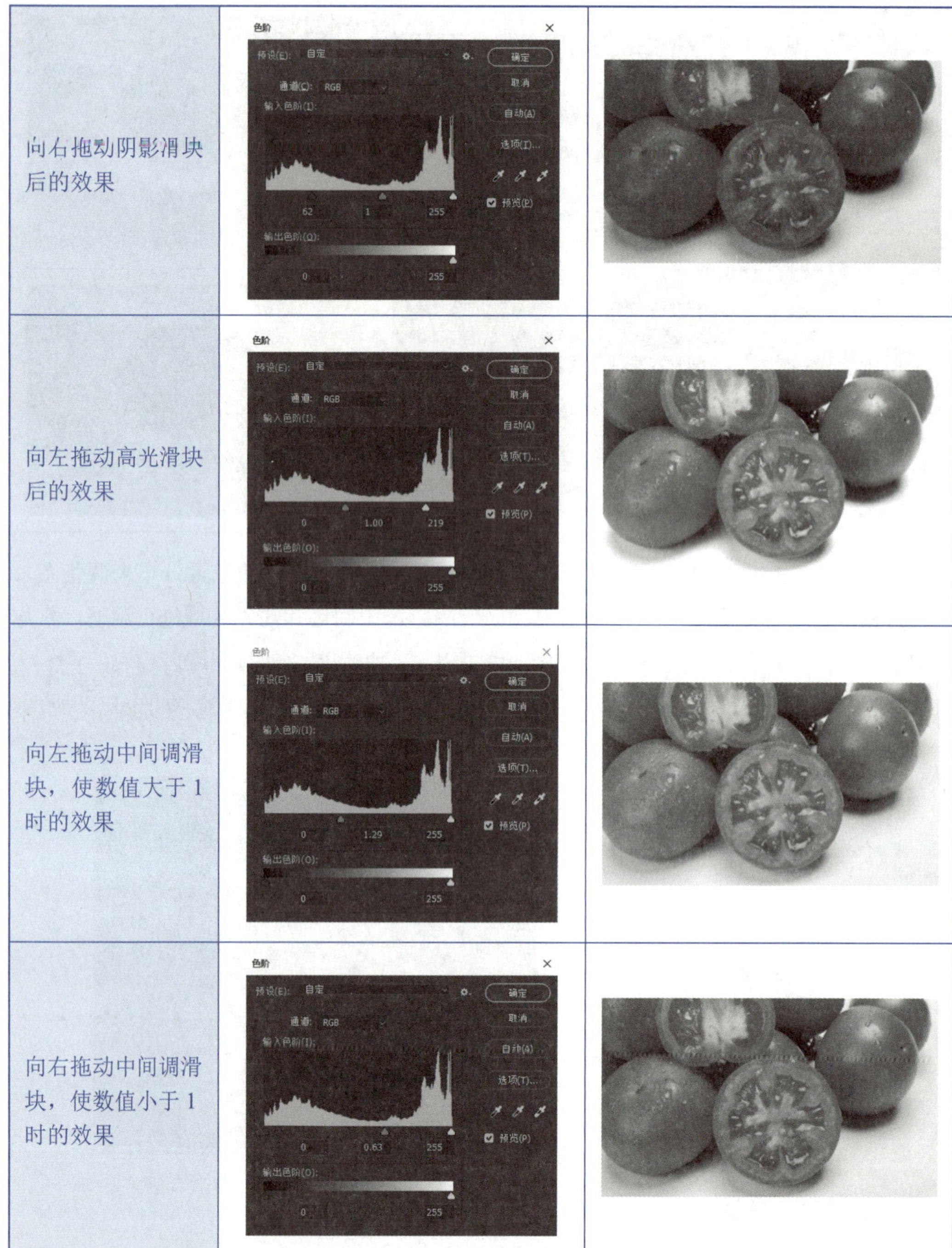

调整		
向右拖动阴影滑块后的效果		
向左拖动高光滑块后的效果		
向左拖动中间调滑块，使数值大于 1 时的效果		
向右拖动中间调滑块，使数值小于 1 时的效果		

2. 过曝照片校正方法

校正一张因为在强阳光下拍摄而过曝的盆栽照片，如图 3-28 所示。

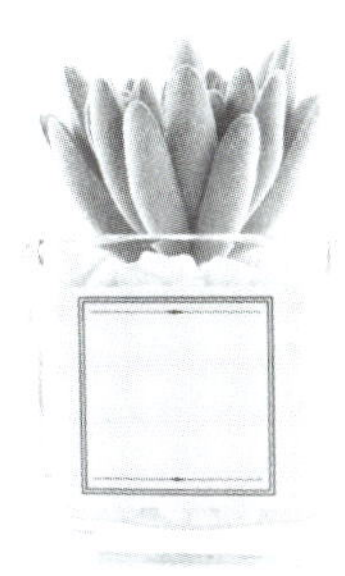

图 3-28　过曝照片

（1）调整“曲线”降低整体色调亮度，调整曲线为“反 C 曲线”，如图 3-29 所示。

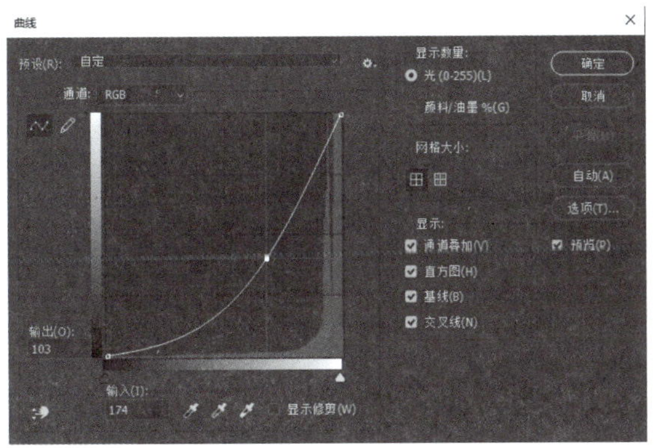

图 3-29　调整“曲线”后的效果

（2）调整“色阶”对图片中不同点的色调进行调整。向右拖动阴影，压暗阴影区域；向右拖动中间调，增加暗调，如图 3-30 所示。

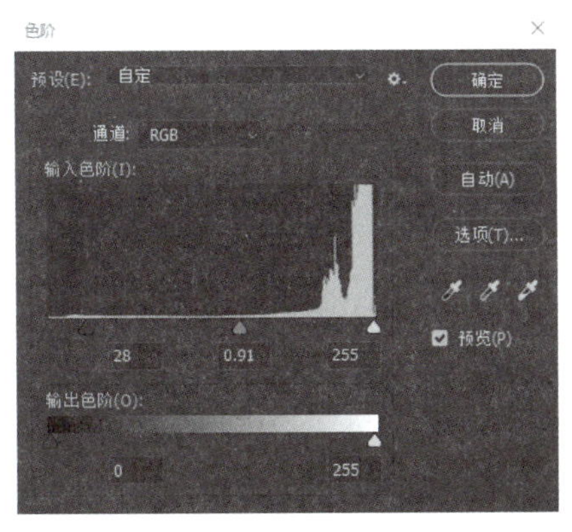

图 3-30　调整“色阶”后的效果

校正后画面变得比较清晰，盆栽的细节可以清楚看到，如图 3-31 所示。

图 3-31　效果对比

练一练

运营部门的人员给美工小李发来了一张产品图片，如图 3-32 所示，希望小李能帮忙处理图片曝光过度的问题。你知道该怎么做吗？

图 3-32　产品图片

二、校正过暗照片

过暗照片往往是因拍摄时光线不足或者曝光不足引起的，是商品拍摄中常见的问题之一。

校正方法：先通过“亮度 / 对比度”调整照片的整体亮度，然后调整对比度，最后通过“色相 / 饱和度”增加商品的饱和度。

1.“亮度 / 对比度”与“色相 / 饱和度”详解

“亮度 / 对比度”可以快速地对图像的亮度和对比度进行直接调整。与“色阶”和“曲线”不同的是，“亮度 / 对比度”不考虑图像中各通道的颜色，而是对图像进行整体调整。

打开一张图片，选择“图像”→“调整”→“亮度 / 对比度”，弹出“亮度 / 对比度”对话框，进行设置，单击“确定”按钮，效果如表 3-8 所示。

表 3-8　亮度 / 对比度调整效果

只调整亮度	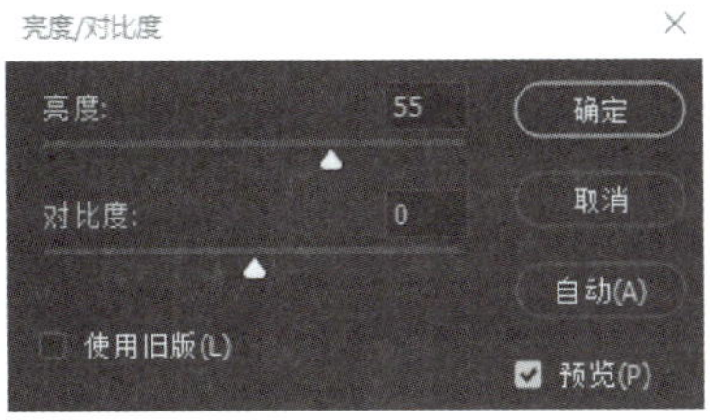 亮度/对比度 亮度: 55 对比度: 0 使用旧版(L) 确定 取消 自动(A) 预览(P)	
只调整对比度	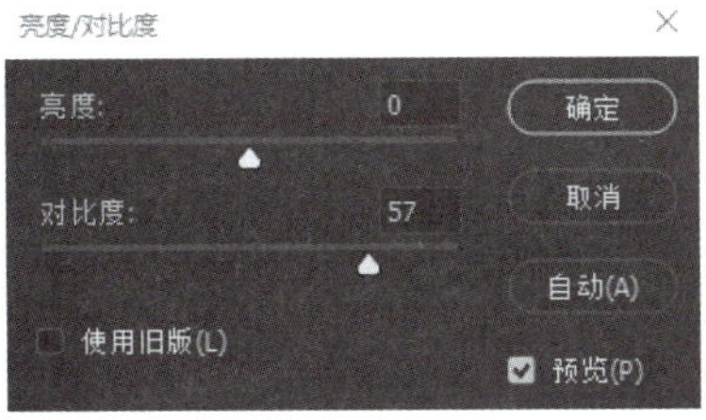 亮度/对比度 亮度: 0 对比度: 57 使用旧版(L) 确定 取消 自动(A) 预览(P)	
调整亮度与对比度	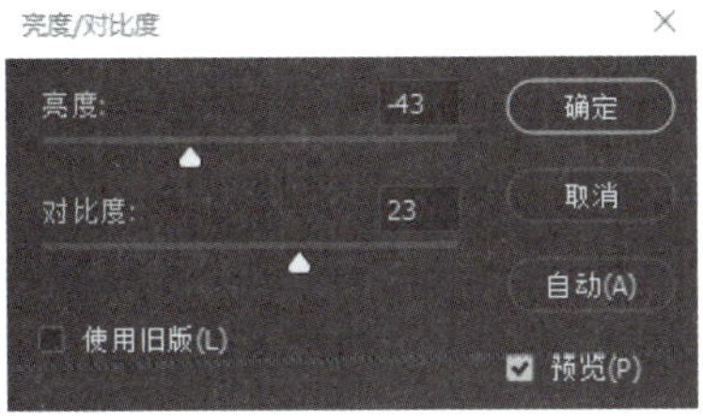 亮度/对比度 亮度: -43 对比度: 23 使用旧版(L) 确定 取消 自动(A) 预览(P)	

"色相 / 饱和度"是对色彩的色相、饱和度、明度三大属性进行调整。

打开一张图片，选择"图像"→"调整"→"色相 / 饱和度"，或按"Ctrl+U"组合键，弹出"色相 / 饱和度"对话框，设置如 3-33 图所示。

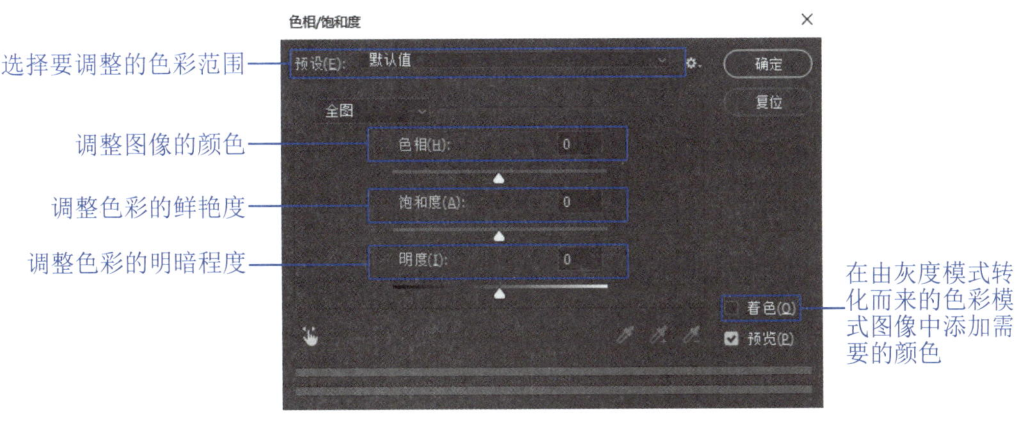

图 3-33　"色相 / 饱和度"对话框

设置色相、饱和度和明度，单击"确定"，如图 3-34 所示。

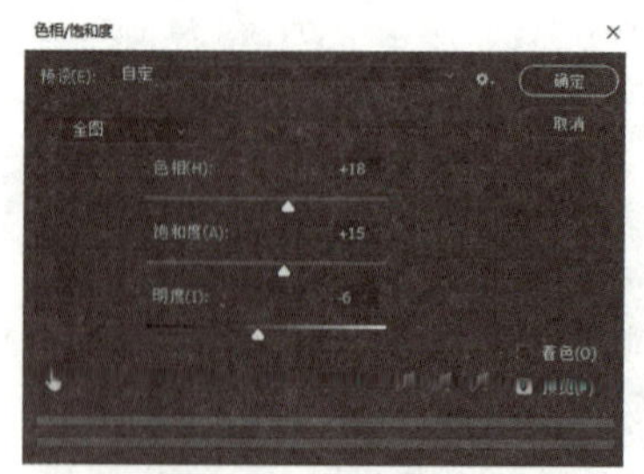

图 3-34　调整效果

在对话框中勾选“着色”复选框对色相、饱和度和明度进行设置，单击“确定”按钮，效果如图 3-35 所示。

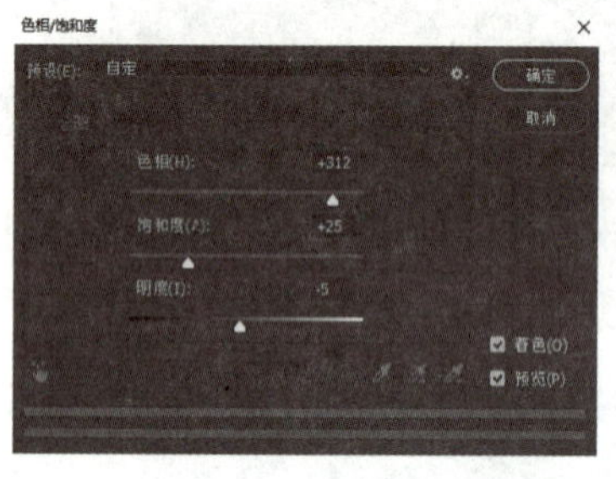

图 3-35　勾选“着色”后调整的效果

2. 过暗照片校正方法

校正一张在昏暗的室内拍摄而过暗的幼儿衣物照片，如图 3-36 所示。

图 3-36　过暗照片

（1）通过“亮度 / 对比度”提高照片的整体亮度。将亮度提高为 34，效果如图 3-37 所示。

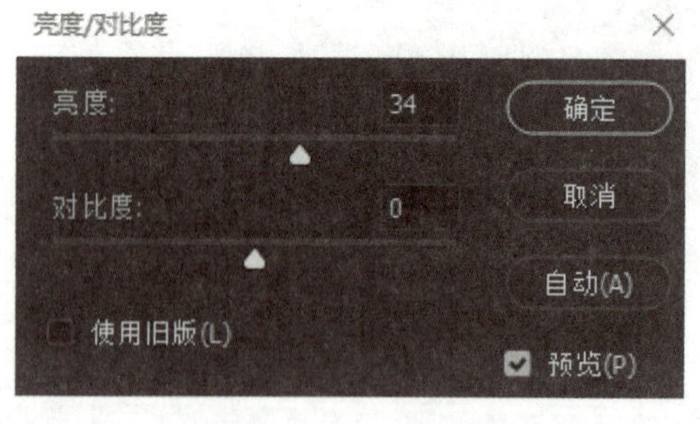

图 3-37　提高亮度后的效果

（2）通过“亮度 / 对比度”提高照片的对比度。将对比度提高为 14，效果如图 3-38 所示。

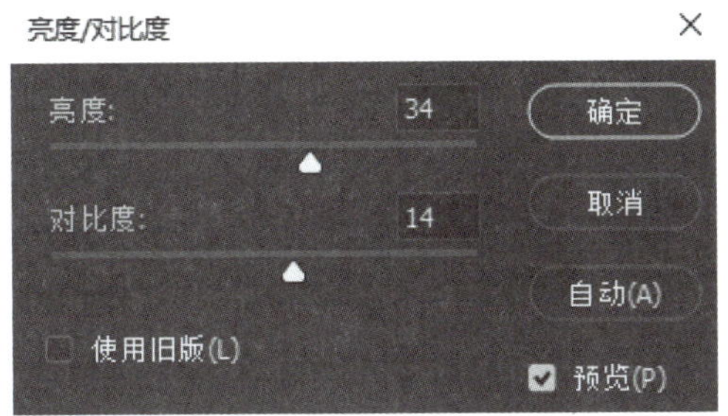

图 3-38　提高对比度后的效果

（3）通过“色相 / 饱和度”增加商品的饱和度。将饱和度提高为 +15，效果如图 3-39 所示。

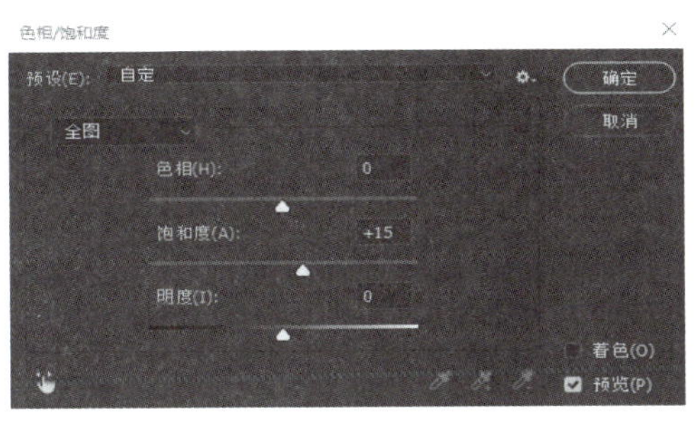

图 3-39　提高饱和度后的效果

校正后画面较亮，光影层次较丰富，商品颜色也更鲜艳，如图 3-40 所示。

图 3-40　效果对比

练一练

运营部门的人员给美工小李发来了一张产品图片，如图 3-41 所示，请你帮小李想一想，这张照片的问题在哪？应该怎么处理呢？

图 3-41　产品图片

三、校正偏色照片

偏色是指商品色调整体偏向实物以外的另一种色彩，这样会造成商品图片与实物产生色差，容易造成消费者退货或者给差评等问题。

校正方法：可以通过“色彩平衡”以及“色相 / 饱和度”来调整图像的整体色调，还原商品的真实色彩。

1.“色彩平衡”详解

“色彩平衡”是通过调整各种色彩的色阶，来校正图像中所出现的偏色现象，更改图像的总体颜色混合。

选择“图像”→“调整”→“色彩平衡”，或按“Ctrl+B”组合键，弹出“色彩平衡”对话框，如图 3-42 所示。

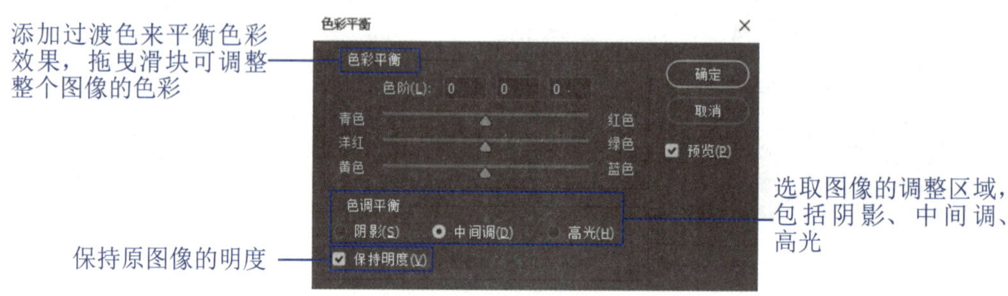

图 3-42 “色彩平衡”对话框

设置不同的色彩平衡后，图片效果如表 3-9 所示。

表 3-9 色彩平衡调整效果

调整青色后的效果	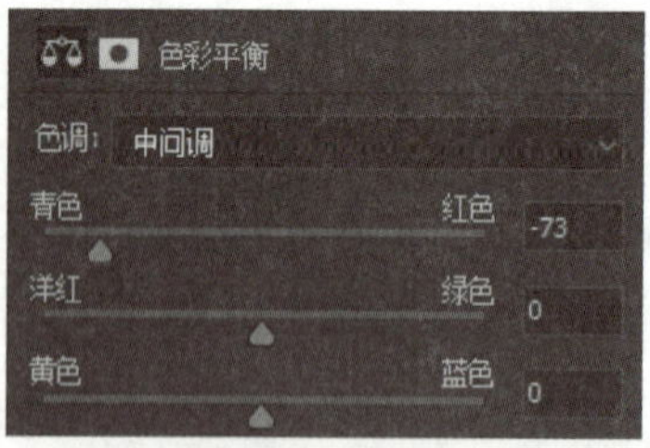	
调整洋红后的效果	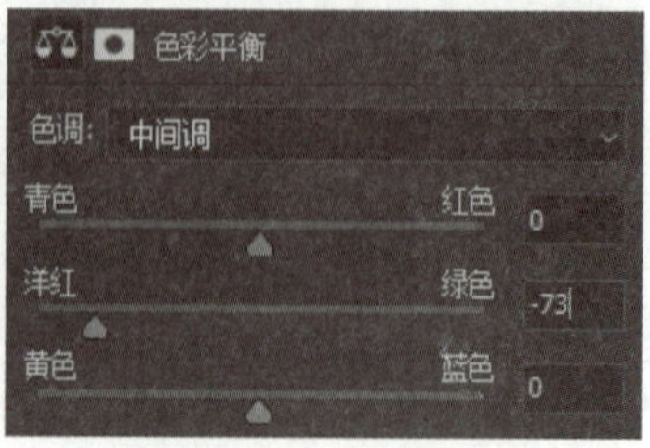	

续表

<table>
<tr>
<td>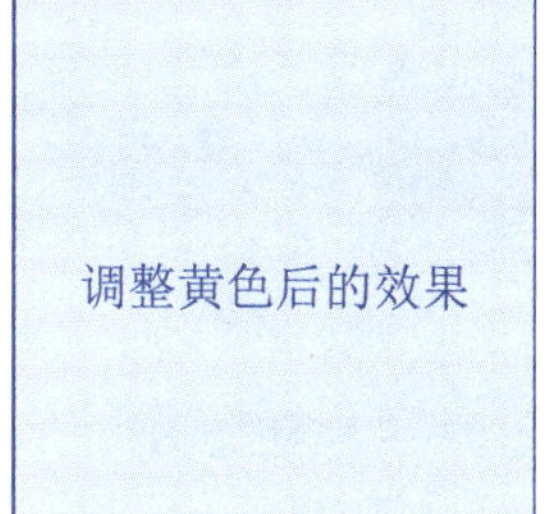调整黄色后的效果</td>
<td>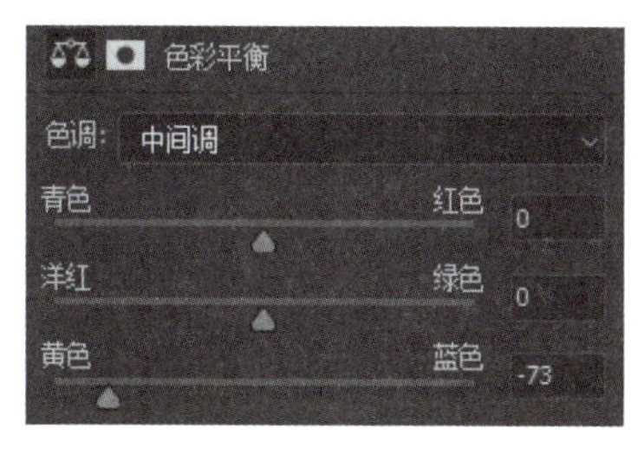
</td>
<td></td>
</tr>
</table>

2. 偏色照片校正方法

将图片中偏玫红色的书包（图 3-43）校正为实物的正红色。

图 3-43　偏色照片

（1）通过“色彩平衡”加减色彩平衡值，调整整体色调。青色改为 +45，洋红改为 23，效果如图 3-44 所示。

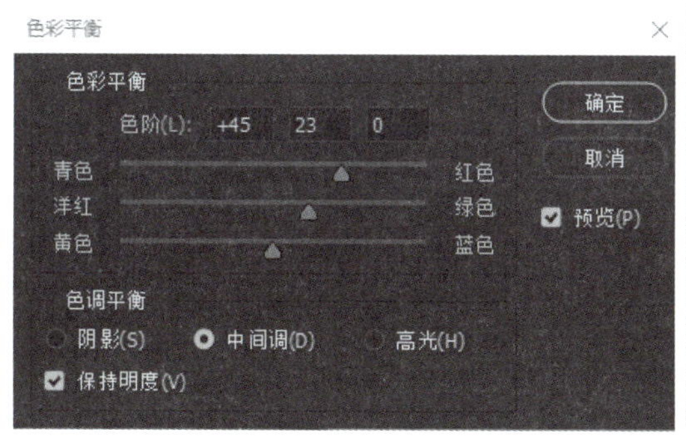

图 3-44　调整色彩平衡后的效果

（2）通过“色相 / 饱和度”调整饱和度，使商品颜色鲜艳。将饱和度提高为 18，效果如图 3-45 所示。

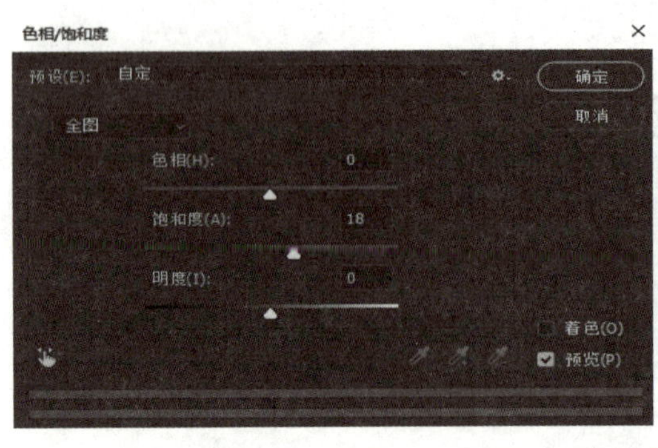

图 3-45　调整饱和度后的效果

校正后书包的颜色变为正红色，更贴近实物的正红色，如图 3-46 所示。

图 3-46　效果对比

练一练

运营部门的人员给美工小李发来了一张需要处理的产品图片，如图 3-47 所示，希望小李能帮忙增强图片的色彩鲜艳度。你知道该怎么做吗？

图 3-47　产品图片

活动 3　产品图片抠图

将图片某一部分从原始图片中分离出来作为单独图层，称为抠图。制作电商主图、详情页时，要通过抠取图片并为其更换更美观的背景来增加图片吸引力。

一、简单物体抠图

在电商产品图片抠图中，最为常见的就是抠取简单物体，如桌子、椅子、纸箱，以及白底图等，抠取这类图片统称为简单物体抠图。

1. 抠取规则物体

在抠取一些规则的矩形和圆形商品图片时，可以使用矩形选框工具和椭圆选框工具；抠取边缘为直线的规则商品图片时，可以使用多边形套索工具。矩形选框工具和椭圆选框工具操作相对比较简单，所以重点理解如何使用多边形套索工具抠取物体。

（1）使用矩形选框工具抠取物体

打开需要抠图的图片，选择矩形选框工具，在图片上单击并拖动，即可创建选区，然后按“Ctrl+J”组合键进行图层拷贝，即可将所需物体抠取出来。

例：抠取图片中的书本。效果如图 3-48 所示。

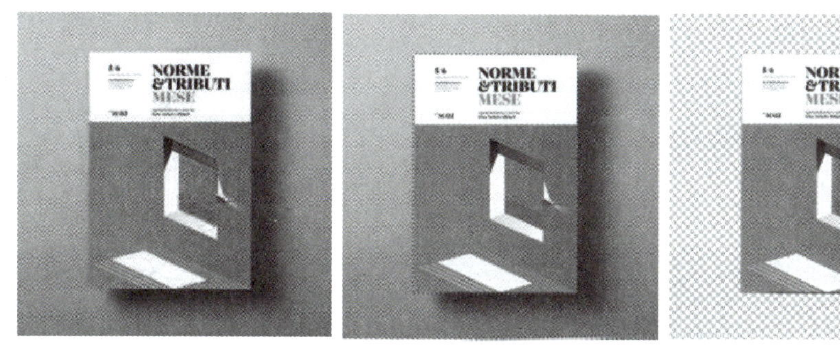

图 3-48　使用矩形选框工具抠取物体效果图

（2）使用椭圆选框工具抠取物体

椭圆选框工具可使用该工具创建圆形或建立椭圆选区。

打开需要抠图的图片，选择椭圆选框工具，在图片上单击并拖动，即可创建选区，然后按“Ctrl+J”组合键进行图层拷贝，即可将所需物体抠取出来。

例：抠取图片中的月亮。效果如图 3-49 所示。

图 3-49　使用椭圆选框工具抠取物体效果图

【如何调整和移动选区】使用矩形/椭圆选框工具时，创建的选区不能完全与物体吻合，可以鼠标右键点击选框，菜单内点击“变换选区”，打开选区自由变换框，即可改变选区大小。

移动选框只需要点击工具条上的移动工具，然后鼠标悬停在选框边沿，按下鼠标左键拖动即可移动位置。

（3）使用多边形套索工具抠取物体

边缘为直线的规则物体都可以使用多边形套索工具进行抠取。

打开一张需要抠取的图片，选择工具箱中的多边形套索工具，沿着物体的边缘，在拐点处单击鼠标左键，绘制一个与其大小相同的选区，然后按“Ctrl+J”组合键执行图层拷贝命令，即可将所需的物体抠取出来。

例：抠取图片中的洗衣机。效果如图 3-50 所示。

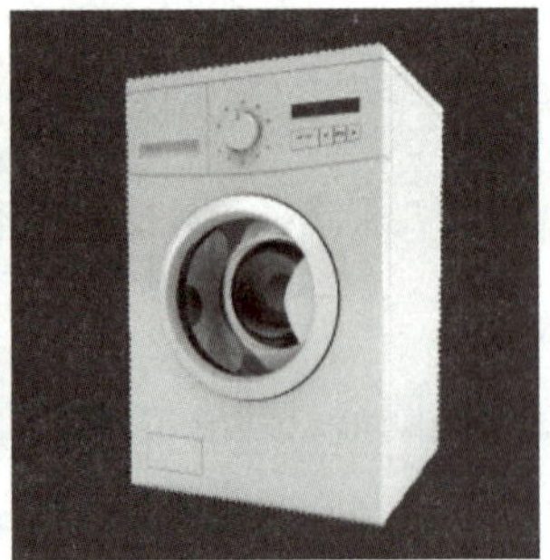

图 3-50　使用多边形套索工具抠取物体效果图

2. 抠取单色物体

对于一些单色背景并且背景与主体的分界线比较分明的图片，可以使用魔棒工具、快速选择工具和钢笔工具抠取物体。

魔棒工具属性栏参数详解

（1）使用魔棒工具抠取物体

魔棒工具能够基于图像的颜色和色调来建立选区。其使用方法非常简单，只需在图像上单击，就会选择与单击点颜色和色调相似的像素。

选择工具箱中的魔棒工具，或反复按“Shift+W”组合键，其属性栏状态如图 3-51 所示。

取样大小：取样点　容差：32　消除锯齿　连续　对所有图层取样　选择主体　选择并遮住...

图 3-51　魔棒工具属性栏

打开一张需要抠图的照片，选择工具箱中的魔棒工具，设置合适容差值，在图像中单击需要选择的颜色区域，即可得到需要的选区。选择菜单栏中的“选择”→“反选”命令或按“Shift+Ctrl+I”组合键反选选区，然后按“Ctrl+J”组合键执行图层拷贝命令，即可把物体抠取出来。

例： 抠取图片中的洗衣机。效果如图 3-52 所示。

图 3-52　使用魔棒工具抠取物体的效果图

（2）使用快速选择工具抠取物体

快速选择工具利用颜色的差异迅速绘制出选区，适合主体与背景颜色差异比较明显的图像。

打开快速选择工具，其属性栏如图 3-53 所示。

88　0°　对所有图层取样　增强边缘　选择主体　选择并遮住...

图 3-53　快速选择工具属性栏

打开需要抠图的图片，单击工具箱中的快速选择工具按钮或使用快速选择工具快捷键“W”，在画面中按住鼠标左键拖曳，此时色彩相同或相近的区域形成了选区。拖动鼠标，直至物体以外的背景全部被选取。选择菜单栏中的“选择”→“反选”命令或按“Shift+Ctrl+I”组合键反选选区，然后按“Ctrl+J”组合键执行图层拷贝命令，这样子就可以将所需的物体抠取出来。

例： 抠取图片中的水蜜桃。效果如图 3-54 所示。

图 3-54　使用快速选择工具抠图的效果

（3）使用钢笔工具抠取物体

钢笔工具是一种路径绘制工具，通过绘制路径，再将路径转为选区，从而抠取物体。

选择钢笔工具，在工具栏中设置绘图模式为“路径”，勾选“自动添加 / 删除”复选框，如图 3-55 所示。

图 3-55　钢笔工具属性栏

沿着物体边缘添加锚点，最后在路径的起点上单击，将路径封闭。按“Ctrl+Enter”组合键，将路径转为选区。按“Ctrl+J”组合键将选区中的内容复制到一个新的图层中，即可完成抠图。

例： 抠取图片中西瓜。效果如图 3-56 所示。

图 3-56　使用钢笔工具抠图效果

练一练

美工小李收到了运营人员发来的图片，如图 3-57 所示，希望小李能帮忙用抠图的方式去掉图片中的背景，只保留洗衣机。你知道该怎么做吗？

图 3-57　产品图片

二、复杂物体抠图

学习了简单抠图的技巧之后，我们会发现如果遇到商品背景较复杂，或是商品材质较复杂，我们使用之前学习的抠图技能，并不能很好地将所需的商品抠取下来，这时候就需要使用比较复杂的抠图方法及技巧。

1. 抠取毛发

调整边缘画笔工具属性栏参数详解

毛发类商品比如我们的毛绒玩偶、人物的秀发等，这些物体进行抠图时，对精细度的要求比较高。使用魔棒工具或快速选择工具框选毛发，但此时创建的选区不够精确，毛发边缘会带杂色。

因此需要点击属性栏中的“选择并遮住”，如图 3-58 所示。进入“调整边缘”界面，用调整边缘画笔工具涂抹选区，实现高精度地选择毛发，消除选区边缘的背景色。

30　0°　对所有图层取样　增强边缘　选择主体　选择并遮住 ...

图 3-58　属性栏

创建选区后，点击上方的“选择并遮住”，在“视图”中选择“黑底”，在跳出来的工具栏中选择调整边缘画笔工具。选择拓展检测区域，可以对边缘没有选中的区域进行涂抹，以扩大选区，把漏选的内容重新选中，多选的内容删掉，如图 3-59 所示。

图 3-59　用“拓展检测区域”扩大选区

选择“恢复原始边缘”，可以对调整后不满意的地方进行涂抹，恢复原始边缘，如同一个橡皮擦的功能，如图 3-60 所示。

图 3-60　用“恢复原始边缘”恢复选区

创建好选区之后，选择菜单栏中的“选择”→“反选”或按“Shift+Ctrl+I”组合键反选选区，然后按“Ctrl+J”组合键执行图层拷贝，这样就可以将所需的物体抠取出来。

例： 抠取图片中的玩偶，效果如图 3-61 所示。

图 3-61 使用调整边缘画笔工具抠图

2. 抠取半透明物体

在进行抠图时，除了毛发类商品需要复杂抠图以外，像薄纱和水等半透明物体，也是我们在进行抠图时常遇到的对象，这时候可以使用通道进行抠图。

打开需要抠图的图片，如图 3-62 所示，打开“通道”面板，分别单击“红”“绿”“蓝”通道，找到主体与背景反差最大的颜色通道，可以看到“蓝”通道中物体与背景的明暗对比最清晰，如图 3-63 所示。

图 3-62 需要抠图的图片

图 3-63 “红”“绿”“蓝”通道

选中“蓝”通道并将其拖动到创建新通道按钮 上，复制“蓝”通道，得到“蓝 拷贝”通道，如图 3-64 所示。

图 3-64　复制“蓝”通道

选择“图像”→“调整”→“色阶”或按“Ctrl+L”组合键，弹出“色阶”对话框，在“输入色阶”选项组中，调整阴影滑块、中间调滑块和高光滑块，提高主体和背景的对比度，如图 3-65 所示。

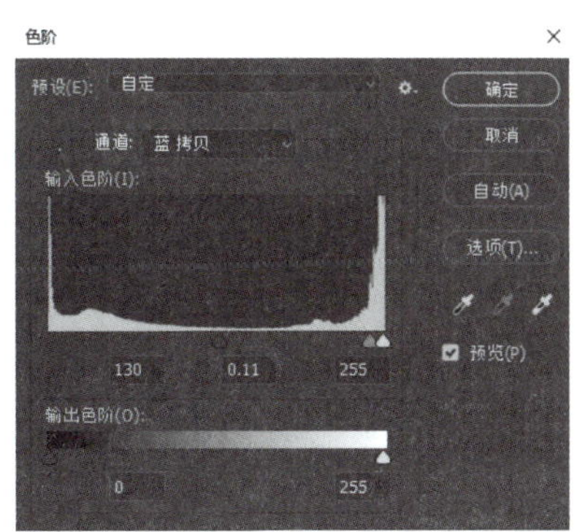

图 3-65　调整色阶后的效果

选择画笔工具，将前景色设置为黑色，涂抹水果；然后降低该工具的不透明度数值，涂抹水花，使水花处于半透明状态，如图 3-66 所示。

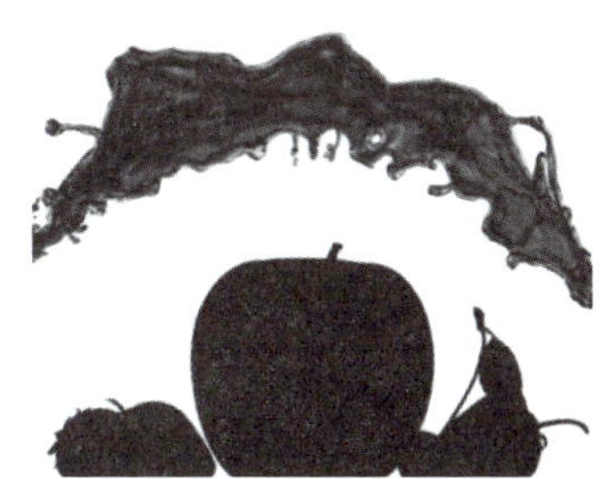

图 3-66　使用画笔工具涂抹后的效果

在通道面板中，按住 Ctrl 键的同时单击“蓝 拷贝”通道缩略图，将图形载入选区，如图 3-67 所示。选择菜单栏中的“选择”→“反选”或按“Shift+Ctrl+I”组合键反选选区，如图 3-68 所示。

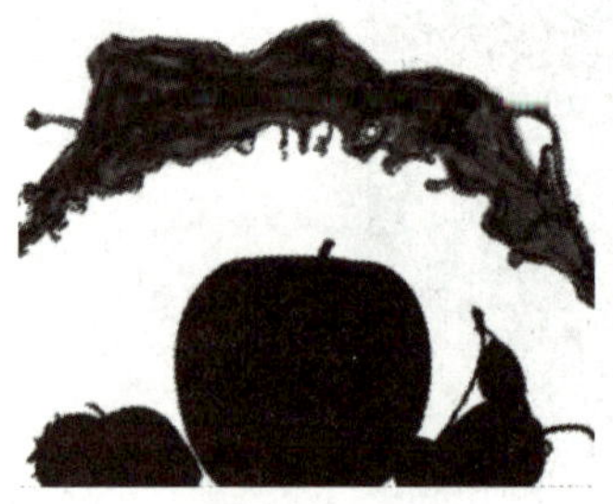

图 3-67 载入选区

图 3-68 反选选区

选择“RGB”复合通道，返回“图层”面板，选中“背景”图层，按“Ctrl+J”组合键执行图层拷贝新建命令，此时可以看到图层 1 中就是我们抠取好的图片，如图 3-69 所示。

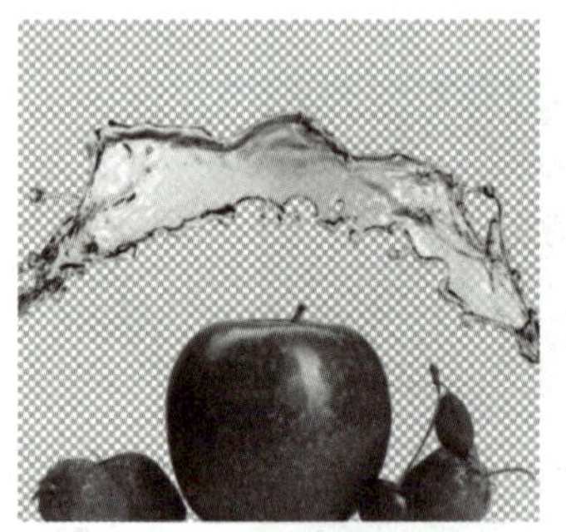

图 3-69 抠取后的效果图

练一练

美工小李收到了运营人员发来的图 3-70，希望小李能帮忙对图中穿婚纱的人像进行抠图。你知道这类型的半透明抠图该怎么做吗？

图 3-70 人物婚纱照

学习任务 2 产品主图制作

主图作为传递信息的核心，需要具有视觉吸引力，使客户产生点击的欲望，从而进入商品详情页浏览更多信息。在跨境电商平台中，产品刊登需要上传多张主图，包括能够直观体现商品全貌的白底图以及便于消费者代入使用场景的场景图，有利于向客户全方位展示商品的状态。

因此本学习任务主要从以下两个方面展开讲解：:

- 场景图制作
- 白底图制作

活动 1 场景图制作

优质的场景图视觉效果突出，可以提升买家浏览体验，放大产品卖点，进而提高商品转化率，对导购转化有明显的正向提升效果。

一、格式规范

如果卖家发布的场景图不符合平台的规范要求，将会直接影响相应商品的曝光，以及商品参加平台营销活动的入选概率。以下介绍场景图的格式规范。

1. 尺寸

由于各跨境电商平台关于产品刊登的要求各异，因此各平台关于主图的尺寸规定有所不同。几大常见跨境电商平台的主图差异如表 3-10 所示。

表 3-10 跨境电商平台主图尺寸要求

平 台	主图尺寸要求
亚马逊	主图比例有 1∶1 和 1∶1.3 两种： ① 1∶1 比例主图的尺寸设为 1 200 像素 ×1 200 像素较为合适； ② 1∶1.3 比例主图的尺寸要求单边像素不低于 1 000 像素。 主图尺寸在 1 000 像素 ×1 000 像素以上可使用放大功能
速卖通	主图比例有 1∶1 和 3∶4 两种： ① 1∶1 比例主图的尺寸不小于 800 像素 ×800 像素； ② 3∶4 比例主图的尺寸不小于 750 像素 ×1 000 像素
eBay	500 ～ 1 600 像素之间的方形图片，超过 800 像素有放大功能
Wish	建议尺寸：800 像素 ×800 像素
Shopee	建议尺寸：1 024 像素 ×1 024 像素（小视频需要用 APP 上传）

2. 格式大小

跨境电商平台普遍支持上传 jpg、jpeg、png 格式，但对于上传图片的大小要求有差别，速卖通要求上传图片大小不超过 5 MB，而 eBay 建议图片大小不超过 7 MB，Shopee 则要求每张小于 2 MB。

速卖通平台
商品图片规范

3. 背景

如亚马逊和 eBay 等多数跨境平台普遍要求图片最好是白色为主的纯色背景，而 Shopee 与速卖通在此基础上，允许展示产品的使用情况和其他类似情境，如实物场景、模特演示等，如图 3-71 所示。

图 3-71　场景图示例

二、设计说明

合格的场景主图应以突出商品为主，在视觉效果上需要让客户一眼看出图片所展示的重点。以下介绍场景图的设计要求和设计禁忌。

1. 设计要求

场景图可以表达多 SKU、套装、配件等产品属性信息，设计重点是需要突出主体，在主图中添加过多配套商品导致重点模糊的做法是不可取的。少数平台允许借助场景和模特来辅助说明商品的使用方式、使用效果、使用场景、品牌调性等，如速卖通和亚马逊平台。

2. 设计禁忌

各大跨境电商平台普遍要求，不允许场景主图中出现水印、品牌 logo、任何形式的边框以及促销信息等（如图 3-72 所示），同时需保证产品主体清晰可识别，且在产品信息方面杜绝违禁商品、敏感类目、政治敏感、宗教敏感等。

（a）不要有品牌、国旗等标识

（b）不要用拼接图的形式

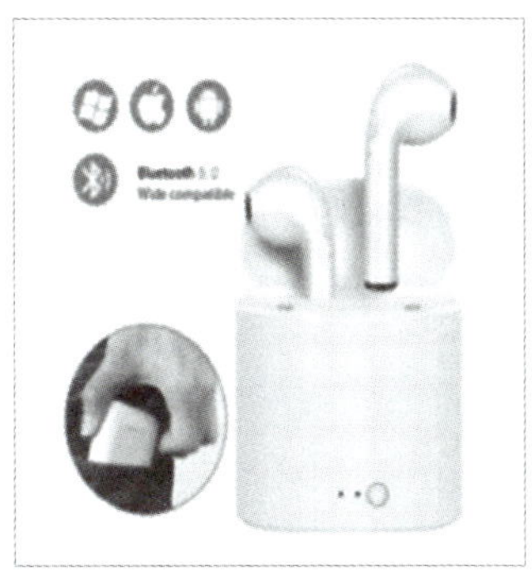
（c）不要有产品功能介绍

（d）不要有价格相关价格优惠信息

（e）不要有边框、装饰图形、文字

图 3-72　不允许出现的场景图类型

3. 常见类型

场景图除了利用模特与使用场景来体现产品之外，还包括以下类型：

（1）产品分解图

对于较为复杂或功能较多的产品，分解图可以使买家更加了解产品的构造和部件，从而减少购买前的疑虑。

例： Kitchen Sink 产品将各个部件进行分解展示，如图 3-73 所示，让买家能更加直观地了解产品的细节，更能说服那些摇摆不定的买家。

图 3-73　产品分解图

（2）产品尺寸图

产品的尺寸属于产品的关键信息。对于一些与尺寸密切相关的产品，尺寸图是必不可少的。例如衣柜门和水龙头等，尺寸稍有偏差就无法使用。因此，产品尺寸图也是必需的。如图 3-74 所示。

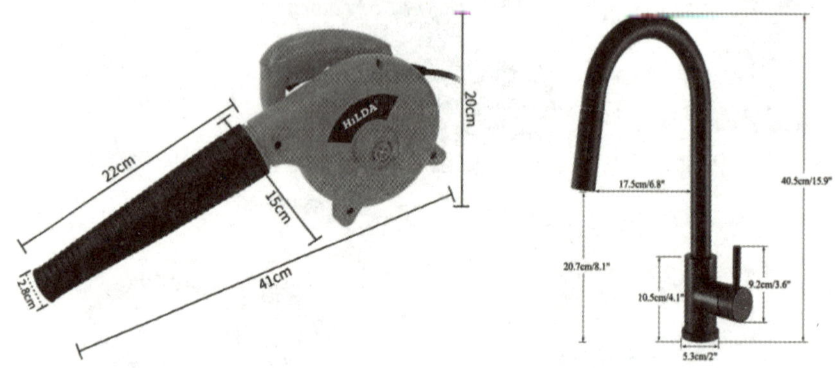

图 3-74　产品尺寸图

（3）使用说明图

对于一些使用方法较复杂的产品，买家购买之后可能需要研究使用方法，卖家可以在场景图中介绍或展示该产品的使用方法，如图 3-75 所示。

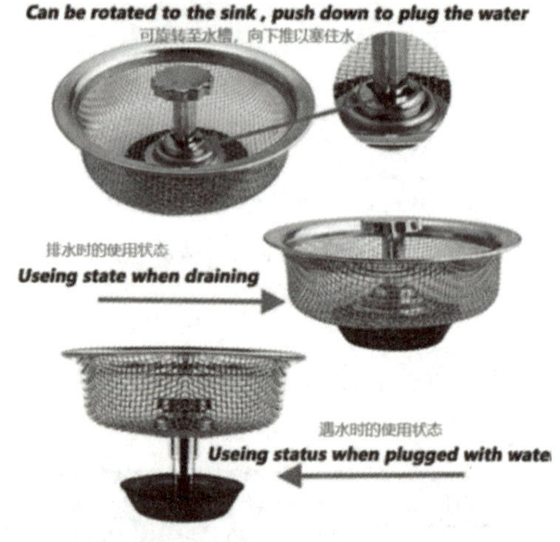

图 3-75　使用说明图

活动 2　白底图制作

跨境电商平台中，卖家报名任何平台活动，系统会自动引用白底图，因此白底图是主图中不可或缺的，同时在上传白底图时需要注意其格式规范和设计要求。

一、格式规范

卖家发布的白底图要符合平台的规范要求，如果图片不符合要求，将会直接影响相应商品的曝光，以及商品参加平台营销活动的入选概率。

1. 尺寸

白底图通常要求比例为 1∶1，其他要求与场景图相同。注意白底图的大小也要符合各平台的要求，否则将被拒绝上传。

2. 格式

白底图与场景图的格式大小要求一致，支持 jpg、jpeg、png 格式。而亚马逊平台接受 JPEG（.jpg）、TIFF（.tif）或 GIF（.gif）文件格式，但首选 JPEG。

3. 背景

不同平台的要求有差异，如速卖通要求白底图背景为纯白色或全透明；亚马逊则要求背景必须是纯白色，RGB 值为 255，255，255，如图 3-76 所示。

图 3-76　正确白底图示范

二、设计要求

白底图除了需要保证白色背景之外，还包括以下几点设计要求：

1. 主体要求

白底图的主要作用是展示商品，因此商品主体需居中正面展示，并与四周保持一定间距。在速卖通平台上，商品主体大小至少应占据图片的 70%，建议不小于 50 像素，如图 3-77 所示。亚马逊平台中，商品主体最好占据图片约 85% 的空间。

图 3-77　速卖通白底图示例

2.logo 与文字

白底图中禁止出现汉字和多余的营销内容，如降价提醒、卖点词汇等，同时不能凸显品牌 logo。错误示例如图 3-78 所示。

图 3-78　白底图错误示例

3. 拍摄要求

跨境电商平台普遍要求，白底图中的商品主体须是实际产品的专业摄影照片，不能是软件制图、插画、实物模型等，且不能展示不出售的配件、包装、多 SKU 以及可能令消费者产生困惑的支撑物等。错误示例如图 3-79 所示。

图 3-79　拍摄照片错误示例

学习任务 3　产品详情页制作

详情页是由焦点图、卖点图、信息图以及细节图等模块组成，设计上更多是对商品卖点进行视觉提炼和表达的过程，且要随着市场变化不断进行优化。

因此本学习任务主要从以下四个方面展开讲解：

- 焦点图制作
- 卖点图制作
- 信息图制作
- 细节图制作

活动 1　焦点图制作

焦点图突出商品的核心卖点，引起客户的兴趣，不但能体现商品的定位，还能凸显商品品质，是决定商品视觉效果好坏的重要因素。

一、表现形式

在详情页焦点图的设计中，常用的表现形式有三种，分别是放大商品、表现场景和立体摆放（如图 3-80 所示）。

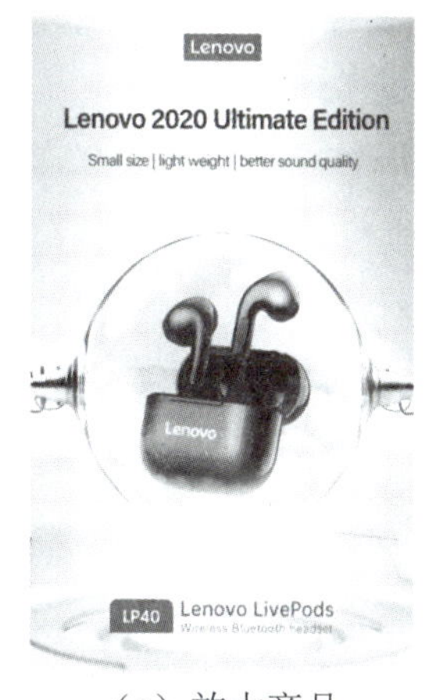

（a）放大商品

（b）场景展现

（c）立体摆放

图 3-80　焦点图的三种表现形式

1. 放大商品

放大商品是一种比较常用的焦点图视觉表现形式，对与科技有关的商品更为适用。只要将背景、文案以及放大或局部放大的商品图片相互结合，就可以做出很出色的焦点图。从整体来看，这种焦点图设计有以下几点优势：

（1）画面整体简洁、大气，视觉的流畅性以及可读性很强，给人的视觉感受很舒服，有种品牌感、高级感。

（2）绝对的商品核心，直奔主题，而且因为增大了商品占画面的比例，不会给人一种缺少内容，或者空的感觉，整体视觉重点很明显，没有太多辅助性的元素分散客户注意力。

（3）背景设计很有特点，看似都是简单的颜色背景，实则特点突出。

例：如图 3-81 所示为不同类目的商品放大形式的焦点图设计。

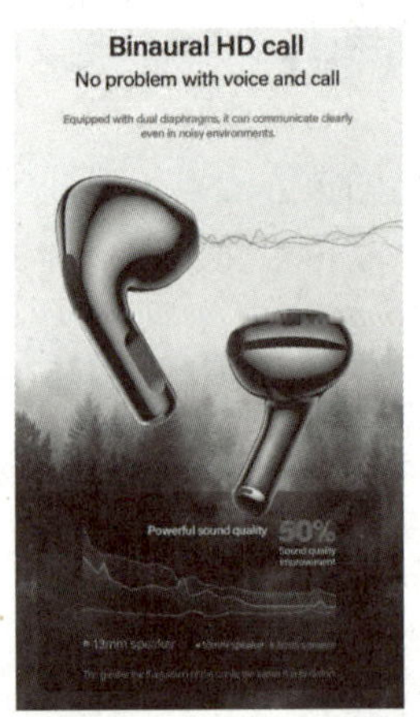

图 3-81　商品放大焦点图示例

2. 表现场景

表现场景，就是将商品置于某一个生活使用场景内，这样做的目的在于提升客户对商品用途、功能、卖点等方面的视觉代入感，既体现了视觉，又兼顾了商品，给客户形成的视觉感受更加形象、立体、鲜明。

例: 如图 3-82 所示为不同类目的场景表现形式的焦点图设计。

图 3-82　场景表现焦点图示例

3. 立体摆放

立体可以理解为三维的形式，立体摆放就是结合透视理论来实现立体感的商品摆放，场景不会太过于复杂，以突出商品为主。立体摆放也是很常见的详情页焦点图表现形式。这种焦点图设计的优势在于局限性很小，适用于很多商品，偏百搭型。

例： 如图 3-83 所示为不同类目的立体摆放形式的焦点图设计。

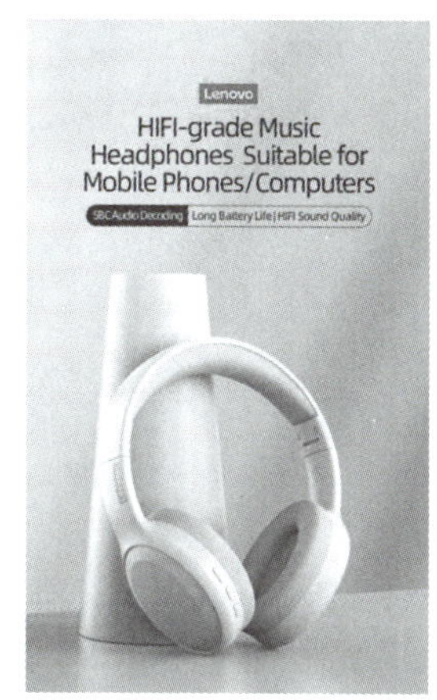

图 3-83　立体摆放焦点图示例

二、设计规范

正是由于焦点图的重要性，很多设计师一味强调视觉呈现，不惜用各种元素、特效去堆砌，但这种做法反而会事与愿违。我们在设计焦点图时，不用做得太过于复杂，只要遵循以下规范即可：

（1）明确商品主体，突出商品优势，表达出商品的核心卖点。

（2）注重视觉流畅性，商品图片要处于视觉焦点，文案与视觉所传递的信息能一目了然，不要对客户造成阅读困难。

（3）设计上要遵循“少即是多”的原则，简洁、大气的视觉感受更有冲击力，过多、复杂的元素添加反而会影响视觉传达。

活动 2　卖点图制作

卖点图可通过展示商品的竞争力卖点来吸引客户，让客户对商品的特点和优势能一目了然，从而产生购买欲望。下面介绍卖点图的表现形式和制作规范。

一、表现形式

在详情页卖点图的设计中，常用的表现形式可以概括为两种：一是对商品卖点的高度提炼，让卖点组合展示；二是对商品卖点的依次详细说明，如商品的属性、功能、口碑、品牌理念等。

例： 如图 3-84 所示为不同商品的卖点图设计，它们各自总结提炼出了商品的卖点，并运用了不同的设计手法来组合展示卖点。

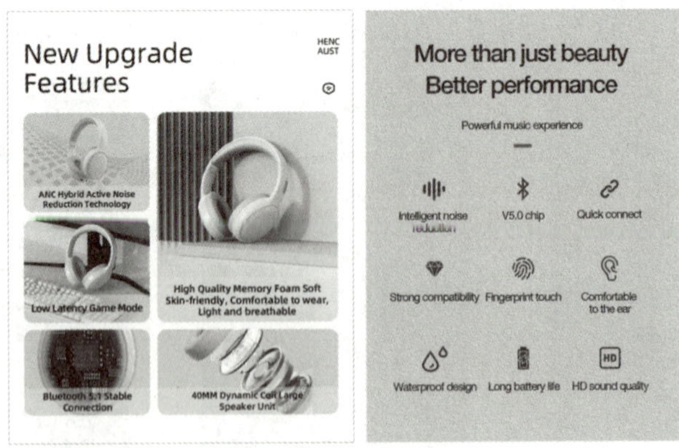

图 3-84　卖点组合展示示例

例： 如图 3-85 所示为同一品牌耳机的卖点图设计，图中依次对耳机的不同卖点进行了详细描述。

图 3-85　卖点详细描述示例

在选择卖点图表现形式时，不必过分拘泥于某一种，以上两种表现形式可以结合使用，如"总—分""总—分—总"形式也是非常广泛使用的。

二、设计规范

卖点图是详情页设计与营销的重点部分，对商品转化率的高低有着直接影响。因此我们在设计卖点图时，要遵循以下规范：

（1）卖点要独特，有竞争力，有足够的说服力，能打动客户。这就要求卖点与客户利益息息相关，如面膜美白、补水等。

（2）卖点图的文字表达要精练，不宜过多，并且文字排版要遵循"亲密、对齐、重复和对比"构成原则。

（3）卖点图的整体视觉设计要协调，要突出卖点。

活动 3　信息图制作

信息图能展现商品的具体参数，如尺寸、重量、材质、厚薄等。这些信息客户无法通过肉眼获取，因此需要制作参数图进行说明，从而让客户对商品有更准确的了解。下面介绍信息图的表现形式和制作规范。

一、表现形式

信息图的表现形式是多样化的，要根据商品参数的数量来灵活设计。在网店详情页中，适用性比较广泛的表现形式有三种，分别是通栏文本、表格样式和两栏排列，三者的区别用简图表示，如图 3-86 所示。

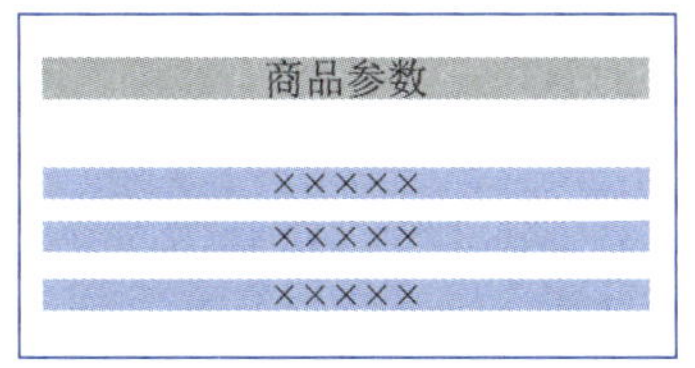

(a) 通栏文本

商品参数

(b) 表格样式

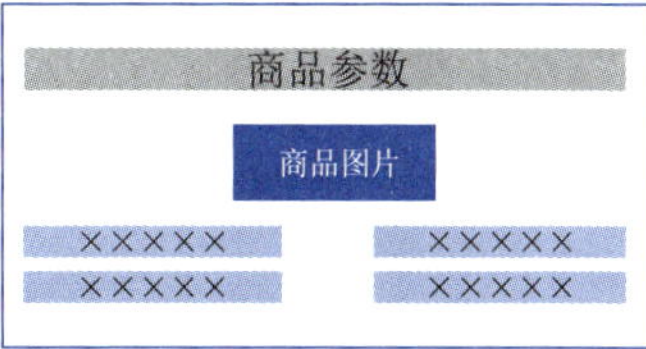

(c) 两栏排列

图 3-86　信息图的三种表现形式

1. 通栏文本

当商品参数较少时，直接输入参数文本并调整好文字对齐方式和间距即可。

例： 如图 3-87 所示为通栏文本形式的信息图设计。

图 3-87　通栏文本信息图示例

2. 表格样式

顾名思义，表格样式就是使用表格来呈现商品参数信息的方式，经常会使用色块来修饰表格区域。这种方式可以比较全面地反映出商品的特性、功能和规格等，在电器、手机、家居等类目中应用得比较广泛。

例： 如图 3-88 所示为表格样式的信息图设计。

Product parameter comparison	Standard money	High-end model
Battery capacity	1800mAh	2200mAh
Third tone temperature	—	✓
30 seconds delay turn off the light	—	✓
Turn up the brightness in third gear	✓	✓
No blue light hazard	✓	✓
No video flash	✓	✓
Glare suppression	✓	✓
Color rendering index	CRI>90	CRI>90
Machine power	5W	5W
Power interface	USB Type-C	USB Type-C
Adjustable brightness	✓	✓
Body color	The moon is white.	The moon is white.
Product size mm	284 * 38 * 35	284 * 38 * 35
Packing list	Cool lamp, rubber base with back, 1.2m USB wire (without plug), instruction manual	

图 3-88　表格样式信息图示例

3. 两栏排列

两栏是指通过左右两栏或上下两栏的方式排列商品参数模块，要调整好商品参数文字的间距、对齐方式、大小等，可以搭配形状或线条来做区域分割。对于有尺寸规格的商品，还可在商品图上添加尺寸标注。

例：如图 3-89 所示为两栏排列的信息图设计。

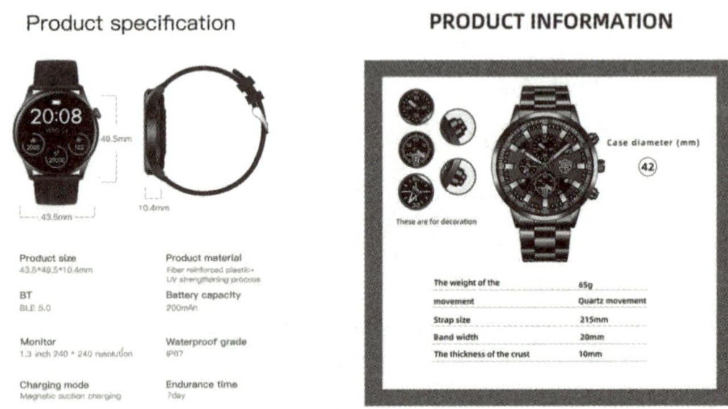

图 3-89　两栏排列信息图示例

二、设计规范

信息图的设计相对来说比较简单，但这块内容对于客户了解商品来说又相当重要。因此我们在设计信息图时，要遵循以下规范：

（1）要尽可能全面地展现商品参数信息，并且要对客户最关心的参数做重点说明，如鞋子的尺码、箱包的尺寸等。

（2）不要做过多的修饰，视觉呈现要简洁明了，做到让客户一目了然。

（3）参数文字的排列不要太过于拥挤，可通过线条、颜色、距离等方式对参数信息做区分。

活动 4　细节图制作

细节图通常位于商品信息图之后，在设计上通过错落有致的排版，有条理地展示出商品的细节特征，从而使客户对商品自身的品质有更深的了解。下面针对详情页细节图的表现形式和制作规范进行介绍。

一、表现形式

细节图通过展示商品各个方面的细节图片，加以文字辅助说明，向客户直观地展示商品的特征，打消购买顾虑，建立更深的信任感。表现形式一般分为两种：一是同时放置商品整体和细节图，并且细节图与商品整体构成对应关系；二是对细节图进行单独展示。在设计细节图时，这两种表现形式可选择其中一种，也可结合使用。

例： 如图 3-90 所示为洗护用品的细节图设计，虽然设计比较简单，但可以明显看出采用了同时展示商品整体和细节的表现方式。

图 3-90　细节、整体同时展示示例

例： 如图 3-91 所示为同一品牌化妆刷的细节图设计，图中依次对化妆刷的细节进行了单独展示。

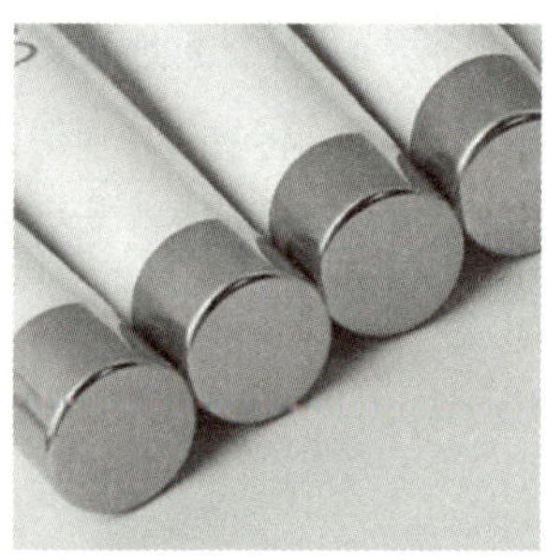

图 3-91　细节图单独展示示例

两种细节图的表现形式有多种排列布局形式，且因设计师的个人风格不同，在视觉呈现上也会形成较大的差异。下面列举几种比较主流的细节图排列布局，用简图表示如图 3-92、3-93 所示。

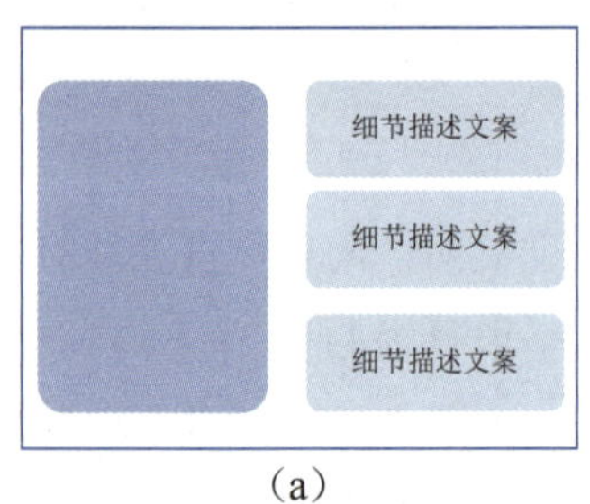

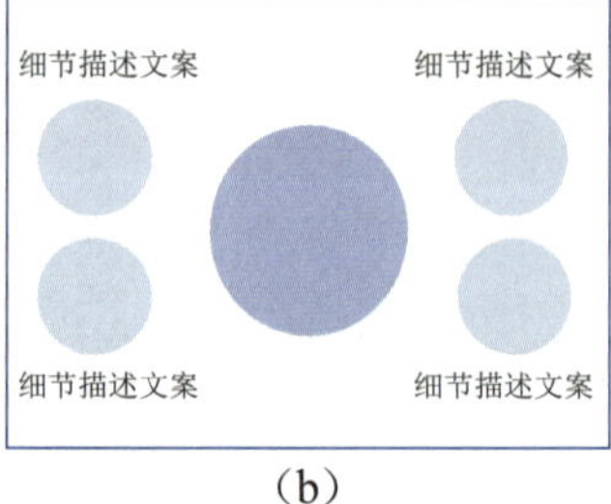

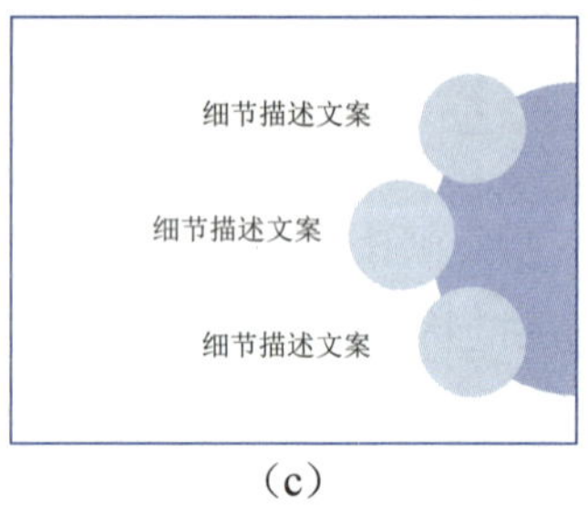

图 3-92　细节图布局简图——细节同时展示

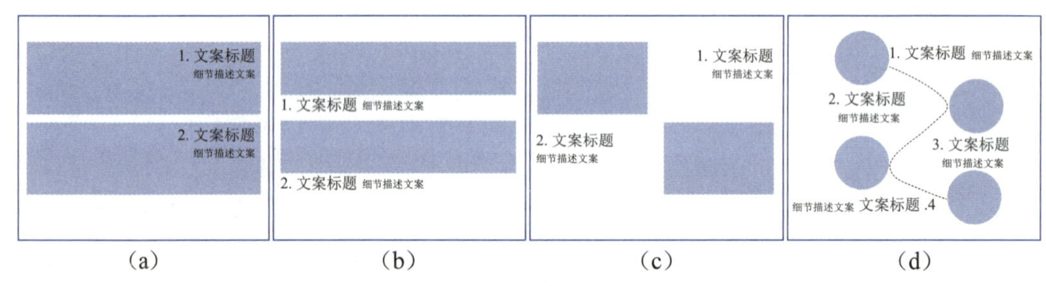

图 3-93　细节图布局简图——细节单独展示

二、设计规范

不同类目的商品细节图内容不同，因此在设计细节图时，要根据商品本身的特点、卖点和优势进行细节展示，并且要遵循以下规范：

（1）细节图版面设计讲究工整、美观和流畅的阅读体验。

（2）商品细节图的选择一定要清晰，放大后也不模糊，不要出现偏色。

（3）在制作细节图时，要注重展示的逻辑性，要有条不紊地引导客户完整浏览商品信息，必要时可以借助几何图形来进行合理分割。

（4）文案表述要精练、准确，能让客户快速理解。

学习任务 4 产品发布与管理

产品是网店的核心和生命线，产品的质量和价格决定了网店的成败。网店需要有技巧地撰写产品标题，以及进行良好的产品发布和管理，以确保产品的质量和价格能满足客户需求。

因此本学习任务主要从以下三个方面展开讲解：

➤ 产品标题撰写

➤ 产品上架

➤ 店铺产品管理

活动 1 产品标题撰写

产品标题是卖家为产品撰写的名称，好的标题能为产品带来更多的展现和点击。商品标题是关键词的直接体现，卖家需掌握关键词挖掘方法，完成标题撰写。

一、关键词挖掘

关键词的好坏直接影响买家能否搜索到卖家的商品，把握好标题关键词能更好地了解市场，为标题的设置奠定数据基础，进而设置出高质量的商品标题。下面介绍几种通用的挖掘关键词的方法。

1. 搜索框下拉列表

一般搜索框下拉列表中的词具有很强的参考意义，它们是速卖通平台根据买家搜索习惯推荐的词，如图 3-94 所示。卖家可以将这些关键词进行整理与筛选，从中选择与自己商品相关性较高的关键词作为标题设置的备选关键词。

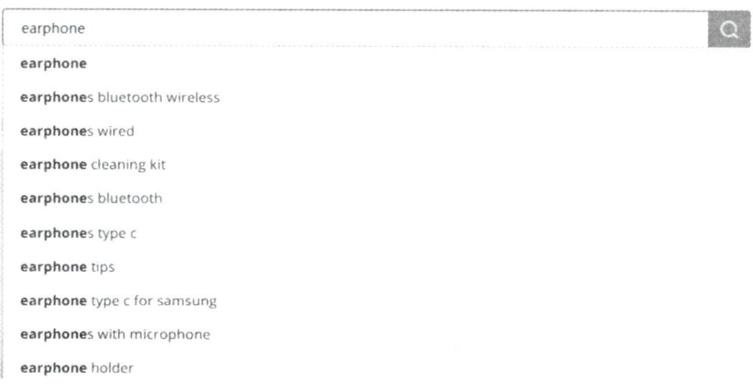

图 3-94 首页商品类目名称

2. 商品所属的类目

商品所属的类目名称，这些词都属于热门关键词，且与商品具有非常紧密的相关性，如图 3-95 所示。

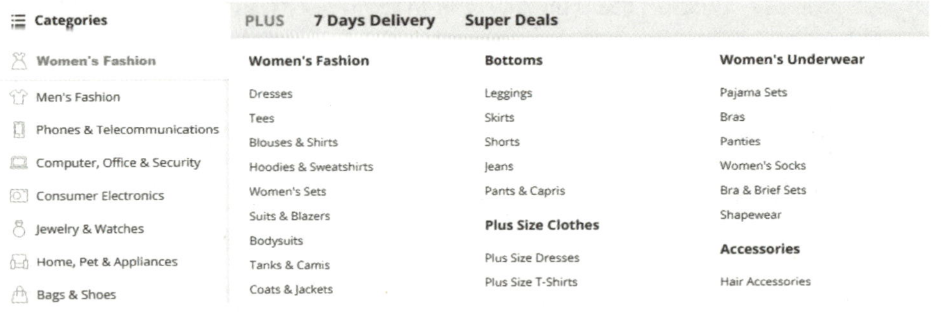

图 3-95　首页商品类目名称

在搜索结果页面左侧也会有系统列出的商品类目，以及与商品规格相关的关键词，如图 3-96 所示，这些词也可以作为商品标题设置的备选词。

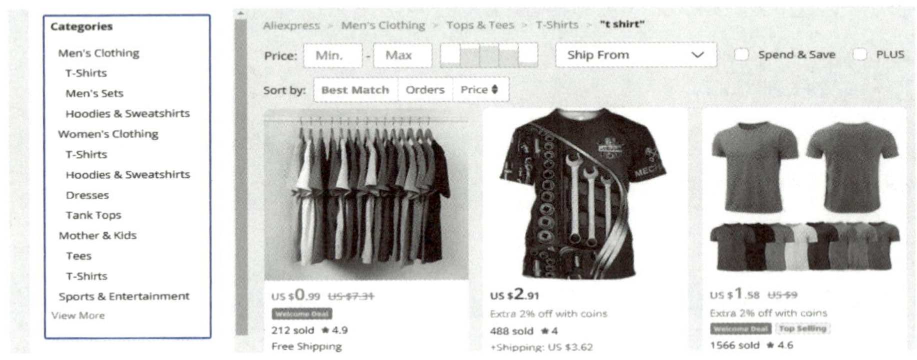

图 3-96　搜索结果页面商品类目

3. 其他卖家的关键词

卖家可使用商品的核心关键词在搜索框中进行搜索，在搜索结果页面中将销量较好和评分较高的 listing 标题搜集起来，将其复制在 Excel 表中（5 ～ 10 条即可），并对这些标题进行观察和分析，从中找出人气卖家经常使用的关键词，并逐层过滤筛选，最终选出适合自己商品的关键词。

4. 其他平台商品标题

eBay、亚马逊、速卖通、Wish 等知名跨境平台上通常有大量同款商品，卖家可在不同平台找到很多与自己商品相关的关键词。用不同关键词在搜索栏中进行搜索，可得到有用关键词，并进行筛选，选择与自己商品相关性高的关键词。

二、产品标题写作

准备好关键词之后，卖家就可以运用关键词来撰写标题。只有巧妙运用关键词来组成标题，才能让标题更容易被客户搜索到，并具备更高的系统推荐权重。标题的撰写需要牢记公式：

品牌名 + 主关键词 +2 ～ 3 个表现产品功能属性的关键词 + 适用范围 + 规格

1. 产品标题组成

根据标题撰写公式，产品标题主要由以下几部分组成：

（1）品牌名

添加品牌名能起到宣传的作用，让客户注意到品牌，培养客户忠诚度。

例：NIKE（耐克）、adidas（阿迪达斯）等。

（2）主关键词

客户搜索最多、热度最高的关键词，更容易被客户搜索到。

例：Boot（靴子），Trousers（裤子），Dress（连衣裙）。

（3）体现产品功能属性的关键词

搜索量高，组合成长尾词，展现产品功能，吸引注意。

例：collect waist dress（收腰长裙）、pure color trousers（纯色长裤）等。

（4）适用范围

说明适用场景、人群等，让客户一眼就能判断自己是否需要。

（5）规格

包括颜色、风格、型号、数量等，非必选项。

2. 正确标题示范

标题中需要做到简洁，同时包含应有的要素。

例：New Bee Bluetooth Earpiece V5.0 Wireless Handsfree Headset 24 Hrs Driving Headset 60 Days Standby Time With Noise Cancelling Mic Headsetcase for iPhone Android Samsung LapTop Trucker Driver。

译文：New Bee 蓝牙耳机 V5.0 ｜无线免提｜满足 24 小时驾驶使用｜待机 60 天、带降噪麦克风、头戴式｜适用于苹果、安卓、三星笔记本、卡车司机。

根据对上述产品标题的分析，对标题的拆解如下：

（1）品牌名：New Bee

（2）主关键词：Bluetooth Earpiece

（3）表现产品功能属性的关键词：Wireless Handsfree Headset、24 Hrs Driving Headset、60 Days Standby Time With Noise Cancelling Mic Headsetcase

（4）适用范围：for iPhone Android Samsung LapTop Trucker Driver

卖家的智慧是无穷的，官方并没有强制要求必须按照它给的格式写标题，如果卖家有更好的选择也可以发挥自己的主观能动性。

3. 标题写作注意事项

优质的商品标题应能够突出商品的卖点，包含商品属性等。在设置商品标题时，卖家需要注意以下几点。

（1）符合语法规则

商品标题要真实、准确地概括描述自己的商品，标题书写符合海外买家的语法习惯，没有错别字及语法错误。

（2）注意格式和符号

标题中除介词（in、on、with 等）、冠词（the、a、an 等）、连词（and、or 等）以外，其余首字母都要大写。善用破折号“-”和逗号“,”,能提升阅读体验。但不要使用“！、*、@、#、？”之类的符号。

（3）避免虚假描述

标题切记避免虚假描述，速卖通有算法可以监测此类作弊商品，而且虚假描述也会影响商品的转化率，得不偿失。

例: 卖家销售的商品是 iPhone 12，但为了获取更多的曝光，在标题中填写类似“iPhone 13、iPhone 14”的描述，就属于虚假描述。

（4）避免关键词堆砌

标题中切记避免关键词堆砌，被判定为堆砌的标题不能帮助提升排名，反而会被搜索降权处罚。

例: 标题内同时出现“mp3，mp3player，music mp3player”。

练一练

【产品特点】

场合：日常、通勤；　　材质：针织、羽绒；　　款式：圆领长袖开衫

装饰：纽扣、蝴蝶结；　　风格：休闲、宽松

请根据以上产品特点撰写一款女式上衣的产品标题。

【参考答案】

Women's Long Sleeve Open Front Short Cardigan Casual Loose Crew Neck Solid Button Down Knit Cardigan Sweaters Outwear with Bow（女式长袖开襟短开衫休闲宽松圆领实心纽扣羽绒针织开衫毛衣带蝴蝶结外套）

活动 2　产品上架

除了标题撰写之外，产品上架还包括选择商品类目和填写商品信息等几个关键步骤，正确填写商品才能更好地进行销售。

一、选择商品类目

类目的选择决定产品信息在平台中的位置，如果位置安放不当不但会被忽视，还会误导客户。因此在发布产品之前，产品类目要选择正确。

类别选择中不要随意，确定好自己的产品是否属于这个类别。如果无法判定，可在搜索框中输入英文关键词自动查找类目，如图 3-97 所示。

图 3-97　产品类目选择

二、填写产品信息

跨境电商商品发布需要填写详细的产品信息，以便于客户搜索，了解商品的外观、价格、参数等信息，从而进行购买。完善的产品信息包含产品的基本信息和详情描述两部分内容。

1. 基本信息

基本信息指的是发布商品时必须填写的产品信息，依照跨境电商平台的特性，主要包括以下几项：

（1）产品属性

产品属性是指平台对产品规格、功能等描述的选择，包含系统定义属性和自定义属性两个方面。如图 3-98 所示为速卖通产品属性填写页面，自定义属性的填写可以补充系统以外的信息，让买家对产品了解得更加全面。

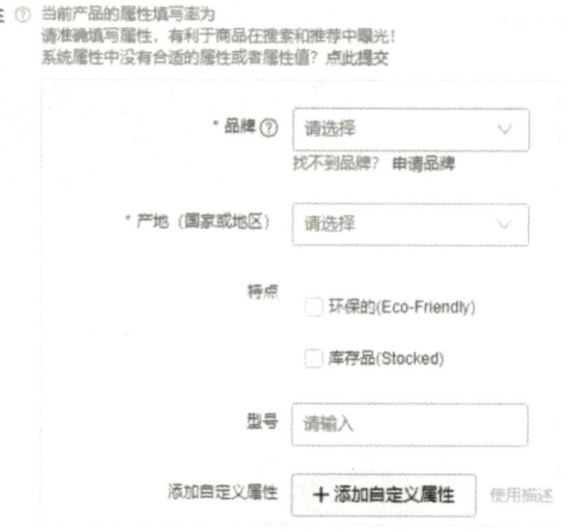

图 3-98 产品属性

（2）产品标题

标题要注意字符限制，如敦煌网不能超过 150 个英文字符，速卖通不能超过 128 个英文字符（如图 3-99 所示）。要尽量准确、完整、简洁。可选择发布语系并设置多语言。

图 3-99 标题设置

（3）产品图片

产品的图片能够全方位、多角度展示商品，大大提高买家对商品的兴趣。如图 3-100 所示为速卖通商品主图上传，发布时可选择直接上传或从图片银行中选择，发布图片需遵守平台发布规则，否则可能被驳回。

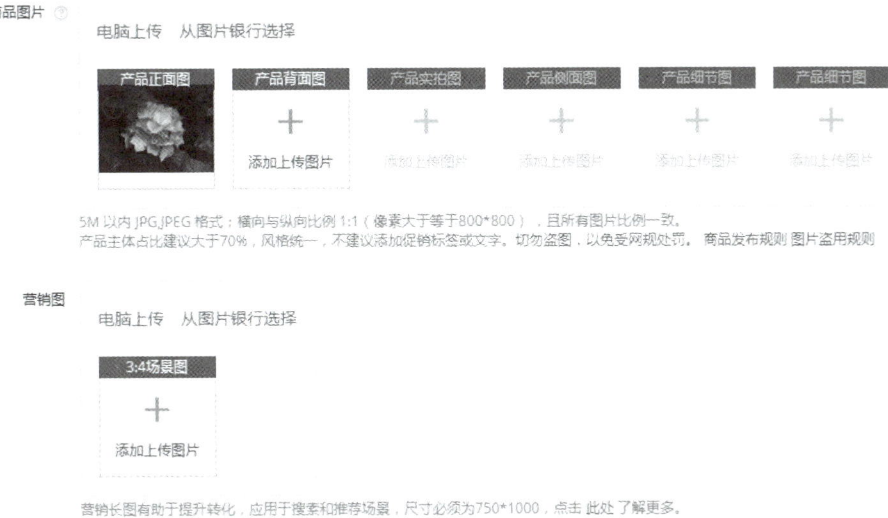

图 3-100　产品图片

（4）包装信息

在不包邮的情况下，系统会根据卖家填写的重量直接计算并显示运费给买家，准确填写包装后重量和产品包装尺寸，避免因填写错误而造成的运费损失和交易性降低。如图 3-101 所示。

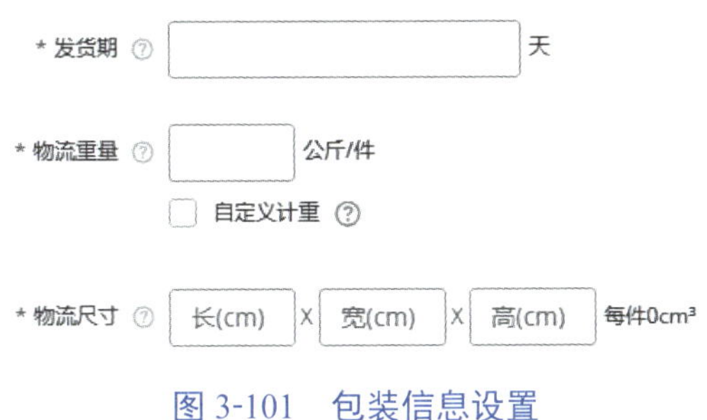

图 3-101　包装信息设置

（5）物流设置

进行物流设置之前需与物流公司确认好价格和折扣，再核算具体的运费标准。由于有多种物流方式可以选择，卖家可将系统提供的所有物流方式设置成运费模板，上传商品时直接选择即可。如图 3-102 所示。

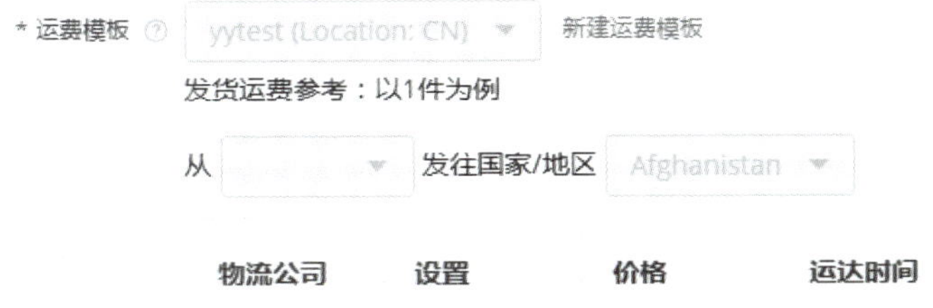

图 3-102　运费模板设置

（6）SKU 与库存

颜色可选择一个或多个，并设置对应的自定义名称或上传 SKU 自定义图片，如图 3-103 所示。尺码可直接勾选，也可以自定义属性值名称，尺码自定义属性值只允许含字母和数字。

图 3-103　颜色设置

多 SKU 商品在设置价格时，首先在标题栏填写价格、库存等信息之后，点击“批量填充”，则全部 SKU 价格被填充。如图 3-104 所示。

在标题栏中输入或选择内容可以进行筛选和批量填充　　批量填充

尺寸	发货地	10000.00	1	12345　5/20
XS	中国			0/20
	美国			0/20
总库存: 0				

图 3-104　批量填充多 SKU 商品信息

2. 详情描述

卖家可以在详情描述中介绍产品的卖点、功能、细节、包装和使用说明等。详情描述是买家从点击到购买至关重要的一环。

（1）PC 端详情描述

卖家可手动在跨境电商平台的详情描述栏中，输入商品详情信息。大部分卖家会将商品的特质、卖点以及详细信息等汇总在详情页中，以图片的形式上传。

例： 以速卖通平台为例，点击图 3-105 中的图标，上传制作完毕的详情页图片，保存后即可在商品详情描述板块显示。

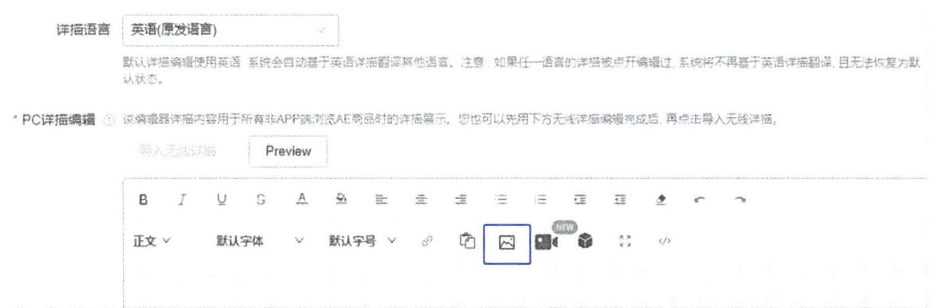

图 3-105　PC 端详情页上传

（2）无线端详情描述

随着移动端购物的普及，eBay、Shopee、亚马逊和速卖通等知名跨境电商平台陆续推出了手机 APP。多个跨境电商平台数据显示，装修了无线端详情描述的产品成交转化远高于没有装修无线端详情描述的商品，更多更高质量的详情描述展示，有助于增加买家的黏性及停留时长。

例： 如图 3-106 所示为速卖通新版详情描述编辑器，可以一键同步 PC 端和无线端详情描述，无须重复编辑。

图 3-106　速卖通新版详情描述编辑器

（3）五行描述

亚马逊平台的详情描述中除了上述内容外，还包括针对产品卖点和销售需求进行的五行描述，或称为“Bullet Point”。五行描述是对产品卖点和销售需求进行有针对性的描述，可引导消费，帮助卖家了解产品，突出产品最重要的卖点。

【以连衣裙为示例的五行描述】

（1）材料：面料——89.5%聚酯纤维，10.5%氨纶；内里——100%棉。

（2）设计：连衣裙有V领荷叶边和花朵印花，令您看起来更加时尚活泼。

（3）佩戴提示：设计宽松，穿着舒适，柔软的材料适合任何季节。

（4）场合：工作、休闲或仅仅作为家居服。

（5）质量保证：100%退款保证。如果您对我们的产品不满意，请随时与我们联系，我们将为您提供快速有效的全额退款或新的替换品。

撰写五行描述时需要注意以下几点：

（1）围绕产品特性，写出自家产品的差异化和创新性。

（2）卖点权重呈递减趋势，将最重要的特征放在第一点，其他卖点依次向下排列。

（3）需要总结出产品的代表性特点，转化为能够解决客户需求点和痛点的文字，避免泛泛而谈。

（4）保持顺序一致，如果第一个商品要点是原产地，那么请为店铺中的所有商品保持相同的顺序。

（5）可以参考同行卖家的产品评论来写。

铺货时需上架大量产品，因此亚马逊添加了“批量上传”功能，此功能允许卖家一次为多个ASIN添加所有缺失的相关属性。卖家可以使用商品信息质量控制面板查看listing的质量。此次更新不仅可以帮助卖家提高商品曝光率，减少退货率，还启用了产品页面浏览量、库存量和销量这三种搜索筛选条件。

活动3　店铺产品管理

为了实现盈利目标，商家需要尽可能避免单一的产品线，并上传大量的商品。在海量的商品中，运营人员需要知道如何查看产品状态和掌握修改产品信息的方法，才能有效提高工作效率。

一、查看产品状态

由于跨境电商平台审核严格，商品点击发布后无法立刻呈现，需要经过审核确认无误后才向卖家展示。产品状态影响产品的实时销售，以下介绍跨境电商平台中常见的产品状态和产品上下架的方法。

1. 产品状态

跨境电商平台中产品状态主要包括正在销售中、草稿箱、审核中、审核不通过和已下架。如图 3-107 所示为速卖通的产品状态。

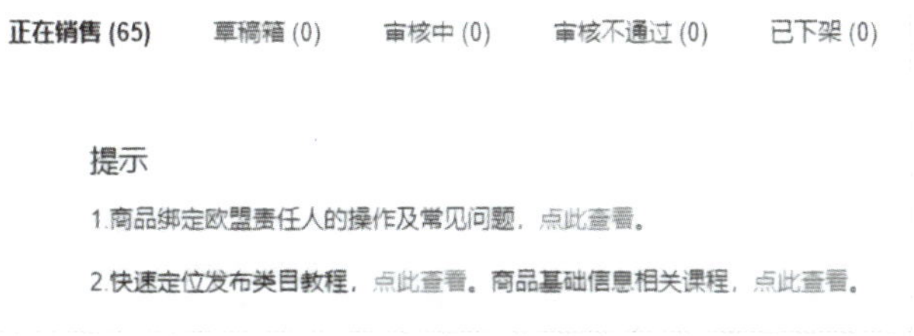

正在销售 (65)　草稿箱 (0)　审核中 (0)　审核不通过 (0)　已下架 (0)

提示

1.商品绑定欧盟责任人的操作及常见问题，点此查看。

2.快速定位发布类目教程，点此查看。商品基础信息相关课程，点此查看。

图 3-107　产品状态

（1）正在销售

该状态说明此时该商品发布成功，正在售卖状态。

（2）草稿箱

在“发布商品”页面单击“保存”按钮，则产品信息保存至草稿箱。以速卖通平台为例，草稿箱保存数量上限为 20，且产品描述图片只保留 15 天，逾期自动删除。

（3）审核中

在“发布商品”页面将商品信息填写完成并提交，系统需要审核信息是否符合平台要求，审核中前端不显示商品信息。

（4）审核不通过

由于各种原因审核失败，商家需检查商品信息中是否有违规、侵权或不实信息，修改之后再提交审核，通过之后即可销售。

（5）已下架

该状态下商品不可购买，前端不显示。下架的原因主要有：商家手动下架、产品时间到期、产品审核不通过、没有缴纳平台相关费用、涉嫌交易违规、涉及品牌或图片侵权等。

2. 产品上下架

产品上下架设置便于运营人员快速管理产品，在发现产品描述有误等情况时可以一键下架，修改后一键上架，节省编辑时间。下面以速卖通平台为例讲解产品上下架设置。

（1）产品上架

进入“商品管理”页面，选择“已下架”栏，选择需要上架的商品（如图 3-108 所示），点击右侧的“操作”→“更多”，点击“上架”即可。

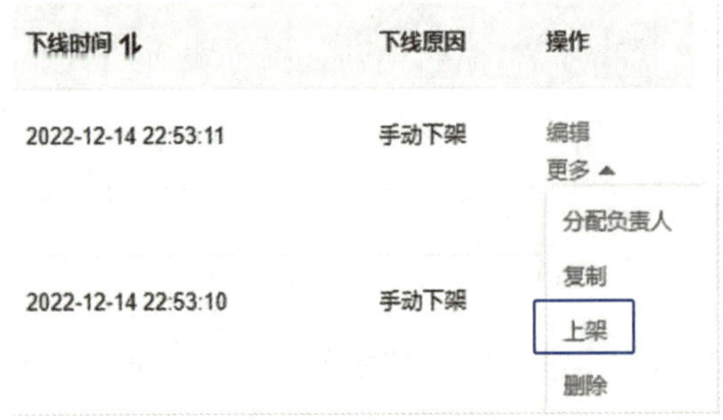

图 3-108　商品上架

（2）产品下架

进入“商品管理”页面，选择“正在销售”栏，选择需要下架的商品（如图 3-109 所示），点击右侧的“操作”→“更多”，点击“下架”即可。

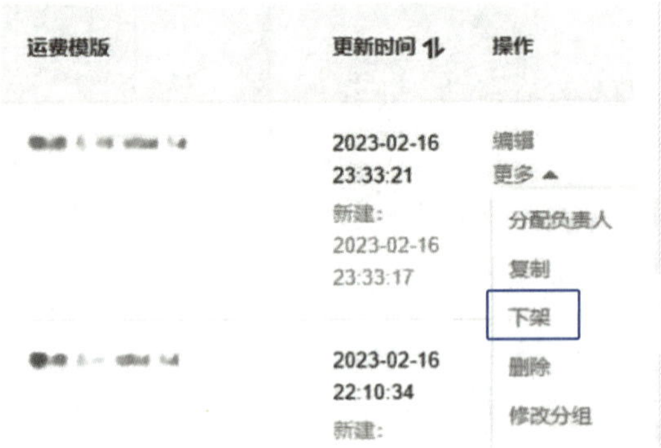

图 3-109　商品下架

二、修改产品信息

商品上传后因库存不足或促销活动等需要修改商品信息，可在“商品管理”页面中找到需要修改的商品，点击“编辑”即可。下面以速卖通平台为例进行讲解。

1. 修改商品价格

进入“商品管理”页面，选择“正在销售”栏，点击右侧的“操作”→“编辑”，在弹窗中的“零售价”一栏中修改价格即可，如图 3-110 所示。

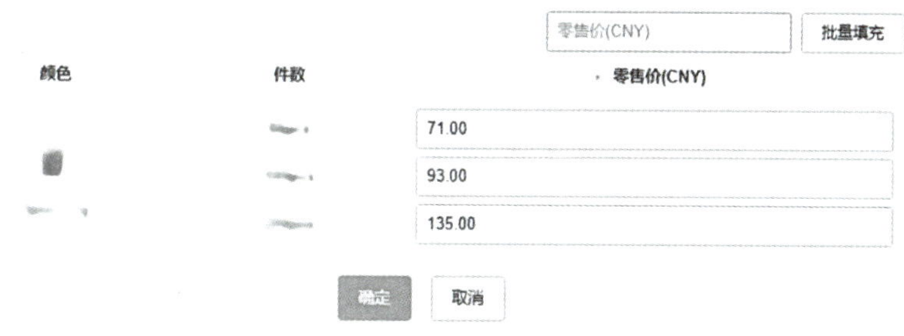

图 3-110 修改价格

2. 修改商品库存

进入“商品管理”页面，选择“正在销售”栏，点击右侧的“操作”→“编辑”，在弹窗中点击修改库存数量即可，如图 3-111 所示。

图 3-111 修改库存

课程总结

经过本次课程的学习，可对跨境电商美工与跨境电商运营的工作内容有一定了解，熟悉图片处理方法，了解主图和详情页的设计规范和制作技巧。身为跨境电商运营专员，应了解各平台图片上传要求，掌握产品标题撰写技巧，熟悉产品发布与管理方法，了解产品上架步骤和关键点，熟悉店铺产品管理步骤。

课后思考

1. 跨境电商平台的主图和详情页要求与传统电商平台有哪些不同？
2. 跨境电商产品刊登的大致流程是什么样的？

延伸拓展

拓展阅读

扫码阅读以下学习资源，拓宽自己的知识和视野：

文章1：如何快速上架亚马逊产品

文章2：速卖通标题的撰写禁忌

文章3：亚马逊产品图拍得好，销量就能上升吗？

文章1

文章2

文章3

思政园地

亚马逊卖家如何防止图片侵权

思政元素：增强规则意识与法治意识。

为了账户安全，防止图片侵权，在亚马逊开店的卖家不能盗用他人图片，产品自身不能存在侵权行为。

1. 禁止盗用他人图片

一般在刊登产品图片时，亚马逊不会判断图片是否存在侵权行为，但如果被图片原创卖家举报了，经亚马逊核实盗图情况属实，则会被亚马逊冻结账户。

最好的办法是卖家自觉删除图片，并主动向图片原创卖家道歉以及保证不再使用，尽量让图片原创卖家撤销投诉。但如果对方不接受，卖家只能进行申诉了。如果申诉失败，则会被亚马逊冻结账户。

2. 注意保存原始图片信息

不排除日后会有别的在亚马逊开店的卖家恶意投诉你所使用的图片存在侵权行为，因此卖家要使用自己的图片时，也要注意对原始图片信息的保存。

3. 产品自身不能存在侵权行为

除了盗图以外，图片里面的产品本身存在侵权行为也需要杜绝。

（1）产品不能印其他品牌的 logo、水印，尤其是各种明星头像、卡通动漫。

（2）在未有授权的情况之下，没有得到品牌官方的授权，不得上架销售。

（资料来源：亚马逊卖家如何防止图片侵权 [EB/OL].（2024-04-10）[2024-09-10].https://global.lianlianpay.com/article_platform_amazon/37-96549.html）

【思考与讨论】

1. 以上案例说明了什么现象？

2. 你认为跨境电商平台中卖家可以如何维护自己的权益？

自我分析与总结

错题整理

学会的内容

总　结

Module 4

模块四　跨境电商交易管理

课时建议：6课时

学生工作页

学习情境

跨境物流管理和店铺订单管理是跨境电商交易的关键环节。在跨境运营工作中，运营人员需要考虑各平台物流规则和货物属性，选择合适的物流方式，并了解各平台运费计算标准，同时还要掌握订单确认与信息修改的技巧，以便顺利进行订单发货工作。切实做好相关的运营工作，能够为店铺节省许多不必要的费用。

学习目标

知识目标	技能目标	思政目标
• 能概述跨境物流方式； • 能简述固定运费模板、差异运费模板设置流程及各平台运费计算方法； • 能认知订单信息并总结订单发货流程。	• 能根据具体情况选择合适的跨境物流方式； • 能正确计算商品的物流运费。	• 坚持问题导向，发扬创新精神； • 强化风险意识、保持遵纪守法的良好习惯； • 保持严谨细致的工作态度。

聚焦竞赛

本模块学习内容聚焦如下竞赛技能标准：

1. 能够了解国际快递、海外仓等国际物流相关知识，为店铺运营选择匹配的物流方式。

2. 能够根据平台规则，进行物流设置。

3. 具备一定的职业素养，能够对物流模板及货件计划的信息进行保密。

4. 具备对不同平台物流规则的学习能力，能够更新并设置物流模板。

5. 能够根据平台物流规则和买家要求，选择匹配的物流方式，并申请货运单号，完成发货通知。

6. 能够根据平台政策和物流规则进行订单审核，处理合并订单、超重物品订单拆分、缺货订单拆分、订单地址错误、通知采购人员采购缺货物品等事项。

7. 能查询店铺订单，识别订单状态，并对订单进行基础操作。

工作准备

1. 认真阅读学习任务书，明确本次工作活动的学习任务要求；

2. 登录任意跨境电商知识或资讯平台，自主搜集有关跨境物流等方面的资料，进行深入阅读，并记录感悟和问题；

3. 提前准备好本模块任务实施的相关材料；

4. 结合学习任务书梳理大致的工作计划和要点。

学习任务书

认真阅读如下所示任务背景，明确本任务要求。

任务背景

材料：天天陶电子商务有限公司是一家主营童鞋的跨境电商公司，该公司主要在速卖通平台售卖产品，主要目标市场是北美市场。该公司最近会发一批童鞋到美国，这批童鞋的包裹尺寸为 45 cm × 25 cm × 18 cm；包裹重量为 3.5 kg；发货地点为广东东莞，收货地点为美国纽约，收货信息如表 4-1 所示。

表 4-1　订单收货地址

收货姓名	Amy
收货地址	街道：555 Lexington Avenue，10th Floor，Room 202 城市：New York 邮编：10017 国家：America
联系电话	212-32999

任务要求

根据提供的任务背景信息，完成下列任务：

任务 1：物流方式选择；

任务 2：订单发货。

★ 学习任务对应岗位：跨境电商运营专员。

★ 涉及知识与能力：跨境物流管理、店铺订单管理。

任务分组

将学生按每组 4 ～ 6 人分组，明确每组的工作任务，并填写表 4-2。

表 4-2　学生分组表

<table>
<tr><td>班　级</td><td></td><td>组　号</td><td></td><td>指导老师</td><td></td></tr>
<tr><td>组　长</td><td></td><td>学　号</td><td colspan="3"></td></tr>
<tr><td rowspan="5">组　员</td><td>姓　名</td><td>学　号</td><td colspan="2">姓　名</td><td>学　号</td></tr>
<tr><td></td><td></td><td colspan="2"></td><td></td></tr>
<tr><td></td><td></td><td colspan="2"></td><td></td></tr>
<tr><td></td><td></td><td colspan="2"></td><td></td></tr>
<tr><td></td><td></td><td colspan="2"></td><td></td></tr>
<tr><td colspan="6">任务分工</td></tr>
<tr><td colspan="6">例如：____________同学，主要负责____________工作。</td></tr>
</table>

获取信息

根据引导问题，从信息页的相关学习任务中获取对应的信息，回答引导问题并在空白处填写答案。

引导问题 1：跨境物流方式主要有哪几种？其含义是什么？

____

____

____

各商业快递参考时效

引导问题 2：商业快递包括 TNT、__________、__________、__________。

引导问题 3：任选两种跨境物流方式进行优劣势分析。

____

____

____

____

引导问题 4：简述运费计算中的首重与续重分别是什么意思，并举例说明。

____

____

____

____

引导问题 5：计算物流运费的通用公式表达是什么（以首重 1 kg，每 0.5 kg 为一个续重单位进行计算）？

公式填入此处：______________________________________

练一练

3 kg 的货物，首重 15 元，续重 8 元，按照首重 1 kg，每 0.5 kg 为一个续重单位的标准，该货物的运费应为多少？

● 引导问题 6：以速卖通平台为例，“我的订单”板块下有等待您操作的订单、________________和________________三种情况。

● 引导问题 7：分别描述下列订单情况的含义。

订单情况	含义
等待您发货	
等待卖家验款	
等待您留评	

● 引导问题 8：订单信息确认需要确认订单号以及订单详情中的哪些内容？

____

____

____

____

● 引导问题 9：请根据自己的理解在下面方框中详细描绘出线上发货的流程图。

引导问题 10：在创建物流订单中，卖家需要操作____________、____________和____________三个环节。

计划决策

小组内每位成员提出自己的计划和方案，经小组讨论比较，综合每位同学的意见，确定小组的最终实施方案。

任务 1：跨境物流管理

➤ 计划 1：请联系材料，计划物流方式的选择操作，针对该批童鞋应选择的物流方式做出计划。

问题 1：查阅各物流方式使用的商品、运费、时效标准，讨论哪种物流方式更适合该批货物。

问题 2：查阅并比较物流方式的收寄规格与产品范围，测量包装后的童鞋重量体积，讨论哪种物流方式满足该批货物要求。

决策结果：____

____

____

____

____

➤ 计划 2：请联系材料，制定货物的运费计算操作计划，针对该批童鞋选择的物流方式收费标准，制定运费计算计划。

问题 1：对比该批童鞋的体积重、包裹重，讨论最终运费计算应选择哪种。

问题 2：结合物流方式收费标准，讨论最终运费是多少。

决策结果：____

____

____

____

任务 2：订单发货

➤ 计划 3：请联系材料，计划货物的订单发货操作，针对该批童鞋的订单发货流程做出计划。

问题：结合货物情况，讨论并选择合适的物流方案。

决策结果：________________________________

____

____

____

____

实施计划

根据制定的工作计划，按照任务书的要求实施任务，并将实施结果填写到对应问题下方。如果无法独立完成，可以参考配套实训任务书。

计划实施 1：联系材料，完成该批童鞋物流方式的选择及相应的运费计算，并将最终结果填入下方。

物流方式	运　费

计划实施 2：联系材料，完成该批童鞋的订单发货工作，并将具体操作步骤填于下方空白处。

评价反馈

1. 各组派代表上台展示成果，并介绍任务的完成过程。

2. 其他组同学给你们提供了哪些意见或建议？请记录在下面。

____

____

____

3. 本次课的心得体会：

____

____

____

4. 评价方式采用多元化评价，评价主体由学生、小组与教师构成，评价标准、分值及权重如下所示：

（1）学生进行自我评价，并将结果填入表 4-3 中。

表 4-3　学生自评表

班级:__________　　组名:__________　　日期:________年____月____日

评价项目	评价标准	分　值	得　分
信息检索	能有效利用网络资源、配套资料查找有效信息	10	
知识掌握	能准确理解学习任务中讲述的知识内容	15	
技能训练	能按任务书要求，按计划完成工作任务	15	
感知工作	认同工作价值，在工作中能获得成就感	10	
团队素养	能与教师、同学之间相互尊重、理解和平等交流	10	
职业素养	能严格遵守相关工作守则和法律法规	10	
思维状态	能发现问题、分析问题并解决问题	10	
参与状态	能发表个人见解，倾听他人意见和看法	10	
创新意识	能在工作过程中做出创新点	10	
合　计		100	

（2）学生以小组为单位，对学习任务的实施过程与结果进行互评，将互评结果填入表 4-4 中。

表 4-4　小组互评表

班级：__________　　被评组名：________　　日期：________年____月____日

评价项目	评价标准	分　值	得　分
团队素养	该组小组成员间合作紧密，能互帮互助	15	
	该组的工作计划周密，组织有序	15	
	该组态度端正，有较强的吃苦耐劳精神	10	
工作情况	该组的工作效率突出	20	
	该组的工作成果完整且质量达标	30	
	该组严格遵守相关工作守则和法律法规	10	
合　计		100	

（3）教师对学生工作过程与工作结果进行评价，并将评价结果填入表 4-5 中。

表 4-5　教师评价表

班级：__________　　组名：__________　　姓名：__________

评价项目	评价标准			分　值	得　分
考　勤	无无故迟到、早退、旷课现象			10	
工作过程	能正确回答引导问题并填写答案			20	
	能制定详细的工作计划			10	
	能按任务书要求规范实施工作活动			20	
项目成果	能按时完成任务			10	
	学习态度认真、细致、严谨			10	
	任务成果完整且质量达标			20	
合　计				100	
综合评价	自我评价（20%）	小组互评（30%）	教师评价（50%）	综合得分	

信息页

情境导入

小林利用假期进入某外贸公司的运营部实习，需要协助完成几笔订单的发货工作。为了确保货物能够按时、安全地到达美国，小林需要先了解具体的订单信息，包括订单数量、货物类型、重量和体积等，以此来选择最适合的物流方式。

现在请你根据物流方式的优缺点以及订单发货的工作流程，帮助小林完成物流方式选择及订单发货工作。

【思考】

认真思考以下问题，并带着问题进入课堂寻找答案吧。

- 跨境物流方式有哪些？优劣势分别是什么？
- 跨境物流方式的选择标准是什么？
- 不同的运费模板如何设置？
- 亚马逊、速卖通等物流运费计算方法是什么？
- 跨境订单信息需要确认哪些内容？如何发货？

学习任务 1　跨境物流管理

随着跨境电商全球化进程的飞速加快，国际物流成为跨境电商中不可或缺的组成部分。国际物流运输渠道的不断成熟和多元化，也对跨境电商的物流应用和发展起到了推动作用。

因此本学习任务主要从以下两个方面展开讲解：

- 物流方式选择
- 运费模板设置

活动 1　物流方式选择

跨境电商的迅猛发展，催生了跨境物流的爆发。在这样的背景下，卖方需要了解各类物流方式的基本特点和优缺点，然后再根据产品的种类、重量、体积、运输距离等因素来选择适合自己的物流方式。

一、跨境物流方式

按照卖家可选择的物流方式划分，跨境物流可以分为自发货、海外仓和平台物流三种方式，如图 4-1 所示。

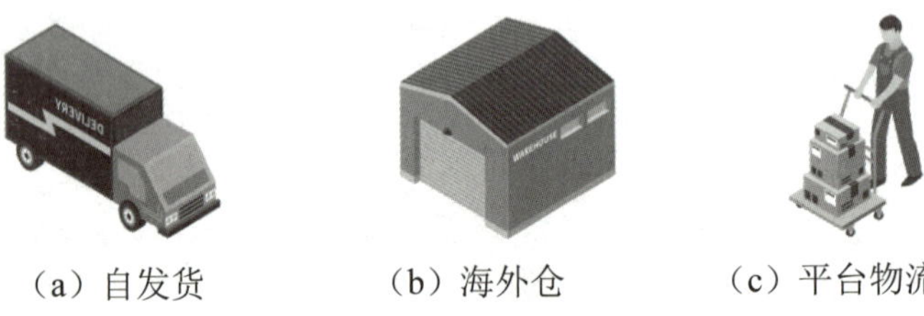

图 4-1　跨境物流方式

1. 自发货

自发货是指卖家在收到客户订单之后，直接从国内供应商或仓库发货给国外顾客，即由卖家自己负责仓储、分拣、包装、派送和客户服务等一系列活动。其流程如图 4-2 所示。

图 4-2　自发货流程

自发货的物流途径主要包括邮政小包、商业快递、专线物流三种，具体内容如表 4-6 所示。

表 4-6　自发货物流途径

邮政小包	E 邮宝、EMS
商业快递	DHL、UPS、FedEx、TNT 等
专线物流	中东、中俄、南美、南非等专线

2. 海外仓

海外仓优势

海外仓是指第三方海外仓储服务，由物流服务商独立或共同为卖家在销售目标地提供的货品仓储、分拣、包装、派送的一站式控制与管理服务。卖家将货物储存到当地仓库，当卖家有需求时，第一时间做出快速响应，及时进行货物的分拣、包装以及配送。

海外仓由头程运输、仓储管理、本地配送三部分组成。

（1）头程运输

指卖家通过海运、空运、陆运或联运将商品运送到海外仓库，产生的费用为头程运费。

（2）仓储管理

指卖家通过物流信息系统，远程操作海外仓储货物，实时管理库存，产生的费用包括仓储费和出入库费。

（3）本地配送

指海外仓储中心根据订单信息通过当地邮政或快递将商品送给买家，产生的费用为当地尾程派送费。

海外仓的发货流程如图 4-3 所示。

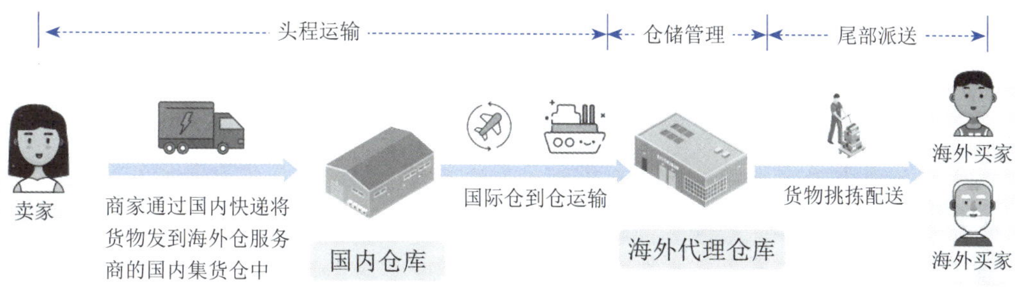

图 4-3　海外仓发货流程

根据调研数据，月销 50 万～100 万美元的大卖家，55% 有自建或计划自建海外仓；月销 100 万美元以上的大卖家 69% 有自建或计划自建海外仓。大卖家建仓比例之高，是何缘由？

调研数据（图4-4）显示，卖家们会因为个性化服务需要、对第三方服务不满意、降低综合成本以及产品因素筹建海外仓。其中个性化服务是大卖家们建仓的首要原因，在这四个因素中占到31%的比重。同时抽样调查显示，65%的卖家们认为个性化服务是自建仓的首要诱因。其次才是对第三方服务商的服务不满意，该项占到28%的比重，影响着59%的卖家们的建仓决定。

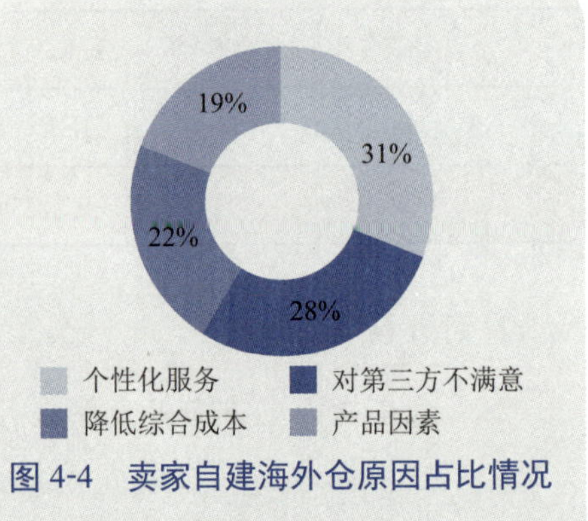

图4-4　卖家自建海外仓原因占比情况

3. 平台物流

跨境电商平台为了提升物流效率和服务质量，获取市场竞争优势，便先后推出了契合自家平台的物流解决方案，其中最具代表性就是亚马逊的自建物流FBA、速卖通的无忧物流、Shopee的自建物流SLS。由于亚马逊与速卖通是中国卖家经营最多的跨境电商平台，因此本任务以亚马逊及速卖通两个平台的物流方案为例重点展开介绍。

（1）亚马逊FBA

FBA是亚马逊提供的代发货服务，卖家把货物发往FBA的仓库，亚马逊提供包括仓储、拣货打包、派送、收款、客服、退货处理一系列服务。亚马逊的发货流程如图4-5所示。

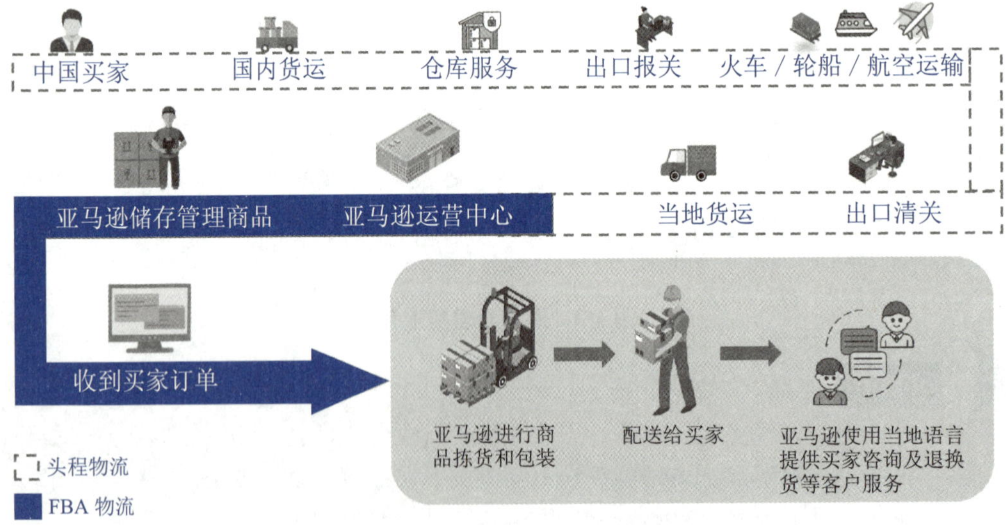

图4-5　亚马逊FBA发货流程

（2）速卖通无忧物流

无忧物流是为速卖通卖家提供稳定的国内揽收、国际配送、物流详情追踪、售后赔付等一站式的物流解决方案。

目前速卖通为卖家提供的无忧物流包含简易服务、标准服务以及优先服务三种，都通过菜鸟与多家物流服务商合作搭建的全球物流网络进行配送，菜鸟智能分单系统会根据目的地、品类、重量选择最优物流方案。如表 4-7 所示。

表 4-7　速卖通无忧物流服务标准

项　目	简易服务	标准服务	优先服务
预估时效	15 ～ 20 天	重点国家及地区 15 ～ 35 天	重点国家及地区 4 ～ 10 天
信息查询	可查询关键环节物流追踪信息	全程可追踪（部分国家或地区除外）	全程可跟踪
赔付上限	因物流原因导致的纠纷退款由平台承担，赔付上限为 35 元	原因同前，赔付上限为 800 元	原因同前，赔付上限为 1 200 元
品类限制	只支持寄送普通商品，不支持带电及化妆品商品	可寄送普通、带电商品，不能寄送纯电、液体商品	只支持寄送普通商品，不支持寄送带电、纯电及化妆品商品

二、跨境物流选择

区别 FBM 和 FBA

选择国际物流方式时应考虑各种物流方式的优缺点，并结合自身商品的特点和公司最迫切的需求寻找最优的物流方式。上述三种物流方式的优劣势如表 4-8 所示：

表 4-8　物流方式优劣势

物流方式	优　势	劣　势
自发货	① 操作灵活性高，可使用定制包装；② 仓储费用较低，可减少压货成本	客户退换货处理难度大，在亚马逊平台上还会影响产品曝光率
海外仓	① 相比于商业快递，海外仓物流成本更低；② 相比于邮政小包，海外仓的时效更高，客户体验更佳	库存压力大，有积压风险，且管理水平参差不齐

续表

物流方式	优　势	劣　势
平台物流 （FBA 为例）	① 促进销售额的提升； ② 服务专业； ③ 物流效率高，发货速度快	① 成本较高，如仓储费； ② 语言转换难题尚未解决，只能用英语沟通； ③ FBA 不会为卖家头程发货提供清关服务

除了需要考虑物流方案的优劣势之外，还需要结合自身商品特点及能力选择适合的物流方案，具体内容如表 4-9 所示。

表 4-9　大、中、小卖家物流方案选择分析

卖家维度	卖家特点	分　析	物流方案
小卖家	资金实力比较薄弱；月入 1 万元以内	创业初期，须追求性价比	自发货
中卖家	产业规模较大；月入数十万元	有一定产业，追求稳定	平台物流、自发货
大卖家	店铺利润可观；货和资金都到位；月入百万元	资金雄厚，考虑重心在优质服务、高效运输上	海外仓、平台物流

选择国际物流方式要考虑的因素主要有：

（1）物流匹配度：根据商品类型、商品质量等特点选择物流渠道，如低成本、小件货物、限重 2 kg，适合选择邮政小包、国际 E 邮宝这类物流。

（2）物流价格：运费的高低直接影响商品的成本、定价，进而最终影响产品的利润。

（3）物流时效：时效快的物流，通常资费也非常高，跨境电商卖家需要在时效和资费中间取得平衡。

（4）安全性：安全性从大到小排名为：国际快递→国际 EMS→国际 E 邮宝→国际小包。卖家可以根据自己对安全性的要求，来选择适合的物流渠道。

活动 2　运费模板设置

运费模板是为避免卖家需要频繁修改运费而推出的一种运费工具。通过运费模板，卖家可以解决不同地区的买家购买商品时运费差异化的问题。本任务以常用的速卖通平台为例展开介绍。

一、新增运费模板

卖家在登录速卖通后台后，选择“产品管理”选项卡，单击页面左侧“模板管理”中的“运费模板”选项，如图 4-6 所示。

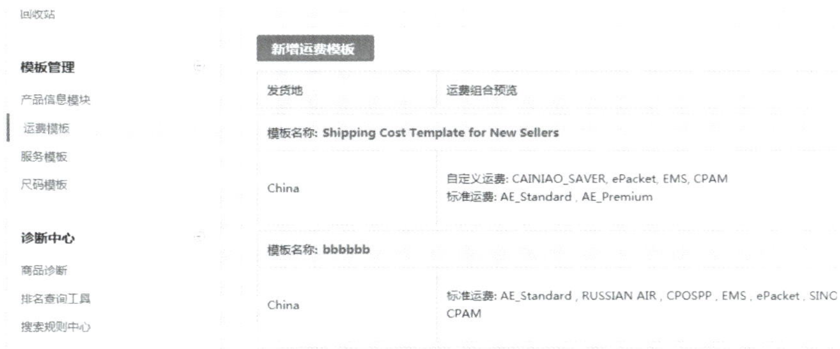

图 4-6　速卖通“运费模板”选项卡

进入新模板设置页面，卖家可以输入运费模板名称；选择物流方式，并进行运费设置和运达时间设置。

其中，运费设置包括标准运费、卖家承担运费和自定义运费，运达时间设置包括承诺运达时间和自定义运达时间，如图 4-7 所示。

新增运费模板

输入运费模板名称：不能输入中文

新增运费模板

商业快递　邮政物流　专线物流　　标准运费、卖家承担运费、自定义运费介绍！

UPS Express Saver　运费设置：标准运费 减免 0 %　卖家承担运费　自定义运费
运达时间设置：承诺运达时间 23 天　自定义运达时间

UPS Expedited　运费设置：标准运费 减免 0 %　卖家承担运费　自定义运费
运达时间设置：承诺运达时间 23 天　自定义运达时间

DHL　运费设置：标准运费 减免 0 %　卖家承担运费　自定义运费
运达时间设置：承诺运达时间 23 天　自定义运达时间

Fedex IP　运费设置：标准运费 减免 0 %　卖家承担运费　自定义运费
运达时间设置：承诺运达时间 23 天　自定义运达时间

图 4-7　速卖通“新增运费模板”选项卡

以图 4-7 所示为例进行说明：

（1）若选中“标准运费”单选按钮，并设置减免折扣率，则意味着对所有国家或地区均执行此优惠标准。

（2）若选中“卖家承担运费”单选按钮，则意味着会对所有国家或地区均采取卖家承担运费，即包邮。

（3）若选中“承诺运达时间”单选按钮，并设置运达时间，即可对所有买家均承诺同样的运达时间。

二、自定义运费模板

针对不同国家或地区存在不同运费标准的卖家，可以通过自定义运费对运费进行个性化设置。

1. 添加运费组合

在运费模板设置时，选择“自定义运费”→“添加一个运费组合”，如图 4-8 所示：

图 4-8　添加运费组合

2. 选择国家地区

选择运达时间组合：卖家可将某些热门国家选为一个组合，例如想要吸引美国买家，可选择美国，并将美国地区的运费设置为卖家承担运费，吸引买家下单，或按照区域选择国家，如图 4-9 所示。

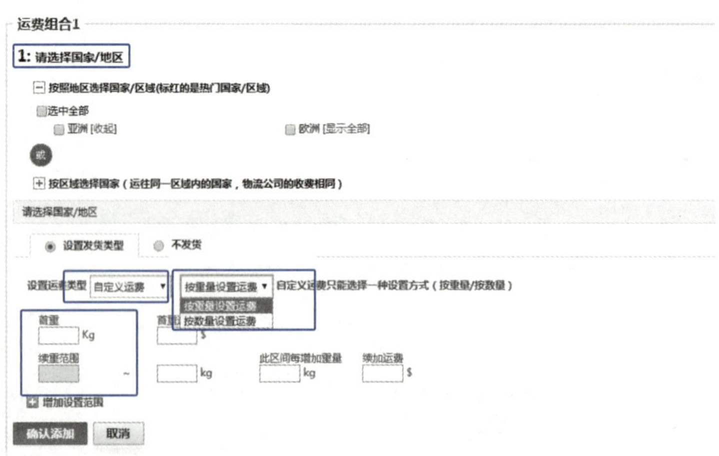

图 4-9　选择运费组合区域

3. 设置发货类型

卖家可对该组合内的国家 / 地区，设置发货类型：标准运费减免折扣、卖家承担运费或者自定义运费。自定义运费的设置如图 4-10 所示。

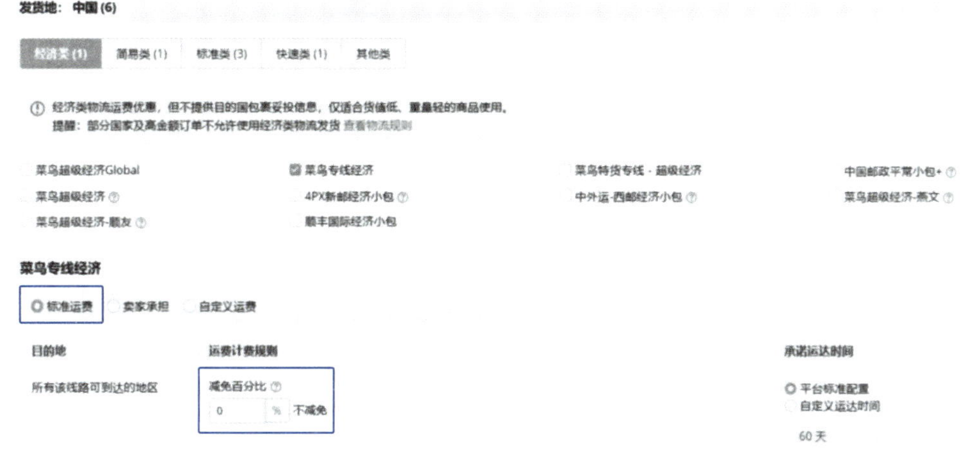

图 4-10　自定义运费设置

小贴士

对于难以查询妥投信息、大小包运输时效差的国家 / 地区，可以选择“不发货”→“确认添加”即可屏蔽该国家 / 地区，如图 4-11 所示。

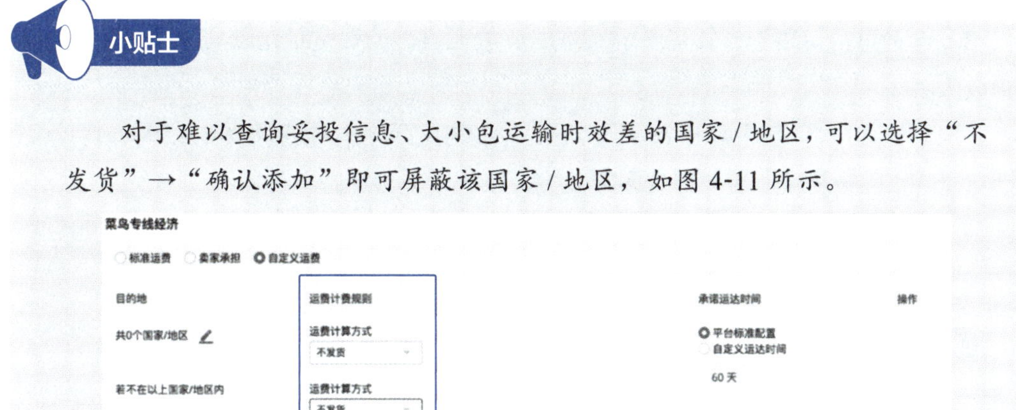

图 4-11　屏蔽部分国家 / 地区

4. 生成运费模板

点击“确认添加”后生成一个新的运费组合，卖家可以继续添加运费组合，也可以对已经设置的运费组合进行查找、编辑、删除等操作，如图 4-12 所示。

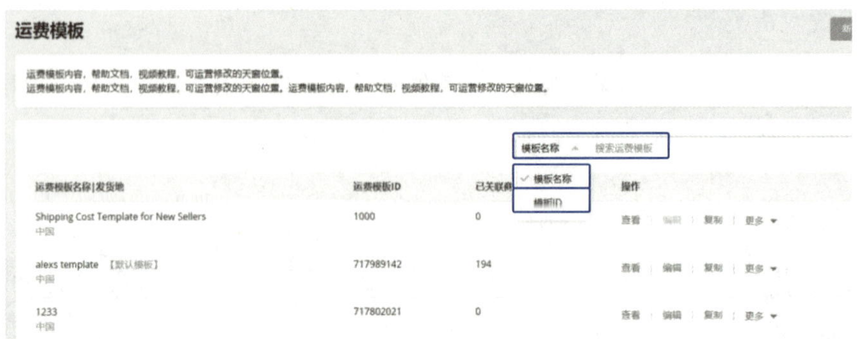

图 4-12　生成自定义运费模板

三、计算物流运费

作为跨境电商卖家必须能清楚计算不同物流方式的物流费用。在计算运费之前，需要先了解以下几个概念：

（1）实际重量：即货物本身的重量，加上该物品所使用包装材料的重量。

（2）体积重量：因运输工具承载能力即能装载物品体积所限，当货件体积较大而实重较轻时，以体积计算计费重量。

（3）计费重量：用于计算运费的重量。一般而言，计费重量是取实际重量和体积重量中较大者。

在国际快递中，计费重量在 21 kg 以下的包裹为国际小包，按照每 0.5 kg 为计费单位。计费重量在 21 kg 及以上的包裹为国际大包，以每千克为计费单位。

（1）首重：指货物的一个计费重量，也就是头 1 kg；

（2）续重：除去首重后的质量。

例： A 先生有 10 kg 物品需要寄国际快递，则首重是 1 kg，续重为 9 kg。

1. 实重计算

当需寄递物品实重大于体积时，运费计算方法为：

运费 = 首重运费 + (重量−1) × 续重运费

例： 7 kg 货品按首重 20 元、续重 9 元计算，则运费总额为：20 + (7−1) × 9 = 74 元。

根据货物不同的重量和不同的公司，首重和续重也有可能是按照 0.5 kg 或其他形式计费。如果按照 0.5 kg 计算，则运费计算方法为：

运费 = 首重运费 + (重量 × 2−1) × 续重运费

则上述案例中的运费总额为：20 + (7 × 2−1) × 9 = 137 元。

国际快件有时还会加上燃油附加费，燃油附加费计算一般会同运费一起打折，则总运费计算方法为：

总运费 = 运费 ×（1+ 燃油费率）

例： A 公司选择快递公司 B 寄 21 kg 包裹从上海到美国，B 快递公司首重 260 元，续重 0.5 kg/60 元，燃油附加费 13%，折扣为 7 折，总运费多少？

根据计算可得运费 = 260 +（21×2−1）×60 = 2 720 元，总运费 = 2 720×（1+13%）× 70% = 2 151.52 元。

2. 体积重计算

当需寄递物品实际重量小而体积较大时，运费需按体积标准收取，然后再按上述公式计算运费总额。通用的体积重计算公式为：

长（cm）× 宽（cm）× 高（cm）/ 5 000

空运的体积重计算方法是：

长（cm）× 宽（cm）× 高（cm）/ 6 000

不规则物体体积计算

例： 一票空运货物实重 438 g，体积 2.79 m^3，此票的体积重为多少？

根据公式以 cm 作为基础计算单位，那么 1 m^3 货物的单位重量为 100×100×100/6 000 ≈ 167 kg。那么此票的体积重就是 2.79×167 = 466 kg，则该货物属于体积重大于实重的情况，最终物流公司会采取实际体积重 466 kg 来计算运费。

3. 无忧物流运费计算

每个平台的物流运费计算方式均略有偏差，须登录各平台查询官方信息介绍，本任务以速卖通为例介绍无忧物流的运费计算。如表 4-10 所示为速卖通无忧物流标准模式小包普货的部分计费标准。

表 4-10　无忧物流部分运费标准

国家 / 地区列表			小包普货计费					
			0 ～ 175 g（含）		176 ～ 450 g（含）		451 ～ 2 000 g（含）	
			配送服务费 元 / kg * 每 1 g 计重	挂号服务费 元 / 个	配送服务费 元 / kg * 每 1 g 计重	挂号服务费 元 / 个	配送服务费 元 / kg * 每 1 g 计重	挂号服务费 元 / 个
Angola	AO	安哥拉	176.70	17.00	176.70	17.00	176.70	18.00
Russian Federation	RU	俄罗斯	92.00	4.50	92.00	4.50	92.00	4.50
United States	US	美国	95.00	16.50	95.00	16.50	90.00	15.50

速卖通平台运费计算是以 0.5 kg 为首重，每增加 0.5 kg 为一个续重，其运费计算公式为：

运费 = 配送服务费 × 商品重量 + 挂号服务费

例：某快递公司从广东发往美国的货物重量为 2 kg，按照上述运费标准，则配送服务费为 90 元，挂号服务费为 15.5 元，根据公式计算可得：运费 = 配送服务费 × 商品重量 + 挂号服务费 = 90×2+15.5 = 195.5 元。

学习任务 2　店铺订单管理

随着店铺上传商品数量的增加和流量的提升，卖家需要管理越来越多的订单，因此管理订单成为卖家需要关注的一大环节。

因此本学习任务主要从以下两个方面展开讲解：

- 订单确认与修改
- 订单发货

活动 1　订单确认与修改

以速卖通平台为例展开介绍，管理订单主要需要对订单进行确认以及针对客户问题对订单进行修改。

一、订单管理概况

管理订单顶部“所有订单”下，是当前订单的基本情况，分成三组——特别关注、等待您操作的订单和等待买家操作的订单，如图 4-13 所示。

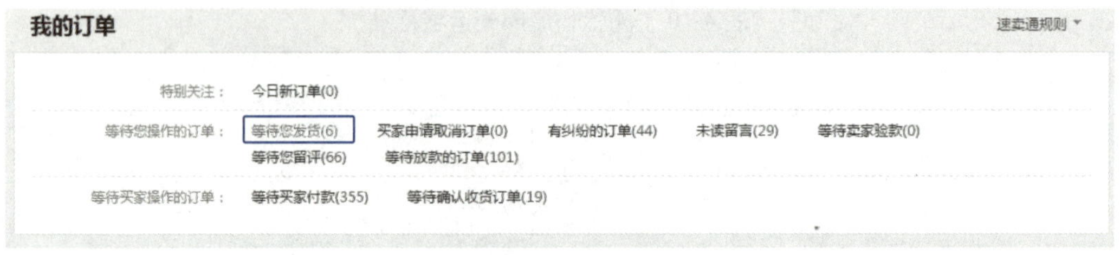

图 4-13　订单管理

1. 特别关注

单击“今日新订单”后将出现今日新生成订单，包括今日的“已经付款订单”和“未付款订单”。

2. 等待您操作的订单

（1）等待您发货：已经通过风险审核并且资金已经到账的订单，需要您发货后“填写发货通知”或是“线上发货”的订单。

（2）买家申请取消订单：买家付款后由于各种原因取消的订单。

（3）有纠纷的订单：由于某些原因，买家提起异议或是向速卖通提起仲裁的订单。

（4）未读留言：买家下订单后和卖家进行沟通的信息，比如催促发货、询问货物流向等。

（5）等待卖家验款：买家下订单后，将货款支付到速卖通平台，等待速卖通平台通过风险审核的订单。

（6）等待您留评：买家确认收货，交易结束后，双方可互相留评价，等待卖家留置评价的订单。

（7）等待放款的订单：买家已经确认收货或系统根据相关规定判定交易已完成，但速卖通平台还没有将订单款项支付给卖家的订单。

3. 等待买家操作的订单

（1）等待买家付款：买家虽然下了订单，但是还未将款项打入速卖通平台。

（2）等待确认收货订单：卖家填写发货通知后，买家确认收到货之前的订单。

二、订单信息确认与修改

订单信息确认主要是对订单号以及订单详情进行确认；订单修改则是对用户订单详情内的用户信息进行修改，例如联系方式、收货地址等。

1. 订单号确认

每一笔订单都有一个订单号，如“77158988075804”等，单击订单号，可以进入“订单详情”页面；卖家可以通过“Contact”“Chat now!”联系买家进行沟通，如图 4-14 所示。

图 4-14　订单号

买家账号前面的 A4 代表平台对买家层级的标识，以 A0 ~ A4 进行标注，数字越高，等级越高，买家越活跃，购买力越强。平台上有些恶意买家，卖家可以借助该信息进行甄别。

2. 订单详情确认

卖家可以根据订单详情的信息确认客户购买的产品及数量，客户的联系方式、地址信息是否有疑问等，进而初步核算相应的运费，并规划下一步的发货环节，如图 4-15 所示。

图 4-15　订单详情

3. 订单修改

在订单详情中可点击“修改收件信息”对买家的收货姓名、地址及联系电话进行修改，也可以点击确认商品信息旁的“编辑”对商品发货件数、金额进行修改，最后点击“保存”即可，如图 4-16 所示。

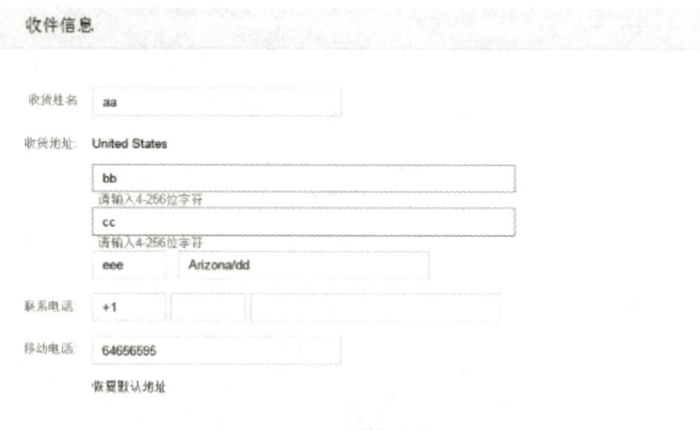

图 4-16　订单修改

活动 2　订单发货

线上发货的优势

订单发货分为线下发货和线上发货两种形式。

线下发货是指卖家确定订单后，不通过速卖通平台寻找物流商、支付运费进行的发货操作。

线上发货是指卖家在速卖通后台通过在线选择物流商、在线创建物流订单，然后卖家将货物自寄至物流商仓库，或者物流商上门揽货后，卖家可以在线支付运费的一种发货方式。线上发货的流程如图 4-17 所示。

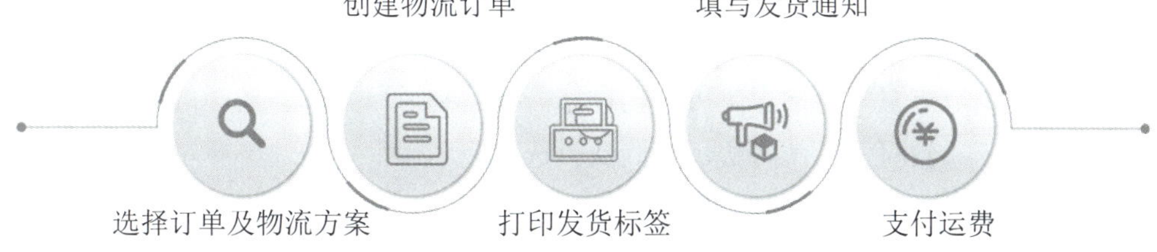

图 4-17　线上发货流程

一、选择订单及物流方案

进入“我的速卖通”→“交易”，选择“等待您发货”状态的订单。

1. 单击“发货”

选择您需要发货的订单，点击“发货”，如图 4-18 所示。

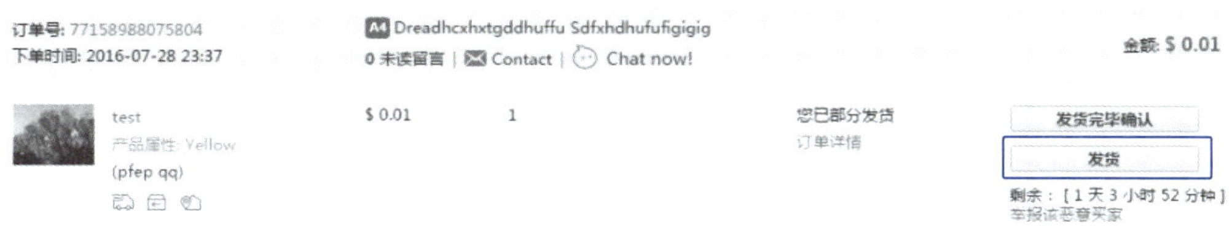

图 4-18　点击“发货”

2. 选择“线上发货”

在跳转页面选择“线上发货”，如图 4-19 所示。

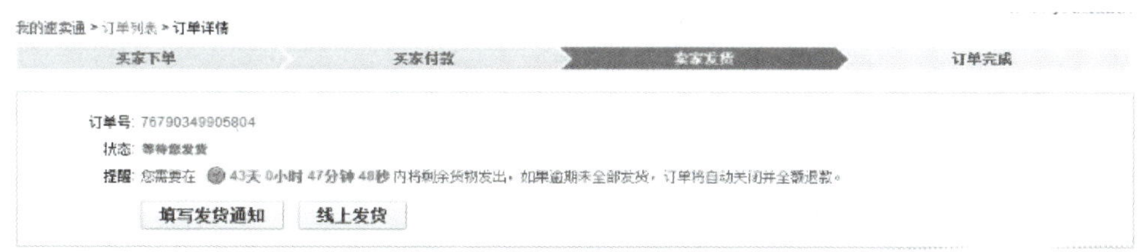

图 4-19　选择“线上发货”

对于已部分发货的商品,您将会看到“填写发货通知”“发货完毕确认”和“线上发货”三个按钮，选择“线上发货”，即可进入选择物流方案的环节。如图 4-20 所示。

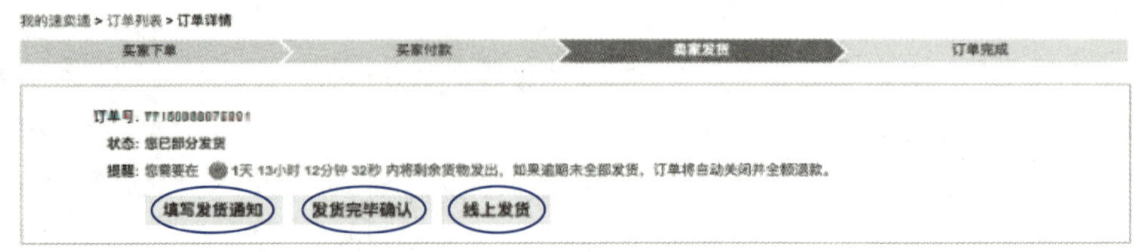

图 4-20　选择“线上发货”

3. 选择物流方案

在“选择物流方案”页面里，可以选择您需要的物流服务。当选择的物流服务与买家下单的服务不一致时，系统将提示您确认。选择完毕后，点击“下一步，创建物流订单”，创建相应的物流订单，如图 4-21 所示。

服务名称	参考运输时效	试算运费
AliExpress 无忧物流-标准	15-45天	CN ¥ 79.50
您选择使用的物流服务和买家下单时选择的不一致，可能导致买家拒收或提纠纷。		
AliExpress 无忧物流-优先	8-15天	CN ¥ 90.10
e邮宝	20-40天	CN ¥ 89.00
EMS	20-40天	CN ¥ 114.00
FedEx IE	7-15天	CN ¥ 126.15
FedEx IP	7-15天	CN ¥ 134.43
UPS全球速快	7-15天	CN ¥ 95.31
UPS Expedited	7-15天	CN ¥ 79.66
TNT	7-15天	CN ¥ 291.48

图 4-21　选择物流方案

二、创建物流订单

1. 查看交易订单

进入创建订单页面，确认收件信息，并确定商品是否含电池，是否含非液体化妆品，分别选中对应的“是”或“否”单选按钮，如图 4-22 所示。如果收件信息不正确，可单击“修改收件信息”，对收件信息进行修改。

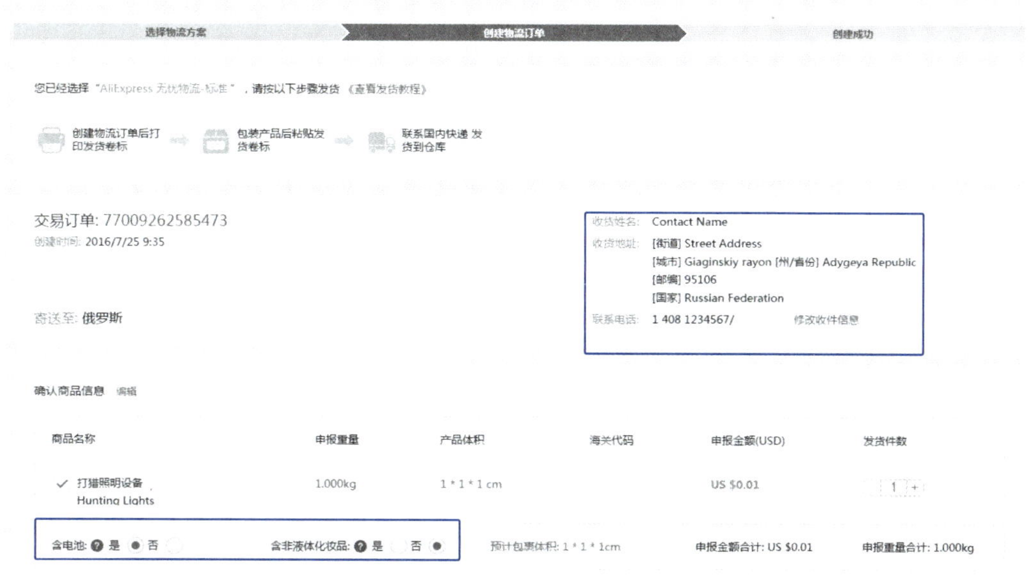

图 4-22　创建物流订单

2. 选择揽收方式

确认发货信息，并选择揽收方式，在此选择“自送至中转仓库”，设置送货方式和快递单号，如图 4-23 所示。

图 4-23　选择揽收方式

如果卖家的发件地址在物流商揽收范围以内，系统会为其自动配置对应的仓库。如果卖家所在的地址没有推荐的揽收仓，系统会提示“自寄至指定中转仓库”。如果卖家依然想免费上门揽收，可以单击“申请仓库上门揽收”，如图 4-24 所示。

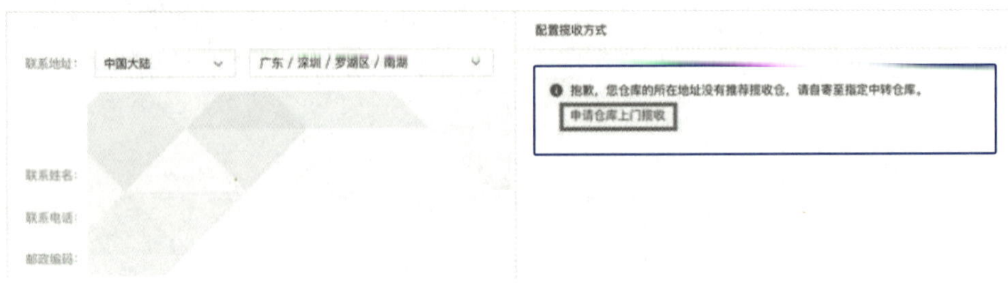

图 4-24　选择揽收方式

3. 完成物流订单创建

创建物流订单时，在页面底部有关于无法投递的包裹处理方案。卖家可以根据自己的需要选择是否需要将包裹退回，或者在海外销毁。如图 4-25 所示，单击“提交发货”按钮，物流订单创建完毕。

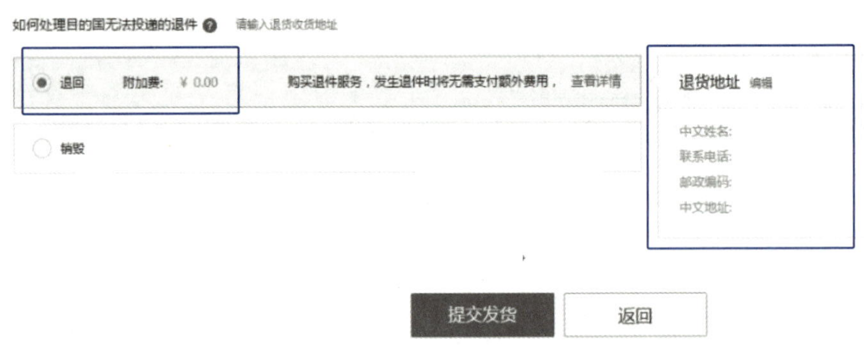

图 4-25　完成物流订单创建

三、打印发货标签

1. 查看物流订单

完成物流订单的创建后，页面中显示“成功创建物流订单”。点击“交易订单管理”可以回到交易订单管理页面，继续发货。如图 4-26 所示。

图 4-26　物流订单信息

2. 生成国际物流单号

点击“物流订单详情”，查看生成的国际物流单号，如图 4-27 所示。

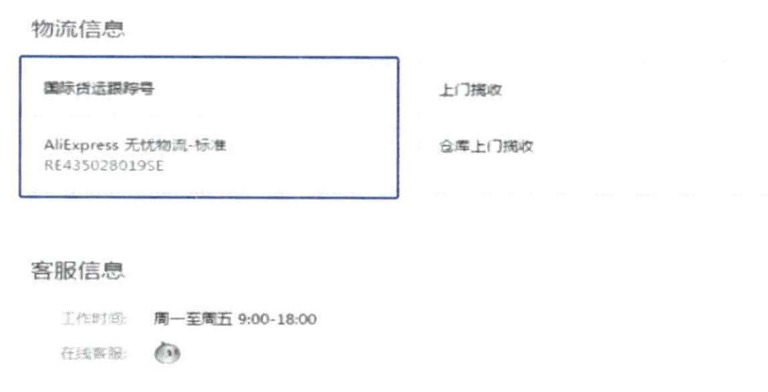

图 4-27　国际物流单号

3. 打印发货标签

单击“物流订单详情”，点击“打印发货标签”，如图 4-28 所示。

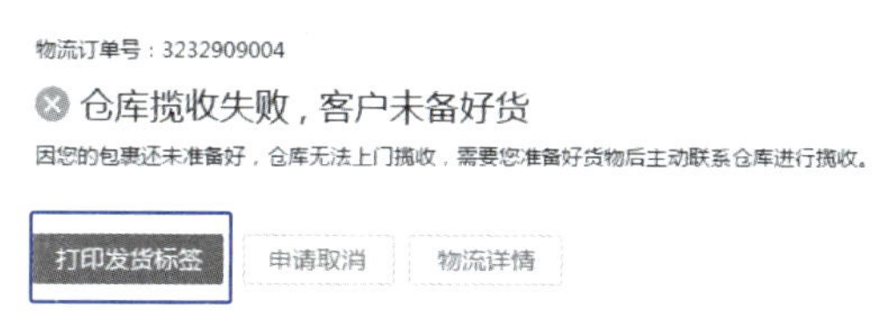

图 4-28　打印发货标签

四、填写发货通知

物流订单创建成功后，系统会生成运单号给卖家，卖家在完成打包发货、交付物流商之后，即可填写发货通知，如图 4-29 所示。

图 4-29　填写发货通知

五、支付运费

当货物被相关物流公司收到后，物流公司会称重计算运费，并通过系统显示到平台中，如图 4-30 所示。卖家可以单击“支付”或者是“批量支付”，利用支付宝或是支付宝国际账户付款。

需要注意的是，如果卖家不及时支付运费，速卖通平台将在一定时间内自动从支付宝国际账户内扣除货款。

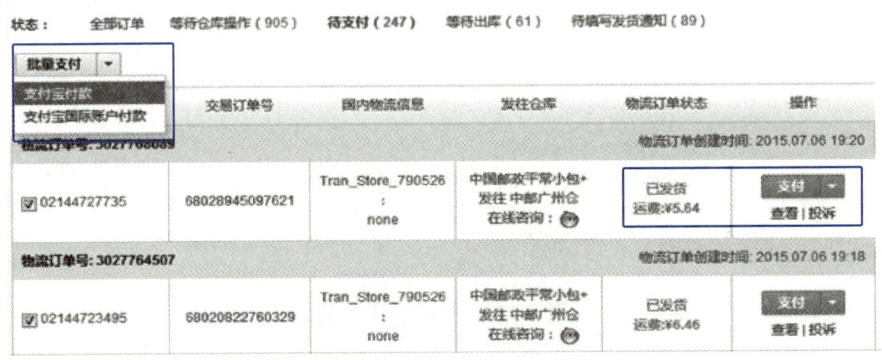

图 4-30　支付运费

课程总结

本任务主要阐述了跨境物流方式选择及订单管理两个部分，分别介绍了跨境物流方式、运费模板的设置方法，以及订单信息的确认修改、订单线上发货流程。

物流是整个交易过程中非常关键的一步，牵涉到整个流程是否能够正常地进行，因此，了解物流方式的选择，熟练掌握发货流程是跨境运营人员必备的技能。

课后思考

1. 你是否对跨境电商平台物流有基础的认知？
2. 你能否完成适合相应货品物流方式的选择？
3. 你能否准确计算所需运费？
4. 你能否完成订单信息的修改
5. 你能否实现订单的线上发货操作？

延伸拓展

拓展阅读

扫码阅读以下学习资源，拓宽自己的知识和视野：

文章 1：海外仓费用解析

文章 2：跨境电商物流面临困境

文章 3：跨境物流方案影响因素分析

文章 1

文章 2

文章 3

思政园地

海外仓物流费用案例分析

思政元素：增强风险意识和问题解决能力。

林先生 2010 年通过美赞拓（www.mazentop.com）建立外贸网站销售孵化器，由于该产品超过 2 kg，因而无法使用小包服务；若选择商业快递，则体积较大、费用高；而若选择中国邮政 EMS；按照 5 折计算，费用为 242.5 元人民币，时效 5 ～ 7 个工作日。于是林先生想要利用海外仓开展国际业务。

而后林先生开始考虑第三方海外仓服务——递四方（4PX）。4PX 推荐林先生使用订单宝海外仓库服务，头程使用海运，配送选择澳大利亚本地邮政服务，将产品运送到客户手里，头程费用是 65 元人民币，澳大利亚本地派送费为 94 元，操作费 7 元，全部费用仅为 166 元，与之前的 EMS 相比，费用节省 76.5 元，且当地派送时效仅为 2 ～ 4 个工作日。林先生使用订单宝海外仓库服务后，产品月平均浏览量增加了 71.74%，产品平均售价增加了 18.5%，并且由于可提供本地退换货服务，使得产品成交率提高了 11.39%，有效解决了客户退货难的困扰。客户可以直接将货物退回海外仓库，避免退回国内，从而产生关税或扣关风险。

海外仓的出现可以既保证时效，又降低运输成本，还能直接将退货商品寄往海外仓，解决客户退货难题。未来对于跨境电商出口，海外仓将成为越来越多成熟卖家的重要物流运输方式。

（资料来源：海外仓物流费用案例分析 [EB/OL].（2023-05-07）[2024-09-10].https://www.renrendoc.com/paper/263092416.html）

【思考与讨论】

1. 海外仓给跨境电商企业带来哪些收益？

2. 要解决既能降低成本又能保证服务效率等物流问题，你认为要怎么做？

自我分析与总结

错题整理

学会的内容

总　结

Module 5

模块五　跨境电商客户服务

课时建议：8 课时

学生工作页

学习情境

客服是店铺与客户沟通的桥梁，在整个交易流程中作为重点环节，为了获取更高的店铺收入，需要保证客服掌握优秀的沟通技巧。据跨境客服工作职责要求，跨境客服需要直接面对所有客户，倾听并解决所有客户提出的问题。好的客服能够提高店铺盈利和好评率，降低纠纷和中差评概率。

学习目标

知识目标	技能目标	思政目标
• 能说出咨询接待的流程、交易促成的技巧以及如何进行订单催付； • 能概述如何进行订单跟踪，以及退换货、中差评、投诉纠纷的处理技巧。	• 能对客户售前的问题进行解答； • 能针对客户售后出现的问题进行回复。	• 强化独立思考的习惯； • 培养勇于探索的职业素养； • 强化文化自信。

聚焦竞赛

本模块学习内容聚焦如下竞赛技能标准：

1. 能够根据客户信息，利用客户咨询契机宣传产品卖点、价格优势、促销活动等，为不同类型的客户提供差异化的服务，引导客户下单购买，提高转化率。

2. 能够在客户收到产品后，因产品质量、尺寸等问题，与客户协商解决方案，遇到无法解决的问题时及时上报。

3. 能够在货物丢失、损坏、物流无法送达时，通过提供正确的物流追踪单号、重发、退款等方式，判定责任归属，与相关人员协商解决方案。

4. 能够根据物流渠道知识，跟踪物流运输进程，熟练应用翻译软件，利用平台工具反馈客户关于物流情况的咨询。

5. 能够在客户留下中差评后，及时联系客户，了解原因，协商解决，提升店铺好评率。

6. 具备良好的职业道德和一定的沟通能力，耐心回复客户。

工作准备

1. 认真阅读学习任务书，明确本次工作活动的学习任务要求；
2. 查找并学习与跨境电商客服相关的各种操作；
3. 提前准备好本模块任务实施的相关材料；
4. 结合学习任务书梳理大致的工作计划和要点。

学习任务书

认真阅读如下所示任务背景，明确本任务要求。

任务背景

材料 1：假如你是一名跨境电商客服，遇到一位境外客户询问，对方想要买一条 36 码的黑色裤子，但黑色的款式缺货，需要你发邮件告知对方缺货的消息，并推荐他购买蓝色的裤子。

材料 2：假如你是一名跨境电商客服，客户表示包裹长时间未妥投，物流信息延迟，因此提出退货。你查询物流信息发现物流很长时间未更新，判断为丢件，需要安抚客户的情绪，告知客户有 30 天未收货的全额退款保证，也可以重新发货。

任务要求

根据提供的任务背景信息，结合小组讨论结果，完成以下任务：

任务 1：联系材料 1，撰写售前回复邮件，告知客户黑色款缺货，推荐购买蓝色款。

任务 2：联系材料 2，撰写售后回复邮件，安抚客户情绪，告知店铺有 30 天未收货的全额退款保证或者也可以选择重新发货。

★ *学习任务对应岗位*：跨境电商客服专员。

★ *涉及知识与能力*：跨境售前服务、售后服务。

任务分组

将学生按每组 4 ～ 6 人分组，明确每组的工作任务，并填写表 5-1。

表 5-1　学生分组表

<table>
<tr><td>班　级</td><td></td><td>组　号</td><td></td><td>指导老师</td><td></td></tr>
<tr><td>组　长</td><td></td><td>学　号</td><td colspan="3"></td></tr>
<tr><td rowspan="5">组　员</td><td>姓　名</td><td>学　号</td><td colspan="2">姓　名</td><td>学　号</td></tr>
<tr><td></td><td></td><td colspan="2"></td><td></td></tr>
<tr><td></td><td></td><td colspan="2"></td><td></td></tr>
<tr><td></td><td></td><td colspan="2"></td><td></td></tr>
<tr><td></td><td></td><td colspan="2"></td><td></td></tr>
<tr><td colspan="6">任务分工</td></tr>
<tr><td colspan="6">例如：____________同学，主要负责____________工作。</td></tr>
</table>

获取信息

根据引导问题，从信息页的相关学习任务中获取对应的信息，回答引导问题并在空白处填写答案。

引导问题 1：询盘沟通原则包括：积极回复、____________、____________。

引导问题 2：促单沟通技巧主要包括：__________、__________、__________和保证售后。

引导问题 3：请简述导致客户未支付的原因。

____

____

____

____

客户未回复催付邮件

引导问题 4：写出以下物流状态代表的含义。

Not Found：____

Transit：____

Pick Up：____

Delivered：____

Expired：____

Alert：____

引导问题 5：简述应如何进行退换货协商沟通。

____

____

____

引导问题 6：引起中差评的原因有哪些？可以怎么处理？

____

____

____

引导问题 7：客户除了尺码 / 规格问题之外，对于产品主要还有哪些疑问？

____

____

____

____

引导问题 8：客户反馈物流延迟问题时应该怎么回复？

____

____

____

引导问题 9：请简述向客户索取好评的思路。

____

____

____

引导问题 10：请简述客服如何处理退货退款订单。

____

____

____

引导问题 11：简述物流纠纷的几种常见情况和处理方法。

____

____

____

引导问题 12：请简述客服面对商品破损纠纷时可以怎么做。

____

____

计划决策

小组内每位成员提出自己的计划和方案，经小组讨论比较，综合每位同学的意见，确定小组的最终实施方案。

任务 1：撰写售前回复邮件

➤ 计划 1：结合材料 1 中的缺货情况，计划售前回复邮件的编辑方案。

问题 1：材料 1 的情况属于售前服务中的什么环节？

问题 2：缺货情况下要促成交易可以采用什么沟通技巧？

决策结果：______________________________________

____

____

____

任务 2：撰写售后回复邮件

➤ 计划 2：结合材料 2 中的物流延迟情况，计划售后回复邮件的编辑方案。

问题 1：收到客户退换货请求应该如何处理？

问题 2：碰到物流异常问题应该如何进行沟通？

问题 3：安抚客户可以用什么话术？

决策结果：______________________________________

____

____

____

实施计划

根据制定的工作计划，组织实施并记录实施操作过程中的关键信息与数据，完成引导问题的填写。如果无法独立完成，可以参考配套实训任务书。

计划实施 1：撰写售前回复邮件，告知客户黑色款缺货，向客户推荐蓝色款。

要求：(1) 使用礼貌用语；(2) 符合邮件撰写格式，结构完整；(3) 邮件内容逻辑严谨，与材料 1 结合紧密。

计划实施 2：撰写售后回复邮件，向客户表示抱歉，确认物流状况，告知店铺不支持退换，向客户提出重新发货的建议。

要求：(1) 使用礼貌用语；(2) 符合邮件撰写格式，结构完整；(3) 邮件内容逻辑严谨，与材料 2 结合紧密。

评价反馈

1. 各组派代表上台展示成果，并介绍任务的完成过程。

2. 其他组同学给你们提供了哪些意见或建议？请记录在下面。

____

____

____

3. 本次课的心得体会：

____

____

____

4. 评价方式采用多元化评价，评价主体由学生、小组与教师构成，评价标准、分值及权重如下所示：

（1）学生进行自我评价，并将结果填入表 5-2 中。

表 5-2　学生自评表

班级：__________　　组名：__________　　日期：________年____月____日

评价项目	评价标准	分　值	得　分
信息检索	能有效利用网络资源、配套资料查找有效信息	10	
知识掌握	能准确理解学习任务中讲述的知识内容	15	
技能训练	能按任务书要求，按计划完成工作任务	15	
感知工作	认同工作价值，在工作中能获得成就感	10	
团队素养	能与教师、同学之间相互尊重、理解和平等交流	10	
职业素养	能严格遵守相关工作守则和法律法规	10	
思维状态	能发现问题、分析问题并解决问题	10	
参与状态	能发表个人见解，倾听他人意见和看法	10	
创新意识	能在工作过程中做出创新点	10	
合　计		100	

（2）学生以小组为单位，对学习任务的实施过程与结果进行互评，将互评结果填入表 5-3 中。

表 5-3　小组互评表

班级：__________　　被评组名：________　　日期：________年____月____日

评价项目	评价标准	分　值	得　分
团队素养	该组小组成员间合作紧密，能互帮互助	15	
	该组的工作计划周密，组织有序	15	
	该组态度端正，有较强的吃苦耐劳精神	10	
工作情况	该组的工作效率突出	20	
	该组的工作成果完整且质量达标	30	
	该组严格遵守相关工作守则和法律法规	10	
合　计		100	

（3）教师对学生工作过程与工作结果进行评价，并将评价结果填入表 5-4 中。

表 5-4　教师评价表

班级：__________　　组名：__________　　姓名：___________

评价项目	评价标准			分　值	得　分
考　勤	无无故迟到、早退、旷课现象			10	
工作过程	能正确回答引导问题并填写答案			20	
	能制定详细的工作计划			10	
	能按任务书要求规范实施工作活动			20	
项目成果	能按时完成任务			10	
	学习态度认真、细致、严谨			10	
	任务成果完整且质量达标			20	
合　计				100	
综合评价	自我评价（20%）	小组互评（30%）	教师评价（50%）	综合得分	

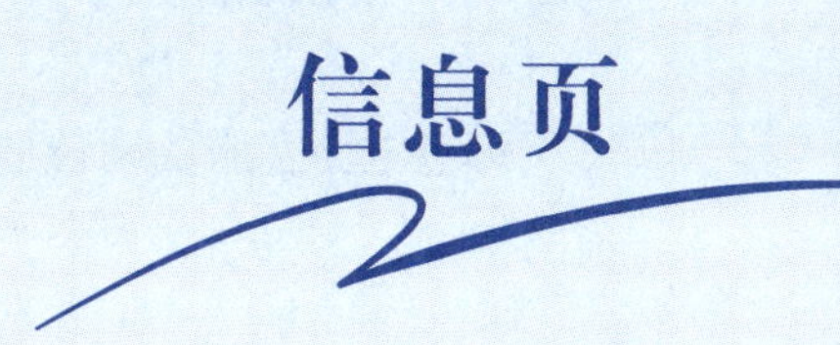

信息页

情境导入

跨境电商专业的小陈被安排到客服岗位实习，第一次接触客服工作的他由于不了解邮件回复技巧，一个月下来的询单转化率很低，差评率和纠纷率却很高。

现需要你根据跨境客服工作职责，帮助客服小陈顺利完成售前和售后过程中与客户的沟通交流，帮助企业提高成交量和转化率。

【思考】

认真思考以下问题，并带着问题进入课堂寻找答案吧。

- 跨境电商客服工作中需要注意什么？
- 跨境电商客服要掌握哪些技能？

学习任务 1　售前服务

售前服务需要协助客户做好消费规划和需求分析，使产品能够最大限度地满足用户需要，同时使客户的投资发挥出最大的综合经济效益。

因此本学习任务主要从以下三个方面展开讲解：

➤ 咨询接待

➤ 交易促成

➤ 订单催付

活动 1 咨询接待

跨境电商客服的岗位职责之一就是回复客户的咨询。跨境电商客服是客户与店铺沟通的桥梁，客服与客户的沟通质量好坏会影响店铺商品的销量。

一、客户询盘接待

客户在线上联系卖方时，客服应做好接待并对客户的咨询进行回应，解答客户的疑惑。在回复客户时，卖家应注意一些回复时的细节：

（1）减少来回沟通次数，增加单次沟通信息量；

（2）积极主动，即时回复；

（3）语言简洁、准确，避免语法错误；

（4）了解西方文化，回答问题直截了当；

（5）回复格式正确，有称呼，有落款。

1. 询盘沟通原则

跨境电商交易中，专业、即时的询盘回复能让卖家显得更专业并提高成交可能性。在回复客户询盘的过程中，要做好以下几点。

（1）积极回复

有些客服会因无效询盘数量多而懈怠，但客户在某件商品上花费的时间越多，购买倾向越大。建议客服都积极回复，吸引他们在商品上多花时间。

（2）注意回复细节

在回复客户时，客服需要注意一些细节，如表 5-5 所示。

表 5-5 回复细节

细 节	详细操作
客户名字	最基本的细节，注意不要出错
称呼	可用“Dear ×”统称，如果和客户比较熟悉，可使用 Hi、Hello 这样更亲密的用语
问候语	偶然与某个客户沟通时可用“How are you doing？”“How are you today？”等
内容	切忌长篇大论，最重要的信息放在正文的最前面

（3）态度不卑不亢

买卖双方是平等的，虽然卖家始终要确保客户满意度，但过分谦卑会失去主动权，特别是在一些问题的谈判中，更会处于被动地位。

2. 询盘回复流程及用语

一般可以分四个步骤进行：

（1）与客户打招呼

与客户打招呼要亲切、自然并表示出热情。

例： 使用简单的问候语，如“Good morning/afternoon/evening”“Hello, dear, what can I do for you?”“May I help you?”等。

（2）介绍商品

主要从商品的工艺制作、设计、材质、色泽和质量等方面进行介绍。常用的表达词语有 skillful manufactured/made、finely processed、with latest technology 等，可用来表达制作精巧、加工精细、工艺精良。

例： 客服向客户介绍手提包时说“这个手提包制作精巧”，便可以用英语表述为“This handbag is finely made”。

介绍款式，可用 various styles（款式齐全）、elegant shapes（式样优雅）、delicate colors（色泽素雅）等。介绍商品颜色，可用 pretty and colorful（五彩缤纷）、beautiful in colors（色彩艳丽）、purely white（洁白纯正）等。

介绍商品可用的词汇

（3）告知客户付款

如果沟通顺利，客服可告知客户付款并表示会尽快发货。可将这一步设为回复模板，用来提醒客户尽快下单付款。

例： Thank you for your patronage. I will send the goods to you once you make the payment.

（4）结束语

为了让客户感受到优质服务，客服人员应在回答完客户的咨询后，写一些简单的结束语，以感谢客户对店铺的光顾。

例： Thank you for your inquiry/coming.

Thank you for shopping with us.

Have a good/great/perfect day!

二、客户疑问解答

跨境卖家必然会面临客户提出的各种疑问和咨询，卖家在沟通的过程要做到回复及时专业、简洁清晰，保持态度礼貌。客服要解答的问题主要包括以下几类。

1. 产品疑问

通过查看图片来了解商品的方式是不全面的，因此许多客户对产品会存在一些疑问，选择询问客服来进一步了解商品。

（1）库存、尺码、材质等问题

国内外商品规格存在较大差异，如服装尺码就存在美国尺码和欧洲尺码等区分。回复尺码问题时，按实际情况告知客户商品的尺码或规格信息。

① 库存问题

跨境客服人员经常会遇到询问商品库存的问题，客服人员应实事求是，直接回复有库存或没有，若无库存可尝试向客户推荐其他款式。

例：有库存时可以这样回答：As the inventory data show, we have about 30 pieces left.（库存显示我们大概还剩 30 件。）

没有库存可以说：Sorry, we don’t have that color in stock now. Do you mind if I recommend you some other similar dresses which are also very popular?（对不起，我们现在没有这种颜色的存货。你介意我向你推荐其他一些同样很受欢迎的类似服装吗？）

② 尺码建议

客服除了要掌握好对商品的熟悉专业度外，还应针对客户的询问给出中肯的意见，向客户提出正确的建议。

例：According to what you described, we recommend you should take size ××.（根据您的描述，我们建议您选择 ×× 号。）

（2）用料 / 材质问题

产品所用原材料和材质等也是客户可能产生好奇的问题，客服如实回答即可。

例：客户询问裙子是用什么材料做的，如裙子是纯棉材质，可以回答：This skirt is made of 100% cotton.（这条裙子是 100% 纯棉材质的。）

（3）样品问题

跨境询盘的除了个人买家之外，也包括外国批发商。对于客户提出寄送样品的要求，客服人员应根据店铺的情况，做出寄送或不寄送的回复。

例：不支持寄送样品：I am very sorry to inform you that we are not able to provide you samples.（我很抱歉地通知您，我们无法向您提供样品。）

可以寄送但需要买家支付运费可以说：We are not able to send you the samples unless you pay for the shipping freight.（除非您支付运费，否则我们无法向您发送样品。）

【情境】

某客户提供了脚的具体尺寸，询问客服应该选择什么尺寸，身为客服的你认为对方可以选择40码的鞋子。请你根据以上信息回复客户的邮件。

【参考答案】

Happy to be at your service. Based on the information you provide, I think shoe size 40 will fit your foot thickness and height. Don’t hesitate to reach me if you need anything.

Thank you!

2. 物流疑问

物流咨询是客户在下单前较为常见的问题。有关物流咨询常见的问题主要有是否包邮、运费详情和物流时间。

（1）是否包邮

很多跨境物流公司的运费收费标准以克为单位，对于一些需要客户承担运费的商品，它的总成交价就会显得比较高，因此，会有很多客户要求包邮。

例：可店铺包邮可以说：We don’t need customers to pay for mailing packages.（我们不需要客户支付邮寄包裹的费用。）

无法免邮可以说：Sorry, free shipping is not available for the order.（抱歉，订单不提供免费送货服务。）

（2）运费详情

跨境电商平台上的多种物流运输方式收费标准都不同，面对客户的疑问，客服人员应根据物流方式和客户所在国家和地区计算出物流费用。

例：客户询问从中国送至澳大利亚需要的金额时可以这么回答：Regarding ePacket’s latest quotation, the shipping freight for a parcel less than 2 kg is $8 from China to Australia.（根据ePacket的最新报价，从中国到澳大利亚，包裹重量小于2千克的运费为8美元。）

（3）物流时间

客服人员需要根据物流方式和客户所在国家和地区，来解释物流时效问题，并估算大概的送达时间。

例：客户询问需要几天送达时可以说：It usually takes 13-20 days to reach you.（通常需要 13 ～ 20 天才能到达。）

练一练

【情境】

身为客服的你收到了来自客户的邮件，邮件表示该客户在店铺中购买了三件商品，他希望可以将三件商品放在同一个包裹中并提出希望能够包邮。请你根据此背景写一封邮件同意对方的请求。

【参考答案】

Hello, thanks for your order!

We have combined the shipping already and only charge you the shipping fee once. You can check the invoice I've just sent to you.

Please feel free to contact us if you have any other questions.

Thanks!

3. 价格疑问

解答客户的价格疑问时按照实际情况来回答即可，主要的情况有以下两种。

（1）价格能否优惠

有的店铺可以提供优惠，但如果店铺不允许讲价，客服也应用柔和的语气，礼貌地婉拒客户并给出合理的缘由。

例：接受客户的讲价可以说：We can accept your request for price reduction.（我们可以接受您提出的降价要求。）

如果不能接受讲价可以说：I'm so sorry that we are not able to offer you the mentioned price.（很抱歉，我们无法向您提供上述价格。）

（2）询问促销活动

有些客户希望降价但会用更加迂回的方式，比如询问目前店铺内是否有降价促销的活动，应如何参加等问题。

例：如果没有促销活动，可以说：Sorry, there are no discount activities in the store at present.（很抱歉，目前店内没有打折活动。）

如果有促销活动，客服可以说明促销活动的详细内容，如：We'd like to give you 5% discount if you purchase more than 5 pieces in one order.（如果您一次性订购 5 件以上，我们可以给您 5% 的折扣。）

练一练

【情境】

某客户批量采购 1 000 件商品，希望能够降价，身为客服的你需要回复该邮件，表示同意给予 8.8 折的优惠。

【参考答案】

Thank you for your interest in my item. We'd like to offer you some discounts on bulk purchases. As long as your order is more than 1 000 pieces, we will give you a discount of 12% off.

Please let me know for any further questions.

Thanks.

4. 售后疑问

有些客户在下单之前对店铺拥有的售后服务产生了疑虑，所以会在消费之前先行询问客服，了解完毕后再下单。

（1）是否支持退货

退货问题是很多客户关心的问题，他们会在下单之前先确认店铺是否支持退货。面对这样的问题客服如实回答即可。

例：如果店铺支持退货可以说：Yes, our store provides return service.（是的，本店提供退货服务。）

如果不支持退货，客服可以这样婉拒：Sorry, we can't support return due to the high logistics cost.（很抱歉，由于物流成本太高，所以我们无法支持退货。）

（2）退货费用承担方

由于跨境物流的成本较高，客户同时会关心退货运费是否由商家支付。面对这样的询问客服可以在邮件里说明真实情况。

 需要客户支付运费可以说：Please note that you will have to pay the shipping fee for returning the item(s).（请注意，您必须支付退货的运费。）

如果卖家能够承担运费可以说：The logistics cost of this return shall be borne by our store.（此次退货的物流费用由本店承担。）

练一练

【情境】

客户发来邮件，询问如果不满意的话能不能退货，是否由商家承担退货邮费。身为客服的你需要告知客户可以退货，但物流费用由买家支付。

【参考答案】

Dear Buyer,

Our store can provide return service. But the price of our products has been calculated accurately and is very low.

Therefore, you need to bear the freight. If you have any questions, please feel free to contact us.

Thank you.

活动 2　交易促成

完成客户答疑后，客服可以通过产品推荐帮助客户快速锁定需求产品，提高服务效率，促进成交。

一、抓住促单时机

与客户的邮件交流中，客服对客户的态度改变应及时捕捉，抓住促单时机，促成客户下单。主要有以下几种情况。

1. 当客户的疑虑被打消时

在邮件往来之间，客服一旦察觉客户表述出疑虑已经打消，对方已经没有再需要问下去的倾向时，可以乘胜追击，表达出该产品是热销款，让客户欲购从速。

2. 当客户对客服产生信任时

这种方法可以运用在老客户或者详细咨询、购买倾向较大的客户身上，这要求客服接待客户时保持热情积极的态度。一旦对方发出“I will accept your suggestion.（我会接受你的建议。）”等表示信任的信号，客服应找准时机让客户下单。

3. 当客户询问售后的细节时

客户考虑到售后权益和服务细节时，说明对方购买的意愿大，但又担心不能得到应有的保障。此时保证售后服务或做出一定的让步，如可以给出一定的折扣、承担部分运费等，以提高成交率。

二、促单沟通技巧

有些客户在下单前较为谨慎，客服需要打消客户的顾虑，说服客户下单，促成交易。

1. 制造紧迫性

客户犹豫时，可以告知该商品库存不多，或者该商品太受欢迎，只剩下一个颜色了。这种策略会让客户产生紧迫性，从而快速做出决定。

2. 利益刺激

表示商品或店铺正在进行促销，告知客户商品在促销情况下比平时优惠 10% 等，或提示客户当天下单可以赠送小礼品，让客户因为价格优惠和赠品而心动。

3. 方案选择

有些客户对于购买方案没有头绪，因此无法快速做出决定，这时需要客服提出方案供他们选择。可以同时提出两种方案，让客户选择更能接受的一种。

例：客服可以让客户在高价但质量更好的 A 商品和价格实惠但是质量一般的 B 商品中进行选择，从而快速完成交易。

4. 保证售后

客户对商品有购买的意愿，但又担心商品实物不符合期待，因此在下单前会有所犹豫，这时候的售后保证对他们来说是刚需。

活动 3　订单催付

有些客户下单后不付款，如果不及时跟进，将会导致订单过期或取消。此时卖家应及时通过站内信或邮件跟客户联系，以保证订单不流失。

一、判断未支付原因

一般未付款订单客户对于商品本身有较高购买欲，造成客户未付款的原因应该从多方面进行分析。

1. 下单后发现运费过高

跨境电商平台中运费计算取决于国际物流不同渠道的计算方法，客户需拍下商品、选择快递后才能显示出具体金额，客户可能因运费过高而放弃支付。

2. 货比三家

客户可能想要看看其他店铺的商品是否更加实惠或质量更好，导致在支付时犹豫，因此中断支付。

3. 对卖家信誉产生疑虑

客户能在平台的客户评论区中查看其他购买者的评价，会对差评较多的卖家产生信誉上的疑虑，这将影响其最终付款。

4. 无法与卖家及时确认商品细节

客服由于时差或交接有误等导致未能及时回复邮件，此时客户得不到确切的回复，无法了解自己关心的细节，因此不会贸然下单。

其他未支付原因

二、撰写催付邮件

判断客服未支付原因后，客服人员应及时跟进，否则将导致订单因未及时付款而被系统自动取消。

1. 制定催付话术

催付通常以邮件的形式进行，主要包括以下内容：

（1）开头问候

首先对客户进行称呼，可以是“Dear customer”或者直接用客户的用户名“Dear ×××”。正文可以先感谢对方在本店下单。

例： Dear ××, thanks for your order.（亲爱的 ××，感谢您的订单。）

（2）告知客户仍未付款

问候之后，提醒客户曾在本店下单，告知客户还未支付，记得按时支付。

例： 提醒付款可以说：This is a friendly reminder to complete the payment transaction as soon as possible.（这是一个友好的提醒，请尽快完成支付。）

（3）说服客户支付

客户静默下单后过了半天左右仍没有完成支付，此时客户可能是处于犹豫期，客服可以突出该商品的优势，概括该商品的特点，强化客户的信心。

例：可以突出产品的优势：The series of products that you ordered are the most popular one in our store with favorable price.（您订购的系列产品是我们店里最受欢迎的产品，价格优惠。）

（4）表示随时可解答疑问

客户没有进行支付也可能是因为对商品仍存在一些疑问，因此客服在编辑邮件时可以表明随时欢迎客户的咨询。

例：表示欢迎咨询：If you have any questions about the price, color, size, etc., please feel free to contact me.（如果您对价格、颜色、尺寸等有任何疑问，请随时与我联系。）

（5）结束语和落款

结束语可承诺在支付后会尽快安排发货，再次表示谢意。落款通常用“Best regards.”，翻译为“诚挚问候”，显得亲切。

例：After the payment is confirmed, I will process the order and ship it out as soon as possible.（付款确认后，我将会尽快处理订单并发货。）

2. 撰写催付邮件

参考上述话术，可以撰写一篇常规的催付邮件，范文如下：

Dear customer,

Much appreciation for your order. However, we noticed that you haven't made the payment yet. The series of products that you ordered are the most popular one in our store with favorable price. If there's anything I can help with the price, size, etc., please feel free to contact me.

Thank you and wait for your payment.

Best regards.

(Your name)

【情境】

一位名为 Tom 的客户下单后一直没有支付，身为客服的你需要写一封邮件告诉对方这是店铺热销第一商品，可能会有库存短缺的情况，提醒对方付款。

【参考答案】

Dear Tom,

Thanks for your order. The series of products that you ordered are the most popular one in our store with favorable price. We'd like to remind you to make the payment to avoid the shortage of stock. Thank you and wait for your payment.

Best regards.

学习任务 2　售后服务

售后服务是客服人员在客户收货后提供的一种服务。客户在购物过程中提出疑问，或者反馈他们在订单结束前遇到的问题，如果客服人员不能有效地解决这些问题，就有可能演变成纠纷。通常 90% 的售后问题是可以被客服人员处理掉的。优质的售后服务是减少纠纷的有效手段。

因此本学习任务主要从以下四个方面展开讲解：

- 订单跟踪与反馈
- 退换货处理
- 评价处理
- 纠纷处理

活动 1　订单跟踪与反馈

对于提供追踪信息服务的物流公司，当货物被揽件后，卖家可在相关物流网站上对订单状态进行跟踪。物流运输中出现问题需及时联系客户，提供解决方法；若货物能够在预计时间内顺利到达，也要及时告知货运进展。

一、订单物流跟踪

客服可以通过查询运单号，根据包裹状态，给客户发送相关的邮件。

1. 物流查询方法

常用的物流查询方法主要包括以下两种：

（1）官网查询

客服可以通过物流商名称和快递单号，进入物流商官网查询物流信息。跨境电商常用的物流方式及其官网如表 5-6 所示。

表 5-6　跨境电商常用的物流方式

物流方式	网　址
国际 EMS	www.ems.com.cn
FedEx	www.fedex.com
UPS	www.ups.com
DHL	www.dhl.com
TNT	www.tnt.com

（2）物流综合查询网站

除了在物流商官网查询快递信息，卖家还可以借助物流综合查询网站进行查询，如图 5-1 所示。这类平台兼具查询多家快递公司物流信息的功能，省去了需要打开不同官网的麻烦。（网址：https://www.amz123.com/tools-17track）

物流综合查询网站

17TRACK 全球物流查询平台

图 5-1　全球物流查询平台

2. 包裹状态识别

在查询物流信息时，网站上会显示不同的状态，主要包括以下几种：

（1）Not Found：表示查无信息。当包裹信息还未上传到网上，官网未更新时会显示该状态。

（2）Transit：当包裹还在运输中时会显示该状态，表示正在运输中。

（3）Pick Up：包裹已到达目的地国家和地区时会显示该状态，表示包裹到达待取。

（4）Delivered：当包裹投递成功时会显示该状态，表示已妥投。

（5）Expired：表示包裹运输过久，多为时间延误、查不到投妥、官网不更新状态等问题。

（6）Alert：该状态表示包裹可能异常，大部分为退件、损坏、丢失等问题。

表示包裹到达当地邮局的示例：The parcel status has arrived at your destination’s post office.（包裹已到达目的地的邮局。）

表示包裹在途的示例：Your package is on route and will take between 5-25 days to be delivered.（您的包裹正在运输途中，需要5～25天才能送达。）

二、物流异常反馈

国际物流耗费时间长，地区跨度大，有时并不能一帆风顺，若发现物流异常，卖家应主动与客户沟通，避免客户提起纠纷或者留下不好的印象。

1. 物流延迟沟通

物流因各种原因延迟，预期时间内未到达客户所在地。此时需主动联系客户，希望客户耐心等待，承诺若客户未能收到货物，将会重新补发商品或者全款退回。

例：Could you please kindly wait for a couple of days? If it still does not reach you, we will send you a new one or issue the full refund for you.（可以请您等待几天吗？如果您仍然无法收到商品，我们将为您发送一个新的或全额退款。）

2. 丢件沟通

包裹长时间未妥投，也无法查询到物流信息，此时客服应该主动与客户沟通，告知包裹可能丢失。遇到丢件问题，可以请客户申请退款或重新下单，并表示抱歉，避免客户提起投诉。

例：We can either resend you the item or provide you with a full refund. We are sorry for any inconvenience this may have caused.（我们可以向您重新发送商品或向您全额退款。对于由此造成的不便，我们深表歉意。）

3. 货损沟通

在运输过程中由于颠簸或寄出时包装不当导致包裹外表及商品内部破损，当客户反馈这个问题时，客服首先需要表示歉意，若商品损坏可表示重新发货或退款，如果破损不影响使用可以提出给予补偿或折扣。

例： As the goods can still be used normally, we will give you a compensation of $3.（由于商品还能正常使用，我们将给您 3 美元的补偿。）

4. 到货未收到沟通

物流信息出现错误时，需要向客户核实。比如物流显示妥投但客户没收到包裹，或是妥投的具体地址和签收人不一致，此时需向客户提供发货凭证，并请客户核实是否被他人签收等。

例： 提醒客户查看发货凭证可以说：Here is the shipping receipt, please see the attachment.（这是发货收据，请看附件。）

请客户核实包裹是否被他人签收可以说：Please contact any family member or neighbor who might have signed for your package.（请联系可能已签收您包裹的任何家庭成员或邻居。）

练一练

【情境】

买家 Sam 发来一封邮件，说自己收到的货物是损坏的，身为客服的你需要让客户提供货品损坏的图片，并回复邮件表示会尽力解决客户的问题。

【参考答案】

Dear Sam,

Thank you for your feedback and it just caught our high attention. We will take the responsibility.Would you mind sending me a picture? We'll try our best to fix it.

Looking forward to hearing from you.

活动 2　退换货处理

客户因各种原因对商品或交易产生不满，根据个人需求而选择退货或换货，是不可避免的情况。客服需了解原因后再进行协商和处理。

一、了解退换货原因

在任何环节出现的问题都有可能让客户对一次交易感到失望，从而提出退换货。退换货原因大致可分为以下几点：

1. 商品破损少件

跨境运输周期长，在运输过程中可能会造成包裹外包装破损，商品内部也被损坏，商品不可使用，或者从破损处掉落部分商品引起少件，因此申请退换货。

2. 与描述不符

客户收到包裹后认为商品与平台上展示的照片有出入，或者卖家发错商品导致的退换货。

3. 质量问题

商品在正常使用的情况下，用了很短时间就损坏，或者客户一收到便无法使用，都可能引起客户退换货。

二、退换货协商沟通

由于物流成本高昂，大多数卖家不希望客户发起退换货，因此除了退换货处理之外，客服也应掌握在提出解决方案时如何尽量避免退换，并给客户留下好印象。

1. 请客户提供凭证

如果客户因货物质量或包裹破损问题想要退换货，客服的第一封回复邮件可以请求客户根据问题类型提供相应的凭证，比如包裹状态的照片和视频等。

例: We must ask you to make a video recording to illustrate this issue and send it directly to my email: ××××××××.（我们必须要求您录制视频以说明此问题，并将其直接发送至我的电子邮箱××××××××。）

2. 提出解决方案

对客户提供的凭证予以认定后，判断是否到需要退换货的程度。由于退换货费时长且费用高，如果客户无法接受退换成本，第二封回复邮件可以给予弥补方案。当然，也可以表示允许退换货。

例: 同意退换货可以说：We accept returns or exchanges as long as the item is unopened and/or unused.（只要物品未开封和/或未使用，我们接受退换货。）

3. 留下良好印象

为了留住潜在客户，客服也可以在第三封邮件中主动提出为了弥补客户本次不愉快的购物体验，下次下单可以拥有折扣等补偿，并表示期待下次的合作。

例: 期待下次合作可以说：We sincerely look forward to establishing long business relationship with you.（我们真诚期待与您建立长期的业务关系。）

三、退换货处理方法

由于客户要求以及物流成本等，退换货分为仅退款和退货退款两种情况。

1. 仅退款处理

即买家购买商品后申请仅退款无须退还商品，适用于买家未收到货物的情况。若货物还在运送途中应尽量拦截，拦截成功做全额退款处理；若货物已无法拦截，可与买家协商，等收到货后再决定是否要货。处理流程如图 5-2 所示。

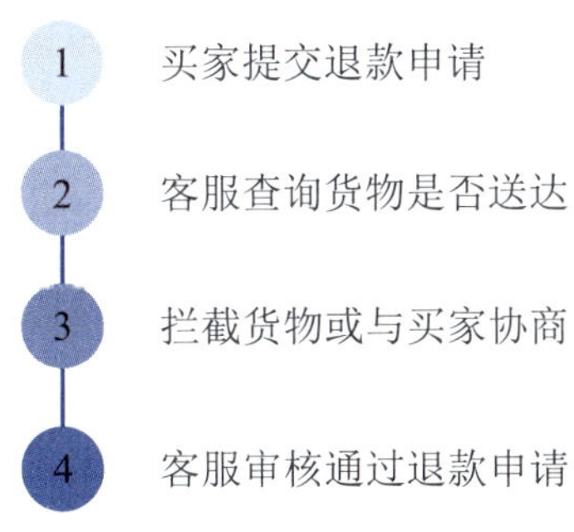

图 5-2　仅退款处理流程

2. 退货退款处理

卖家需要尽可能明智地处理退换货，让买家对产品、服务感到满意的同时，将店铺的损失降到最低。退货退款处理流程如图 5-3 所示。

在决定退换货的处理方式时，我们可以根据以下两点进行判断：

（1）买家不同意退还货物

情况 1：可根据产品成本酌情协商，做仅部分退款处理，或免费送给买家。

情况 2：买家不接受部分退款——如果货值不高建议退全款，并进行好评协商；货值高可按正常程序，让买家拒绝收货，运费由物流承担。

（2）买家同意退还货物

情况 1：如果卖家有海外仓，可将货退回海外仓，待货到仓库后再退款处理。

情况 2：退回的货物如果没有破损，可联系海外仓重新贴标签再次销售。

情况 3：若已经损坏，可以让海外仓运回国内，或让提供维修退货服务的海外仓公司处理。

图 5-3　退货退款处理流程

活动 3　评价处理

评价是买家对卖家的最后的证明和反馈，是电商的基础。评价分为好评、中评和差评。无论哪种评价，都要用分析的态度去对待，秉持沟通是一切的基础的理念。

一、好评请求

在潜在客户的眼中，好评能够保障店铺产品及服务的质量。但很多消费者没有留下评价的习惯，作为客服需要催促未及时评价的客户，尽量获得好评。

1. 好评请求规则

很多平台不允许卖家操纵评论，但并没有严禁卖家发送售后邮件。客服可以把催评邮件的主题倾向于为买家提供售后服务，委婉地索取评论。

平台对催评的限制，通常来说有以下四个重点：

（1）严禁以任何金钱或物质作为买家撰写及移除评论的奖励；

（2）严禁提供犒赏（包括免费或折价的商品）来邀请评论；

（3）不能在邮件中出现过于明显的诱导性评价内容；

（4）严禁卖家请求买家更改或是移除差评。

2. 索评邮件撰写

有些买家收到货物后无论对产品是否满意，一律不给评价，客服可以委婉地发送邮件进行索评。

（1）索评思路

索评邮件需要遵守平台的规则，因此避免以较为直接的口吻以及明显的利益引导来撰写。可以首先询问客户是否收到货物，确认客户是否拥有良好体验感，其次表示欢迎客户的售后咨询，最后委婉表示如果满意可以给予一个好评。

（2）索评模板

参考上述思路，可以撰写一篇常规的索评邮件，范文如下：

Dear customer,

Could you tell me if the item has been successfully delivered to you?

If you get it, we sincerely hope you will like it and be satisfied with our customer services.If you have any concerns, please don’t hesitate to contact us. We would like to do whatever we can do to help you out.

If you don’t mind, please take your time and leave us a positive comment, which is of vital importance to the growth of our small company.

Thank you so much.

Yours sincerely,

(Your name)

二、中差评处理方法

中差评的产生会严重影响转化率。客服了解引起中差评的原因后，应及时与客户进行沟通，对中差评进行处理。

1. 安抚客户情绪

中差评意味着客户对此次购物不满意，因此客服需在邮件中诚挚地表示收到中差评很遗憾，并表示歉意，了解问题出在哪个环节，对客户进行解释。

例：We are so sorry to check that you leave us neutral feedback of the order.（我们对于您对订单的中评感到很抱歉。）

2. 引导客户修改评价

客服可先利用站内信和邮件与其进行沟通，请求修改评价。一部分客户可能没有任何回应，可在一周后再发一次邮件，提出若是改为好评可返现或给予折扣。

例：If you can change the feedback, we can offer you $1-5 off discount in your new order.（如果你能修改评价，下次新订单我们将给你 $1~5 的折扣。）

练一练

【情境】

客户给予差评，身为客服的你需要给对方发送邮件，询问该客户不满意之处，并表示会积极解决，尽量让客户满意，希望客户可以将差评改为好评。

【参考答案】

Dear Sam,

We are sorry to see that you left negative feedback relating to your recent purchase experience from our store.

Please contact us at any time so we can find out why you were unhappy and we will offer you a satisfied solution about that. We hope then you can revise your feedback into a positive feedback for us!

Best wishes.

活动 4　纠纷处理

交易过程中投诉和纠纷过多，就会直接影响店铺的服务指标，损害卖家的利益。客服需分析产生原因，并掌握处理方式。

一、引起纠纷的原因

1. 对商品不满意

客户对商品的期望与实际使用效果存在一定差距，如质量问题、货物短装，或是在运输过程中造成货物破损，以上情况都可能引起纠纷。如果卖家销售假货、使用图片侵权等则可能会被投诉。

2. 物流运输问题

主要包括客户长时间没收到包裹、海关扣关、包裹投递延误等，这类在速卖通平台都归为“未收到货”的纠纷。

二、纠纷处理原则

客服面对纠纷时要积极面对，主动与客户协商，提升客户满意度。

1. 以客户为中心

要站在客户角度考虑，以友好的方式一起解决，尽量让客户减少损失，了解客户所在地的风俗习惯，判断客户的性格脾气，积极调整沟通方式。

2. 运用有效的沟通技巧

客服要及时回应，提前想好解决方案。尽管货物不能让客户满意，态度也要让客户无可挑剔。一般情况下应尽量以书面沟通的方式为主。

例：表示遗憾可以说：We sincerely regret that we have been unable to come to terms thus far.（我们对迄今为止未能达成协议深表遗憾。）

期待下次合作可以说：Whatever the outcome, we will continue to honor you as a valued customer.（无论结果如何，我们将继续对您视为宝贵的客户。）

三、纠纷处理方法

较高的客户满意度可以给卖家带来额外的交易，从而直接影响到商品的曝光排序，更进一步地影响其他客户的购买行为。因此客服需要做好售后服务，降低纠纷率，提高店铺的服务指标。

如何预防纠纷

1. 处理商品纠纷

商品纠纷主要分为以下两种：

（1）质量纠纷

客服首先应询问具体问题，并要求客户提供证据。其次检查客户提供的证据，如果不是质量问题，应在邮件中陈述事实并列举支持自己观点的证据或商品截图。

商品质量问题有以下两种情况：

① 质量问题严重，询问客户要求退款还是重新发货。涉及退换货时，客服应提供退货地址，注意提醒客户退换的货物不能影响二次销售。

② 如果不影响使用，可以协商后给客户退回小额补偿，如 2 ～ 3 美元。

（2）破损纠纷

破损纠纷有两种情况：

① 卖家在包装时没有使用牢固的材料包装造成破损，那么卖家需接受客户的退款要求并赔偿。

② 不是公司货物包装造成的破损，客服应首先给予诚挚道歉，用礼貌的语言给客户解释货物破损可能是由于物流运输问题造成的，并表示可以给出一定弥补，请求客户谅解并取消纠纷申请。

2. 处理物流纠纷

物流纠纷主要有以下几种：

（1）未收到货

首先了解该包裹的最新状态，核实客户反映的情况。然后针对客户提出未收到货的时间，进行有针对性的回复。一般来说，根据时间长短可以分为两种情况。

① 20 ～ 30 天：客服可以在邮件中解释国际物流的运输时间较长，希望客户能耐心等待。

② 30 天以上：若客户表示已经超过 30 天还没收到货，客服应在邮件中表示可以给客户重新发货或全额退款，希望能取得客户的谅解。

（2）包裹投递延误

造成物流延误的原因一般为物流高峰期、海关审查、恶劣天气以及节假日等。客服应及时向客户解释延误原因，请客户耐心等待，必要时可以提出一定的补偿。

（3）海关扣关

即货物因不符合通关要求而被进口目的地海关扣留。一旦被扣关，客服应立刻和客户联系，尽量说服客户协助清关。如果清关费低，可先和客户协商清关费双方平摊。如果客户不愿意，则看包裹能否退回，主要有两种情况：

① 包裹能免费寄回，客服可与客户沟通，等包裹寄回后再重新给他发货。

② 包裹不能寄回且清关费很高，此时可能需要卖家放弃包裹。因为如果拖着不处理，一旦客户没收到货，发起争议对卖家非常不利。

如果根据以上方法进行处理，客户仍未撤销纠纷反而升级为投诉，客服需要等待平台裁决，后续根据平台裁决结果执行即可，在发送邮件时可以表示遗憾并期待下次的合作等。

【情境】

某客户发邮件表示 35 天未收到包裹，身为客服的你需回复邮件表示歉意，并告知店铺有 30 天未收到货的保障，询问客户需再次寄送包裹还是全额退款。

【参考答案】

Dear customer,

We're so sorry that you still haven't received your item. Please don't worry, we have the 30 days money back guarantee.

Now we will consider this package as lost, just wonder if you want us to resend a new replacement for you (We will reconfirm your address) or just want your full money back.

Please accept our sincere apologies again for the inconvenience caused. We will await your reply.We really appreciate your understanding and patience.

Kind regards.

课程总结

经过本次课程的学习，可对跨境电商客服售前服务和售后服务的工作内容有一定的了解，熟悉邮件结构，了解各情况下邮件撰写的形式和注意事项，了解咨询接待的流程，掌握交易促成和订单催付的技巧，并熟悉订单跟踪与反馈的工作内容，掌握退换货、中差评和投诉纠纷的处理技巧。

课后思考

1. 跨境电商客服与传统电商客服有什么不同？
2. 跨境客服的工作主要涉及交易的哪些具体流程？

延伸拓展

拓展阅读

扫码阅读以下学习资源，拓宽自己的知识和视野：

文章 1：纠纷处理常规回复

文章 2：客服如何回复退换货邮件

文章 3：跨境商品咨询客服回复范文

文章 4：跨境物流咨询客服回复范文

文章 1　　文章 2　　文章 3　　文章 4

思政园地

跨境交流需注意差异

思政元素：增进国际理解。

跨境电商活动由于跨越国界，在政策法规、语言文化、物流运输等方面都存在障碍。它不仅是一种单纯的跨越国界的买卖活动，也是一种跨文化的商务活动。

跨境电商活动中，由客服负责通过语言或文字与客户进行交流。但任何语言都是一定文化中的语言。如果不了解语言文化的差异就容易造成误解而导致商务活动的失败。跨境电商要跨境，需要做以下几方面语言上的工作：

首先，把产品信息翻译成当地语言。包括商品名称及买卖条款等信息的翻译，翻译过程中特别要注意译文符合目的国语言风格及习惯，否则就容易闹笑话。譬如，某企业把“白象”电池翻译成“White Elephant”出售到国外，结果发现没人愿意买，后来调查发现“White Elephant”在目的国是指“大而无用的东西”。

其次，努力做到客服的目的国语化。客服是电商的重要环节，如果没有考虑到客服语言目的国语化，将很难取得客户的信任并使企业做得长久。比如中俄贸易非常频繁，但是让中俄贸易商们最头疼的问题就是语言翻译的问题，翻译的客服严重缺乏，语言问题导致中俄贸易的沟通效率低下。

（资料来源：跨境电子商务中的跨文化思考[EB/OL].（2017-06-14）[2024-09-10].https://www.docin.com/p-1950008950.html）

【思考与讨论】

1. 以上案例说明了什么现象？
2. 你认为跨境电商未来需要突破的关键在哪些方面？

自我分析与总结

错题整理

学会的内容

总 结

Module 6

模块六　跨境电商营销推广

课时建议：10课时

学生工作页

学习情境

跨境营销推广是跨境电商中非常关键的环节。在跨境运营工作中，营销人员需要考虑店铺促销活动策划内容，了解 CPC 广告的创建与优化策略，同时还要掌握例如软文、短视频、红人营销的内容创作与发布，帮助商家拓展海外市场，提高品牌知名度和销售额。

学习目标

知识目标	技能目标	思政目标
• 能概述促销活动策划流程； • 能简述跨境 Ads 系列投放流程； • 能认知软文、短视频撰写技巧及红人营销联系方式。	• 能根据店铺情况策划一场促销活动； • 能针对产品特性完成 CPC 广告重点推广计划的建立； • 能结合店铺情况选择合适的 SNS 营销手段并完成投放。	• 保持终身学习的意识和能力； • 培养制定解决方案、合理解决问题的能力； • 保持对创作的好奇心和想象力，大胆尝试。

聚焦竞赛

本模块学习内容聚焦如下竞赛技能标准：

1. 能够根据平台大型促销活动主题，把握目标站点活动时间，结合店铺产品线、活动预算和人员安排等情况，制定大型促销活动策划方案。

2. 能够根据活动目标与实施效果的差异对比，调整推广方案，并根据最终效果，对后续活动方案提出优化建议。

3. 能够根据店铺整体推广策略，通过社交软件、社交网站及搜索引擎，制定关键词投放、视频投放、图文推广等持续性的推广方案，达到提升流量、品牌知名度等目标。

4. 能够根据店铺推广方案，按照 Facebook、YouTube、X 等社交平台规则，通过设置折扣、发布与产品相关的视频、外链、软文等信息进行站外推广。

5. 能够根据店铺推广方案，按照 Slickdeals、Hotukdeals、Dealsplus 等站外促销网站的规则，通过与红人合作等方式进行推广。

6. 能够根据店铺推广方案，按照 Facebook、YouTube、X 等社交平台规则，利用 Facebook Messenger、WhatsApp、Line 等信息沟通工具发布推广活动。

7. 能通过撰写邮件拓展 KOL 合作渠道，邀请 KOL 分享推广内容或参与企业的网上活动。

工作准备

1. 认真阅读学习任务书，明确本次工作活动的学习任务要求；

2. 登录任意跨境电商知识或资讯平台，自主搜集跨境电商营销推广等方面的资料，进行深入阅读，并记录感悟和问题；

3. 提前准备好本模块任务实施的相关材料；

4. 结合学习任务书梳理大致的工作计划和要点。

学习任务书

认真阅读如下所示任务背景，明确本任务要求。

任务背景

材料：超美滋是一家主营奶粉的新兴起的跨境店铺，该店铺主要在速卖通平台售卖产品。由于是刚起步阶段，资金暂不充足，但店主是营销专业出身，因此为店铺的发展做好了一系列的准备工作。

临近夏季，销量不佳，于是店主小李决定开展“奶霸一夏”主题活动。活动过后，给店铺增添了不少新用户，但经过数据跟踪复盘，小李发现存在许多潜在用户。于是小李决定针对店铺的新品“脱脂乳粉”，结合表 6-1 中的“脱脂奶粉”关键词数据，开展直通车重点推广工作，挖掘这一批潜在用户。经过直通车推广后，店铺销量稳步上升，但小李发现店铺的知名度并没有太大提升。于是小李决定合理利用 SNS 营销，提升店铺知名度。拥有 5 万粉丝的小网红 Emily 在最近的活动中成功吸引了一大批宝妈粉，其粉丝属性符合小李主营产品的目标人群，因此成为本次的联系对象。

表 6-1 “脱脂乳粉”关键词数据

关键词	推广评分	30 天搜索热度	竞争度	市场平均价
skimmed milk powder	优	723	60	0.12
powdered milk	优	340	88	0.12
adult milk powder	良	30	4	0.10
whole milk powder	优	173	59	0.12
baby milk	优	258	30	0.10
milk powder 3 sections	优	50	15	0.10
milk powder cake	良	10	5	0.11
milk powder can	优	80	88	0.10

任务要求

根据提供的任务背景信息，完成下列任务：

任务 1：促销活动策划；

任务 2：直通车计划建立；

任务 3：跨境 SNS 营销。

★ 学习任务对应岗位：跨境电商营销专员。

★ 涉及知识与能力：店铺活动促销、跨境 Ads 推广、跨境 SNS 营销。

任务分组

将学生按每组 4 ～ 6 人分组，明确每组的工作任务，并填写表 6-2。

表 6-2　学生分组表

<table>
<tr><td>班　级</td><td></td><td>组　号</td><td></td><td>指导老师</td><td></td></tr>
<tr><td>组　长</td><td></td><td>学　号</td><td colspan="3"></td></tr>
<tr><td rowspan="5">组　员</td><td>姓　名</td><td>学　号</td><td colspan="2">姓　名</td><td>学　号</td></tr>
<tr><td></td><td></td><td colspan="2"></td><td></td></tr>
<tr><td></td><td></td><td colspan="2"></td><td></td></tr>
<tr><td></td><td></td><td colspan="2"></td><td></td></tr>
<tr><td></td><td></td><td colspan="2"></td><td></td></tr>
<tr><td colspan="6">任务分工</td></tr>
<tr><td colspan="6">例如：＿＿＿＿＿＿同学，主要负责＿＿＿＿＿＿工作。</td></tr>
</table>

获取信息

根据引导问题，从信息页的相关学习任务中获取对应的信息，回答引导问题并在空白处填写答案。

引导问题 1：举例说明速卖通平台跨境店铺开展促销活动的主要内容有哪些。

＿＿＿＿＿＿＿＿＿＿＿＿＿＿＿＿＿＿＿＿＿＿＿＿＿＿＿＿＿＿＿＿

＿＿＿＿＿＿＿＿＿＿＿＿＿＿＿＿＿＿＿＿＿＿＿＿＿＿＿＿＿＿＿＿

＿＿＿＿＿＿＿＿＿＿＿＿＿＿＿＿＿＿＿＿＿＿＿＿＿＿＿＿＿＿＿＿

＿＿＿＿＿＿＿＿＿＿＿＿＿＿＿＿＿＿＿＿＿＿＿＿＿＿＿＿＿＿＿＿

引导问题 2：以速卖通平台为例，店铺促销活动的具体内容主要包括店铺满立减、__________、__________、__________。

引导问题 3：简述促销活动的复盘工作需包含哪些内容。

引导问题 4：简述速卖通直通车重点推广计划与快捷推广计划的区别。

快捷推广计划创建

引导问题 5：以流程图的形式展现直通车推广计划的优化过程。

引导问题 6：常见的跨境 SNS 营销平台包含________________。最常见的 SNS 营销方式有软文营销、__________、__________等。

引导问题 7：分别描述下列数据指标对于速卖通直通车推广优化的含义。

展示次数	
点击次数	
费用指标	

引导问题 8：简述营销软文撰写要包含的内容有哪些。

引导问题 9：请简述跨境营销短视频制作流程。

引导问题 10：简述红人合作邮件需包含的内容要素。

计划决策

小组内每位成员提出自己的计划和方案，经小组讨论比较，综合每位同学的意见，确定小组的最终实施方案。

任务 1：促销活动策划

➤ 计划 1：请联系材料，制定促销活动策划的操作方案，针对超美滋店铺“奶霸一夏”的促销活动策划做出计划。

问题：结合活动主题、平台特性，讨论本次促销活动的开展时间、具体内容、实施流程、推广方式，并规划大致预算。

决策结果：

任务 2：CPC 广告计划建立

➤ 计划 2：请联系材料，计划建立速卖通直通车推广的操作，针对以宣传“脱脂乳粉”新产品为目标的速卖通直通车重点推广计划做出方案。

问题 1：分析脱脂乳粉的产品特性，结合搜索引擎或关键词查找工具讨论并列举出至少 3 个直通车推广关键词。

问题 2：结合材料中表 6-1 的信息，讨论选定的关键词出价分别为多少较合理。

决策结果：____

____

____

____

任务 3：跨境 SNS 营销

➤ 计划 3：请联系材料，计划跨境 SNS 营销的操作，针对以提升店铺知名度为目标的 SNS 营销的内容制作做出计划。

问题 1：分析店铺特性及营销目标，对比软文、短视频及红人三种营销手段，讨论哪种方式更有优势。

问题 2：分析产品属性，讨论若选择红人营销应选择哪个类型或级别的红人。

问题 3：讨论与红人建立合作的联系邮件需包含哪些内容。

决策结果：____

____

____

____

____

实施计划

根据制定的工作计划，组织实施并记录实施操作过程中的关键信息与数据，完成引导问题的填写。如果无法独立完成，可以参考配套实训任务书。

计划实施 1：联系计划 1，为超美滋店铺撰写一份以提升店铺销量为目的的促销活动策划方案，并将具体方案填于下方空白处。

计划实施 2：联系计划 2，为脱脂乳粉产品选择 3 个直通车推广关键词并设置相应出价，将最终结果填入下方。

关键词	出　价

计划实施 3：联系计划 3，以超美滋店主的身份撰写一篇向红人传达合作意向的邮件，将邮件内容填入下方方框中。

评价反馈

1. 各组派代表上台展示成果，并介绍任务的完成过程。

2. 其他组同学给你们提供了哪些意见或建议？请记录在下面。

____

____

____

3. 本次课的心得体会：

____

____

____

4. 评价方式采用多元化评价，评价主体由学生、小组与教师构成，评价标准、分值及权重如下所示：

（1）学生进行自我评价，并将结果填入表 6-3 中。

表 6-3　学生自评表

班级：__________　　组名：__________　　日期：________年____月____日

评价项目	评价标准	分　值	得　分
信息检索	能有效利用网络资源、配套资料查找有效信息	10	
知识掌握	能准确理解学习任务中讲述的知识内容	15	
技能训练	能按任务书要求，按计划完成工作任务	15	
感知工作	认同工作价值，在工作中能获得成就感	10	
团队素养	能与教师、同学之间相互尊重、理解和平等交流	10	
职业素养	能严格遵守相关工作守则和法律法规	10	
思维状态	能发现问题、分析问题并解决问题	10	
参与状态	能发表个人见解，倾听他人意见和看法	10	
创新意识	能在工作过程中做出创新点	10	
合　计		100	

（2）学生以小组为单位，对学习任务的实施过程与结果进行互评，将互评结果填入表 6-4 中。

表 6-4　小组互评表

班级：__________　　被评组名：________　　日期：________年____月____日

评价项目	评价标准	分　值	得　分
团队素养	该组小组成员间合作紧密，能互帮互助	15	
	该组的工作计划周密，组织有序	15	
	该组态度端正，有较强的吃苦耐劳精神	10	
工作情况	该组的工作效率突出	20	
	该组的工作成果完整且质量达标	30	
	该组严格遵守相关工作守则和法律法规	10	
合　计		100	

（3）教师对学生工作过程与工作结果进行评价，并将评价结果填入表 6-5 中。

表 6-5　教师评价表

班级：__________　　组名：__________　　姓名：___________

评价项目	评价标准			分　值	得　分
考　勤	无无故迟到、早退、旷课现象			10	
工作过程	能正确回答引导问题并填写答案			20	
	能制定详细的工作计划			10	
	能按任务书要求规范实施工作活动			20	
项目成果	能按时完成任务			10	
	学习态度认真、细致、严谨			10	
	任务成果完整且质量达标			20	
合　计				100	
综合评价	自我评价（20%）	小组互评（30%）	教师评价（50%）	综合得分	

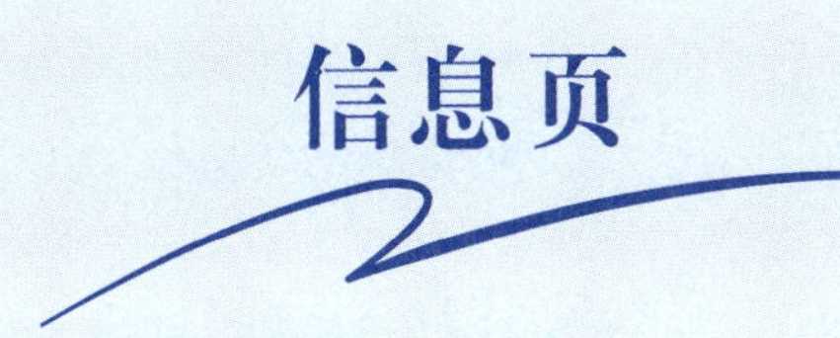

情境导入

小明经营着一家女装跨境网店，此前销量一直很稳定，但在调整了运营策略，逐步增加店铺内低端女装的占比后，店铺的转化率却越来越低。于是小明想要利用一些营销推广手段改善这一情况，但他并不知道具体要怎么进行。

现在请你根据店铺活动促销策划流程、跨境 Ads 推广建立及 SNS 营销手段帮助小明完成店铺营销推广工作。

【思考】

认真思考以下问题，并带着问题进入课堂寻找答案吧。

- 策划一场店铺促销活动需要做哪些准备工作?
- 促销活动的执行主要围绕哪些工作进行?
- 跨境 Ads 系列如何建立、推广、优化?
- 软文、短视频营销分别有哪些类型? 如何撰写软文和制作短视频?
- 如何寻找、判断红人质量并与其建立合作?

学习任务 1　店铺活动促销

店铺活动促销是吸引店铺流量的主要途径之一，有针对性地策划促销活动，可以有效提高客单价、促进转化，从而推动店铺业绩的稳步增长，进而实现店铺可持续发展的目标。

因此本学习任务主要从以下两个方面展开讲解：

- 促销活动策划
- 促销活动执行

活动 1　促销活动策划

促销活动策划是在市场目标的导向下，根据店铺营销战略需求，利用多种工具和手段实现有效互动、传播和推广的设计方案。一场成功的促销活动通常包含以下七个方面的内容：主题、目的、时间地点、内容、实施、推广方式以及预算。

一、活动主题

活动主题指在集体性活动中，以一个主题为核心，围绕主题展开各类活动与交流。在跨境电商平台上，有许多不同的活动主题，一些主流跨境电商平台还会自行设定一些促销主题。

例：基于节日的主题活动有“圣诞节促销活动”“儿童节促销活动”等。以平台为主的主题活动则包括“黑色星期五”“网络星期一”等，亚马逊的“PrimeDay 会员日”（图 6-1），速卖通年底的“双十一”大促等。

图 6-1　亚马逊 PrimeDay

二、活动目的

促销活动的目的在于通过有效的资源策划一场活动而迅速提高企业及其品牌知名度、美誉度和影响力，促进产品销售。

例：在“黑色星期五”的短短三天内，俄罗斯人在网上商店消费了223亿卢布。速卖通在“黑色星期五”的销售额创下了该平台整个存货的历史新高。速卖通“黑色星期五”促销页面如图6-2所示。

图6-2　速卖通“黑色星期五”促销页面

三、活动时间地点

在策划活动时间时，需要考虑到国外的一些重要节日，例如感恩节、圣诞节等；同时也需要考虑到一些已经流行的购物节日，例如速卖通的“SummerSale”、Shopee的“6·6”和“7·7”大促、TikTok的英国夏季大促等。

活动地点视具体情况而定，线上活动通常在店铺内或平台首页展现；而线下活动可以选择跨境贸易活跃的地区，以吸引更多的消费者参与。

四、活动内容

活动内容指的是活动的具体方案，某次活动的书面计划，具体行动细则、步骤等。以速卖通平台为例，其为卖家提供了免费的营销活动内容，包括限时限量折扣、全店铺打折、店铺满立减、店铺优惠券等，有效地利用这些活动内容能够帮助店铺提升销量。

1. 限时限量折扣

限时限量折扣活动是由卖家自主选择活动商品和活动时间，设置促销折扣及库存量的店铺营销工具。卖家可以通过设置不同的折扣力度来推新品、造爆品、清库存，主要起到活跃店铺气氛、增加店铺人气、调动买家购买欲望的作用。设置页面如图6-3所示。

限时限量活动注意事项

图 6-3　限时限量折扣后台设置

2. 全店铺打折

全店铺打折可以让卖家根据不同类目商品的利润率对全店商品批量设置不同的折扣，帮助店铺在短时间内快速提升流量和销量，如图 6-4 所示。

图 6-4　全店铺打折前端页面

3. 店铺满立减

店铺满立减是由卖家在自身客单价基础上设置订单满多少系统自动减多少的促销规则，是一款可以刺激买家多买、提升客单价的店铺营销工具。店铺满立减分为全店铺满立减和商品满立减两种类型。前者是全店铺的商品都参加活动，后者是部分商品参加活动。

4. 店铺优惠券

店铺优惠券是由卖家自主设置优惠金额和使用条件，买家领取后在有效期内使用的优惠券。使用店铺优惠券可以刺激新买家下单和老买家回购，从而提高店铺的购买率及客单价。如图 6-5 所示。

图 6-5 店铺优惠券

五、活动实施流程

一次成功的活动需要做好实施前的充分准备和宣传工作、实施中的注意事项和紧密跟进工作以及实施后的总结和反馈工作。

1. 活动筹备

确定了活动方案，就要根据既定的方案进行各项事务的准备。作为活动的运营人员，筹备阶段的任务大都要在活动开始前一周甚至一个月就确认。在活动筹备阶段，运营的工作有以下两个重点。

（1）活动报名

跨境电商平台的活动一般通过内部进行报名，每期活动会基于合适类目的卖家开放招商。在平台活动管理中，可以查看可报名参加的活动，如不符合活动要求，则无法成功报名。平台的促销活动，以亚马逊为例有以下几种，如表 6-6 所示。

表 6-6 亚马逊促销活动

Lightning Deals 秒杀	简称 LD，限时特惠秒杀活动，一般持续时间 4 ～ 6 h。此活动为收费活动，根据 ASIN 收费
Best Deals 特价促销	简称 BD，一般持续时间 2 周，此活动为免费活动
Deal Of The Day 单天秒杀	简称 DOTD，亚马逊秒杀王中王。持续时间为 1 天，只有 3 个广告位，此活动免费

（2）确认资源

无论规模大小，任何一场活动都需要多个部门间的协调配合，并定期确认统筹。沟通在活动执行中是非常关键的。通常来说，确认资源时需要注意外部资源和内部资源调配。

① 外部资源确认：选择外部资源推广活动时，曝光量越大的渠道就越多人申请。因此可能需要排期，不同的渠道对物料的要求也可能不同，如 Slickdeals 促销网站对店

铺 Feedback 有要求，未满足条件的不能发帖推广。

② 内部资源确认：如果渠道展示形式需要制作，则要将活动物料的需求提交给设计，并督促和跟进设计的完成情况。

在确认资源时，小叶觉得很困惑：

（1）在协调外部资源时需要提供什么规格的物料？流程是怎样的？

（2）内部资源确认时需要注意哪些要点？

上面两个问题，你知道怎么回答吗？

2. 活动预热

精心策划一场活动，到最后效果却不尽如人意，很大原因在于活动运营前期未能充分烘托好气氛。平台的大促活动往往在一个月前就要开始做铺垫。在活动预热阶段，运营主要关注店铺装修以及活动宣传。

（1）店铺装修

店铺展示是很多平台对外营销的重要窗口，活动期间，可以通过充满节日氛围的页面设计来吸引顾客。店铺主图、轮播图等都需要精心设计，最好能与节日相呼应，这样才能调动用户的节日情绪，并激发他们的购买欲望。

小贴士

大促活动店铺装修必备要素：

（1）店铺头图，展示活动亮点，营造节日气氛，展示活动优惠信息；

（2）店铺海报，通过海报展示店铺的热销品以及大促的信息；

（3）置顶重点产品，选择 3 ～ 4 个爆款产品；

（4）精选产品，丰富活动品类。

（2）活动宣传

能引来多少流量，直接决定了活动的效果。大促期间，卖家不仅要重新装修店铺，尽可能多地在店铺的各个页面增加进入活动的入口，还需要让更多用户在活动期间关注并进入店铺。活动宣发可以通过以下两个途径。

① 站外社会化营销：站外营销渠道有很多，针对不同的网站，我们可以运用不同的方法，将流量引到设计的促销页面或者专题页面上，进行转化。除了广告投放，还可以借助与红人合作、发放优惠券、创建预订促销活动等。

例： 福特汽车公司在 Facebook 上揭开新一代 2011 福特“探险家”的详细信息和数据。这是有史以来第一次汽车公司使用一个网站而不是用车展来推出它们的新款车型。为了让支持者的人数超过一定的数量，福特公司采用了随机抽选一位 Facebook 粉丝赠送新款“探险家”的做法。这就是一种站外社会化营销方式，如图 6-6 所示。

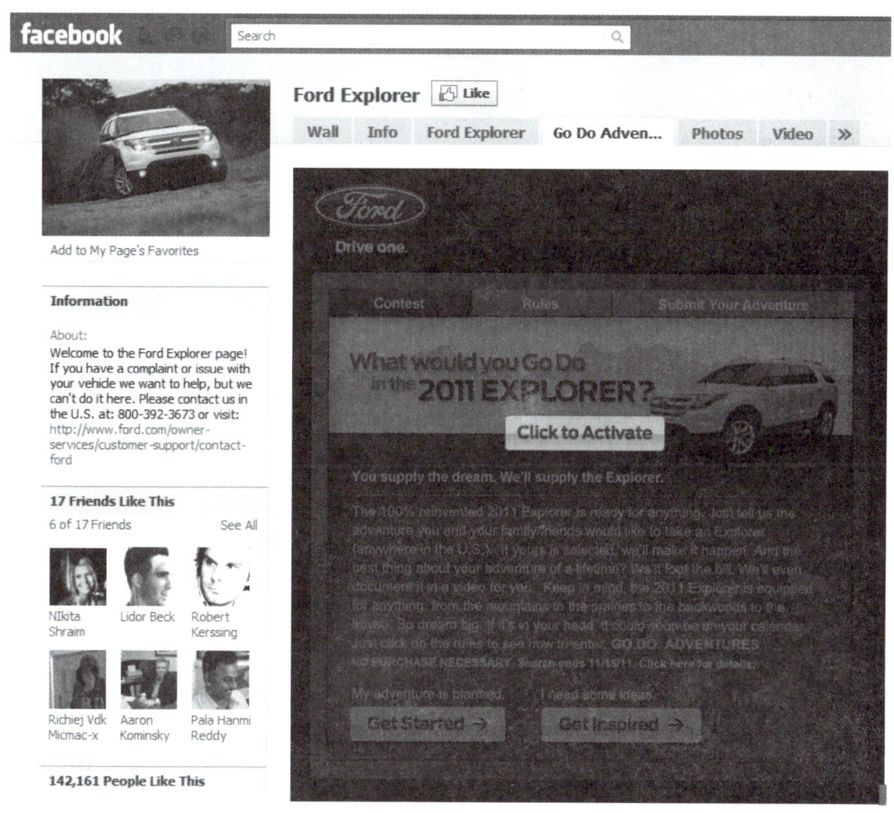

图 6-6　福特在 Facebook 上发帖

② 老客户通知：如果手上有老顾客的联系方式，可以将我们设计好的邮件，在活动预热期通知客户，通过邮件将流量引到我们设计的促销页面或专题页面。

3. 活动监控

活动上线后，运营的工作才刚刚开始。在活动运行过程中，运营的主要工作是对整个活动进行整体的监控，分析活动是否有值得优化的地方，并想办法搜集各种活动数据。主要监控数据表现及用户跟进。

（1）数据表现

活动上线后，要了解活动的运营目标是否在一步步接近和完成，运营只能通过对活动的实时关注得知。因此必须密切监控店铺的数据表现，酌情增加优惠券、包邮力度或加码站外广告力度。需要重点关注的数据如表 6-7 所示。

表 6-7　重点关注数据

推广渠道数据	关注推广链接是否正常，投放内容是否正常引流
优惠券数据	关注优惠券设置的合理性，以及对优惠力度的把控
销售数据	加购与付款是否正常，活动页面、促销力度是否有吸引力
库存数据	关注库存是否充足，推荐位是否需要调整

（2）用户跟进

用营销手段将用户引入，只是营销的开始。用户对一个新品牌或产品的记忆是很短的，我们必须在短时间内让用户尽可能多地了解产品。用户了解产品之后，就存在下单购买的可能。

小贴士

用户跟进可从以下三点入手：

（1）回复大促期间顾客常见问题，可提前制定消息模板；

（2）及时跟进下单未付款顾客，推送优惠券刺激消费；

（3）对于已购买商品顾客，推荐相关产品增加客单价。

六、活动推广方式

单靠促销活动，商品想要爆单是很难的，这时候就需要在站内外推广活动，增加商品的曝光率和点击率。只要稳住转化率，拉动销量，活动的促销效果就会提高很多。

（1）站内推广

① 商品关键词推广：显示在搜索结果页面，按点击收费。由于是通过关键词搜索展示，因此凡点击的用户都是有购买意向的潜在顾客。

② 展示型推广：针对兴趣或产品的展示广告，引导用户访问详情页，按点击收费。

（2）站外推广

① 视频平台：视频广告是比较常见的推广方式，如在 YouTube、TikTok 等视频平台投放开屏广告、视频贴片广告。

② Google 搜索引擎广告：搜索意味需求，谷歌广告的流量质量是比较好的。

③ 社交平台：社交平台用户质量较高，是网红主要活跃地。常见的平台有 Facebook、X、Instagram 等，商家可选择自己运营账号，或与网红合作，也可以直接投放 CPC[①] 广告，如图 6-7 所示。

图 6-7　社交平台推广

④ Deals 站[②] 引流：Deals 站相对来说比较简单，这类平台的用户大多有很强的购物欲望，放量效果都不错。通过官网可以联系到官方管理员进行合作沟通。如图 6-8 所示。

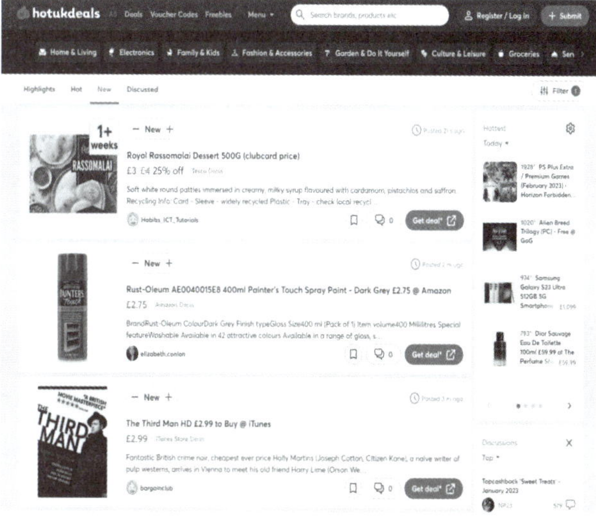

图 6-8　hotukdeals 促销网站首页

① CPC 是英文 cost per click 的缩写，是指按点击去付费的广告模式。

② Deals 站是指提供各种商品折扣、优惠信息及限时促销的在线平台，即导购促销网站。

七、活动预算

活动预算能够有效帮助卖家明晰此次活动付出的成本，结合活动结束后的复盘计算，判断活动举办得成功与否。一场线上促销活动的预算应包含推广费用、物料费用等。通常活动预算以表格的形式呈现，如表 6-8 所示。

表 6-8　活动预算表

项　目	详　情	预估价格
活动宣传费用	推广渠道投放费用等	
宣传物料费用	活动海报制作、广告制作	
社交媒体广告费用	Facebook、X 等	
其他	优惠券、礼品赠送等	

活动 2　促销活动执行

促销活动的执行可以分为三个阶段，分别是报名时的准备工作、活动进行时的跟进工作以及活动结束后的复盘工作。

一、报名时准备工作

前期准备工作的第一步是选品。选品必须符合所报平台活动的要求，且必须有一款主打的产品。选择产品时，要了解消费者的需求和购买动机，选择适合活动主题的产品，如表 6-9 所示。

表 6-9　活动主题使用产品示例

活动主题	适用产品
情人节	巧克力、珠宝、贺卡、化妆品、各类服饰等
儿童节	玩具、儿童服装、电子产品等
返校季	礼品、办公家具、文具等
黑色星期五	几乎全品类

通常每个店铺会有一款主推商品，可能是利润款，也可能是为了清库存的活动款或引流款，在选品时也可以选择下个季节要上新的款式，利用活动做测试；或者是选择店铺的热销款，更好地带动店铺销量。

产品选择好之后，第二步要不断提升产品的信息质量。比如针对所选择的产品进行全面产品属性优化和产品详情页再优化，进行中差评营销，进一步提高产品评分，以提升产品入选概率。

二、进行时跟进工作

（1）产品库存

在活动进行时必须注意产品库存问题。活动进行过程中需谨慎注意每款产品的库存，避免缺货、无货的情况发生。

（2）运费模板

运费模板是否符合活动要求也需要仔细检查。例如根据俄罗斯团购要求对俄语系国家包邮、巴西团购要求对葡语系国家包邮等不同情况，尽快调整运费模板以符合活动报名要求，因为产品一旦锁定，商家就不能对运费模板再进行更改。

（3）关联营销

关联营销是指卖家通过运营策略，在商品详情页面展示与当前所浏览商品相关的其他商品，以吸引消费者购买更多商品的一种营销方式。为了实现平台活动最大程度带动全店销售，商家需要综合运用多种营销手段，包括做好店铺装修、设计吸引人的店招和海报、开展切片营销，尤其要注重关联营销。

（4）确保货源

需要确认所选产品的货源稳定，供应链完善，不会出现断货风险，同时确保所选产品的质量是优质的。

（5）其他营销

做好定向优惠券营销、收藏夹和购物车营销等，以配合平台活动的开展，提升店铺转化率。

（6）客服回复

注意客服的及时性，提升客服的询盘回复速度，增加客服在线时长，以满足不同国家和地区的时差要求。

三、结束后复盘工作

每一场促销活动完成后都会有相应的系统数据和交易结果体现，同时也会有用户反馈、市场竞争情况，通过复盘能看到自身店铺的不足、用户的喜好等情况。

复盘总共需要经过四个步骤：回顾活动目标、呈现活动结果、深入分析差异、导出经验总结。

1. 回顾活动目标

对具体的活动过程进行回顾、梳理，主要回顾预期目标、实施策略与计划。之后，要将实际结果与预期目标进行对比、评估，找出其中的差异。

2. 呈现活动结果

活动复盘中需要呈现的结果包括目标完成率、销售金额、销售数据、毛利情况、缺货情况以及竞店的数据收集。

3. 深入分析差异

在深入分析所产生结果的原因时，可根据现有目标和结果的差异，提出部分假设，例如：

（1）是否高估某个推广渠道的转化？

（2）投放广告的时间点有没有选择到最佳？

（3）宣传文案足不足以打动用户？

代入假设进行验证，常见的验证方法有三种：

（1）通过数据验证；

（2）改变变量、再试一次如返场活动；

（3）回访用户。

4. 导出经验总结

在经验总结上要尽可能发现问题的本质，例如在客户回访过程中了解到页面打不开的状况，那么在下次活动开展前，就要进行多次测试，如出现同样的情况就要配合开发运维工作人员加强改良。而登录页作为活动转化最重要的一环，需要重点监督，保证测试人员完成足够有效的测试和反馈。

明确每个岗位的工作职责，如设计部关于主图、商品详情页的优化，仓储部的库存补充，客服部的问题统计反馈，运营部的实时推广数据反馈。

学习任务 2　跨境 Ads 推广

Ads 是指商家在线上和线下的投放广告行为，用以推广其产品和服务，从而获得更多的销售和客户。例如亚马逊平台有 Amazon Ads、Wish 有 PB 站内广告、速卖通是直通车，以上各跨境平台的 Ads 推广操作均相似。

因此本学习任务主要以速卖通平台为例从以下三个方面展开讲解：

➤ CPC 广告建立

➤ CPC 广告管理

➤ CPC 广告推广优化

活动 1　CPC 广告建立

以速卖通平台为例，CPC 广告的推广计划建立需要经历选品、选词、出价三大环节，在此之前，还需要先确定推广计划类型。

一、选择推广方式

CPC 广告的推广类型有两种，分别是重点推广计划和快捷推广计划，如图 6-9 所示。商家需要根据自己的营销目标、品牌策略以及可投入的时间进行相应选择。

图 6-9　推广方式

1. 重点推广计划

重点推广计划内的商品可以指定推广关键词，而且独有创意推广等功能，可加快爆款打造。卖家最多可以创建 10 个重点推广计划，且每个计划能包含 100 个单元。因此，重点推广计划适用于市场热销或本身有销量价格优势的商品。

2. 快捷推广计划

快捷推广计划具有批量选品选词等功能，可将相似商品打包推广。最多可创建 30 个快捷推广计划，每个计划可容纳 100 个商品。批量选词、出价能快速建立计划，效率比较高，但是精确性较差，适用于普通商品的批量推广。

二、新建推广计划

以新建重点推广计划为例，介绍如何创建推广计划，具体操作方法如下：

1. 新建重点推广计划

进入“速卖通直通车”后台管理页面，点击“营销”，在新弹出来的页面中下拉并选择“直播车营销”，在页面中选择“新增推广计划”并进行推广计划新建操作。如图 6-10 所示。

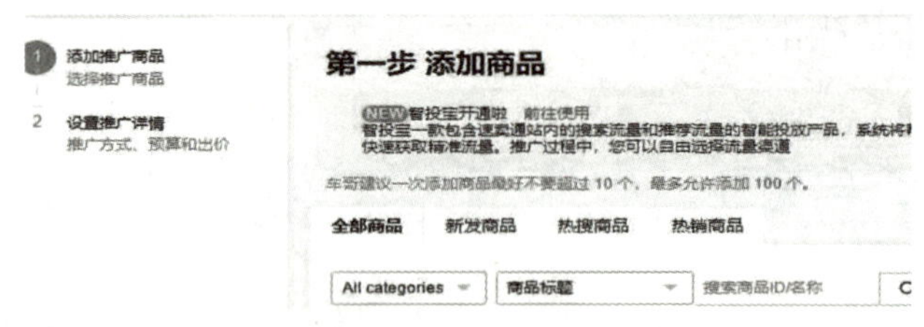

图 6-10　新建广告系列

2. 添加推广商品

在商品添加页面中，有四种添加方式，分别是全部商品、新发商品、热搜商品和热销商品。其中，“全部商品”页面中的“All categories”表示分类好的产品的目录 / 类目，可以从中选择需要推广的商品，同时也可以在商品标题 / 商品 ID 中选择需要推广的商品。添加结束后选择“下一步”。如图 6-11 所示

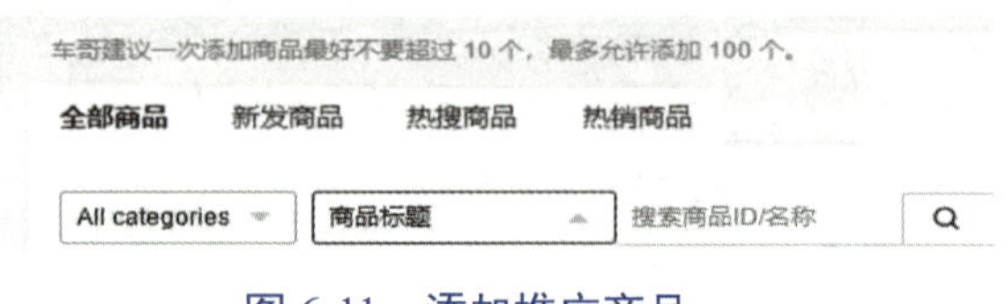

图 6-11　添加推广商品

3. 设置推广详情

“设置推广详情”中包括三种推广方式，分别是：智能推广 - 均匀曝光、重点推广和快捷推广。这里选择“重点推广”。下滑页面分别输入推广计划的名称以及每日预算。如图 6-12 所示。

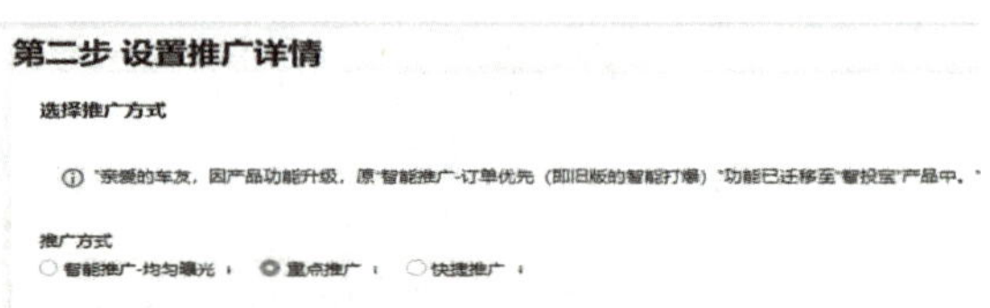

图 6-12　设置推广详情

在选择重点推广计划后，若选择单个商品推广，可以设置最低预算为 10 元；若选择重点推广多个商品，则需要将最低预设置为 50 元。

4. 设置关键词

（1）使用系统推荐词：根据商家所添加的商品，系统会在选关键词页面中，自动推荐出一批适合推广的关键词。卖家以词的推广评分、搜索热度、竞争度 3 个指标作为挑选关键词的依据。

（2）使用搜索相关词：卖家需要先输入某一关键词查询，系统将自动根据输入的关键词列出相关关键词，并提供这些关键词的搜索热度、竞争度等信息。可以根据具体推广需要选择添加。

（3）使用自定义关键词：输入自己想要额外添加的关键词，选择“添加”即可加入上方的“已选关键词”中。

直通车选词技巧

5. 出价

出价是指为选择的关键词设定每点击最高扣费上限价格。选词后在关键词列表下方，可批量为这些词出价，出价方式有按市场平均价加价和以底价为基础加价两种。

（1）按市场平均价加价：市场平均价是指设置该关键词的卖家中，有得到曝光卖家的平均出价，反映了该词当前获取流量需要的竞争价格。可在各关键词市场平均价的基础上统一加价，一般保持 +0.01 元即可。

（2）按底价出价：其主要功能是为所有已选关键词在其各自的底价基础上，加上一个统一的加价。

例： 卖家选择了“A，B”这两个关键词，它们的底价分别是 0.1 元和 0.2 元。如果你统一加价 0.05 元，则代表你对关键词 A 的出价为 0.15 元，对关键词 B 的出价为 0.25 元。

5. 完成创建

单击“保存”，即可完成重点推广计划的创建。可以单击“修改关键词出价”或是“管理推广计划”，进入该计划的推广管理页面。如图 6-13 所示。

图 6-13　完成重点推广计划创建

活动 2　CPC 广告管理

单击导航条“推广管理”，该页面会罗列出所有计划列表。在这个界面，我们可以控制每个计划的状态是“启动”还是“暂停”。当状态显示为绿色圆点时，表示目前正在正常推广；当状态显示为灰色暂停符时，表示目前已暂停推广，如图 6-14 所示。

图 6-14　推广管理

单击任意一个推广单元，即某一产品，进入该产品推广管理的详情界面，可以对“开启商品推荐投放”“增加创意”“优化关键词”以及“修改出价”等功能进行管理。

一、开启商品推荐投放

勾选“商品推荐投放”功能，然后“设置单次点击最高价格”，单击“确定”即可。系统会给出基于出价与历史曝光数据模拟计算的关系图，该关系图展示了将商品推荐投放设置为某个价格时可能获得的曝光量，可供我们参考。

二、增加创意

创意是指针对重点计划中的推广单元，可以自主选择要展示的“图片”以及“标题”文案。可以选择要推广商品的 6 张主图中任意一张作为展示图片，另外也可以自定义商品展示标题。

三、优化关键词

可以进入“关键词工具”中，左侧为“加词清单”与出价，右侧主体部分可以按“按计划找词”或者“按行业找词”，并列出与之相关的关键词，单击某个关键词，即可添加到左侧的“加词清单”中，如图 6-15 所示。

图 6-15　优化关键词

四、修改出价

单击“出价”中的具体价格，则会弹出“修改价格”对话框，并且提示当前出价的预估排名，商家可以根据提示修改出价。

活动 3　CPC 广告推广优化

CPC 广告的推广优化主要围绕曝光量、点击率、转化率及平均点击花费指标四项进行，如图 6-16 所示。

图 6-16　Ads 推广优化维度

一、优化维度

1. 曝光量

曝光量指在所选择的时间区间段，例如最近 7 天通过 CPC 广告的推广，商品在被海外买家（不包括中国买家）搜索时获得的展现次数。

这个指标主要用来观察搜索这个词的人数、产品热度如何。如果曝光量偏低，可能是产品没有热度，这个关键词没有人搜；也可能是出价太低，有人搜索了但是并没有触发展示该广告，这时可以提高出价再进行尝试。

2. 点击率

点击率 = 点击次数 ÷ 曝光量 ×100%

点击率越高，说明买家对所推广商品更感兴趣，愿意通过点击进一步查看了解商品详情。点击率是反映商品是否满足买家的采购需求、是否令买家感兴趣的重要指标。

一般来说，点击率低于 1% 即表示广告未准确定位到相关的受众群体。

3. 转化率

当用户通过 CPC 广告进行了互动，采取了某个对业务有价值的操作，如在线购买或联系客服时，就计为一次转化。

转化率 =（转化数量 ÷ 点击数量）×100%

转化率直接衡量产品竞争力情况。很多人点击查看商品详情后没有产生购买欲望，转化率就会很低，可能原因有：有虚假因素、产品竞争力不够、运费很高或产品详情页描述不清晰等。

影响转化率的因素

例：CPC 广告展示价格是 100 元，到了页面用户发现是 200 元，这就是广告虚假导致的转化率低。

4. 平均点击花费

指在一段时间内为 CPC 广告推广带来的点击所支付的平均点击扣费金额，代表引入一个潜在买家的平均成本。计算公式为：

平均点击花费 = 总花费金额 ÷ 总点击量

二、优化方式

除了以上需要关注的指标外，还要经常进行相关优化操作。例如尝试投放更多的国家或地区，提高出价让排名更靠前，以获得更多的展示机会；分析转化率低的原因是点击率低，还是根本就没投放出去导致展示次数很少，再相应地优化。

直通车优化主要有以下几种方式：

1. 优化关键词

在做 CPC 广告时会出现许多问题，例如关键词点击量不够、所推广关键词排名太靠后、关键词无效，需要提高价格等。那么解决这些问题可以从账户与广告方面出发，具体内容如表 6-10 所示：

表 6-10　Ads 系列优化措施

优化措施	示　例
关键词与商品名称描述相关	• 商品名称：cell phone battery • 关键词：cell phone battery 或与此相关的同义词
关键词与商品属性或类型相关	• 商品名称：nokia 5 310 mobile phone，在属性型号中的属性值为 5 310 • 关键词：nokia 5 310 mobile phone
关键词与商品描述	• 商品名称：nokia 5 310 mobile phone • 关键词：mobile phone

2. 优化商品信息

简要描述和详细描述都要清晰表达产品的主要特征，能够对产品重要信息进行着重介绍。优化商品信息时需要注意以下方面内容：

（1）严禁罗列和堆砌信息，如简要描述单纯地从详细描述里直接拷贝，这将严重降低相关性；

（2）详细描述不能单纯使用图片来代替文字进行描述。

3. 优化出价

CPC 广告是一个随时可以修改出价的产品，并且有很多卖家同时参与使用这项服务，因此可能由于新用户的加入或者其他用户修改了出价，导致排名发生变化。

4. 设置每日消耗上限

如果当天的消耗已经达到了设定的每日消耗上限，则所有的推广商品将会下线。因此可以根据希望获得的效果设定符合自身推广需求的消耗上限，这样可以保证推广商品能持续在线，避免因为预算超过突然下线而白白损失曝光机会。

5. 其他方式

除了以上方式，还可以通过提高商品图片与关键词的匹配程度、商品标题对买家的吸引程度，以及通过商品详情页描述、后续服务等提高买家的认可程度等方式来优化 CPC 广告的数据。

学习任务 3　跨境 SNS 营销

SNS（social networking services），即社会性网络服务。在跨境电商领域，SNS 营销是指利用社交网络平台来推广跨境电商产品或服务，通过在这些平台上创建和分享内容，与目标客户群体进行互动，进而实现品牌推广、产品销售等商业目的。国际知名的 SNS 社交平台有 Facebook、X、Pinterest、Instagram 等。有效的 SNS 营销不仅能使店铺与消费者之间形成互动，更会给店铺的产品销售和发展带来积极影响。

因此本学习任务主要从以下三个方面展开讲解：

- 软文营销
- 短视频营销
- 红人营销

活动 1　软文营销

软文营销一方面成本较低，能够帮助卖家节约推广费用，另外一方面内容营销也是加深消费者对品牌的印象的最佳方式。因此做好软文营销，是外贸网站推广工作中的重点所在。

一、营销软文类型

营销软文类型包含促销软文、品牌宣传软文、测评软文等。

1. 促销软文

介绍产品或品牌的优惠性，并在其中加入推广链接的软文，都可以称为促销软文。这类软文在营销推广中的作用非常突出，一旦被大量观看，可有效刺激用户购买欲望，得到的推广效果与成交单量将大幅提升。

2. 品牌宣传软文

品牌宣传软文通常是以品牌故事进行，让用户更加深入地了解“你是谁”“你的品牌和成功背后的故事是什么”以及“你如何吸引客户”。其主要目的是提升品牌知名度、联想度、美誉度和用户忠诚度，有助于塑造品牌形象，建设并积累品牌资产。

3. 测评软文

针对兴趣类或专业类的内容可开展测评软文营销。通常商家可以在社交网站里做一些测评，找一些社区红人或意见领袖加入，更精准地吸引流量。

例： 在欧美的假发市场上，某跨境电商企业就联系了X社交平台去做黑人女性的测评，最终取得了很好的口碑和营销效果。

二、营销软文撰写

一篇优质的营销软文需要确立主题、编写正文，并附带产品链接及推广信息。

1. 主题

对于创作优质的内容，首先需要考虑的是主题的选择。商家可以先对资讯进行收集检索，再去寻找内容话题。例如“全球优选、一站到家”“50% off today”等都是能够吸引用户的主题内容。

2. 正文

确定主题之后，便开始构思文章。总体架构可分为陈述“观点”、分析“观点”形成原因、提供“观点”解决办法。

软文创作中，需要注意避免为了用户的扩展阅读加入许多与主题相关性不大的内容，保证内容尽量简洁。如果篇幅太长无法精简，可以再单独写一篇文章，然后进行关联。正文中的关键词参考LSI Keywords词汇的密度即可。

【LSI Keywords】LSI关键词就是与主关键字在语义上相关的关键词。例如页面中包含青苹果、红苹果、小苹果等关键词，那这个页面就是关于水果的苹果。如果页面中包含的是iTunes、Apple Store、iPhone、iPad，这个页面就是关于苹果公司的。因此LSI关键词不是简单的同义词，而是在语义上相关，往往会在特定语境下同时出现的单词。

3. 产品链接

产品链接建设不应仅仅着眼于提升某个核心词的排名而进行部署，而应从方便用户扩展阅读的角度去考虑。为保证用户在浏览网站时能有良好体验，建议采用当前窗口打开内链的方式。

4. 优惠信息

在适当的情况下，设置吸引人的优惠信息可以激励用户主动分享我们的内容到社交平台上，例如设置分享消息得优惠等活动。

三、软文发布与运营

软文制作完成后，商家需要发布到网络上并进行维护完善。

1. 软文发布

软文发布时需要注意时差问题，选择白天的时间段发布最佳。据调查，周六、周日用户在 Facebook 上的互动率要比周一至周五的互动率高很多，另外商家如果能够多与用户互动、交流，效果更好。

（1）发布平台

不同的发布平台对于软文的标准略有不同，常见的软文发布平台及网站有 Facebook、X、Deals 站等。

① Facebook 平台：作为全球最大的社交网站之一，拥有几十亿的用户量。对于软文的要求如果说图片是第一重要元素，那么文案就是第二重要元素。广告文案要能引起读者的兴趣，然后说服他们采取行动，如购买商品等。

Facebook 文案撰写注意事项

② X 平台：其最大作用是能让商家接触到更广泛的用户群体，或者在现有关注者中引发更多的参与。使用推荐趋势功能的卖家可以在 X 上发布一个主题标签，并让其展示在页面的左侧。这样就可以让更多的读者看到该主题标签，进而提高自己的曝光量，增加广告系列的覆盖面，如图 6-17 所示。

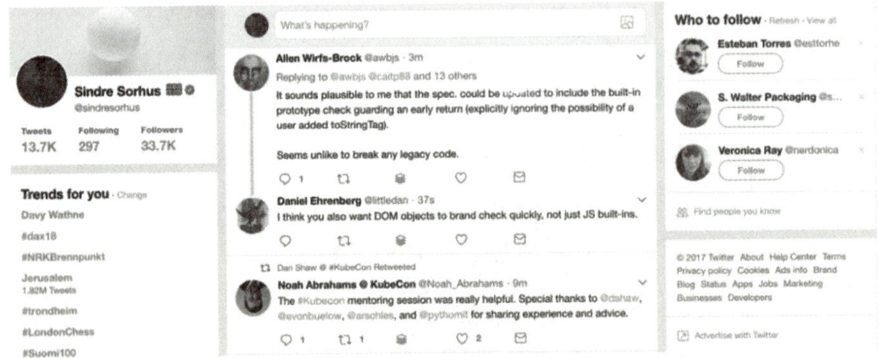

图 6-17　X 平台

③ Deals 站：能够起到精准引流、促进销售，进而提升流量和转化率的作用。主要资源有 slickdeals.net、dealsplus.com 等。dealsplus 平台新用户要由 dealsplus 团队审核所有提交的内容的评论，认证用户即 2 级以上用户则不用且可无限量发布促销活动和评论。因此发布优质促销活动是成为认证用户的第一步。

（2）发布操作

以 Facebook 为例重点介绍发布操作：

① 分别完成填写注册信息、添加好友、完善个人信息、添加爱好信息、创建公共

主页等一系列流程后便可开始进行软文发布。

② 发布帖子：点击“状态”，将撰写好的软文粘贴至方框中，如图 6-18 所示。最后选择地区或语言显示帖子。

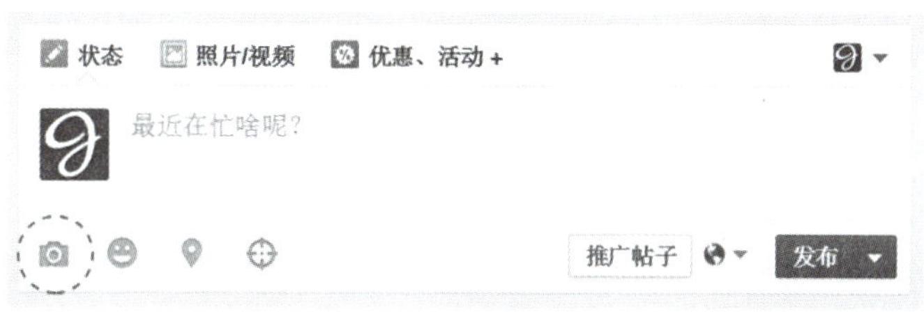

图 6-18　撰写帖子

点击“保存发帖设置”按钮，最后单击“发布”按钮即可完成软文在 Facebook 的发帖操作。此外还可以根据个人设置的特定分享对象显示帖子。

2. 软文运营

① 发布更新：在填写资料的地方留下链接，同时附上比如新品、促销、活动等相关信息，避免直接发布产品信息等硬广告，可以发布一些品牌和企业故事、相关人物或与企业产品相关的信息。发布更新要注意多样性，既有原创性优质文章，又有转载好文或者是短小精悍的视频、名人名言等。

② 发布帖子：通过 Facebook 的搜索功能输入相关关键字，找出社区大号。挑选与目标群相关的大号，分析帖子内容、群里的话题、转发率、活跃度、活跃时间等，通过发帖、积极参与评论，增加大家对店铺的了解，如图 6-19 所示。

图 6-19　Facebook 发帖

③ 发起活动：借助 Facebook 互动功能，可以邀请好友或对活动感兴趣的所有人参加，活动形式可以是现实场景活动，也可以是虚拟场景活动。活动内容可以是一场促销、新品发布会等。

④ 建立小组：Facebook 用户众多，每天都有成千上万的消息发布，巨大的信息流

让人无所适从，因此可以建立或加入 Facebook 小组，选择浏览自己喜欢的信息，同时也可以与同行和网络潜在客户互动，进行推广营销，如图 6-20 所示。

图 6-20　Facebook 小组创建

活动 2　短视频营销

短视频营销主要借助短视频，通过选择目标受众人群，向他们传播有价值的内容，吸引用户了解企业品牌产品和服务，最终形成交易。因此短视频营销是商家营销策略中不可或缺的一项。那么什么类型的视频适合你的店铺产品呢？

一、跨境营销短视频类型

跨境营销短视频主要有测评、开箱、产品展示及客户评价视频四种类型。

1. 测评视频

一段优秀测评视频可以提供信息，帮助受众更好地了解产品或服务。相比较于传统的"硬广告"而言，兼顾内容深度和趣味性的产品测评类视频更能吸引年轻观众的注意力。

2. 开箱视频

开箱视频用来展示从产品的拆开包装到介绍使用的第一感受等一系列过程。开箱视频满足了人们的好奇心，也让其他人在购入产品前有了参考。通过开箱视频，能直观感受到产品的外观以及一些基本性能的体验。

3. 产品展示视频

产品展示视频是用来展示产品的优点与正确用法的，内容比较简短。产品展示视频是提高转化率的绝佳方式。向目标受众展示一段产品展示视频，突出其优势，这对他们的购买决策有很大的影响。通过视频传达产品信息比简单地阅读文章更容易让用户吸收信息，如图 6-21 所示。

4. 客户评价视频

客户评价视频是指对满意的客户进行简短采访，这样可以以客户的视角展示产品的优势、特点及使用过后的感受、变化，而并非从商家口中或营销专家那里看待产品，从而有助于建立店铺与产品的可信度并增加将观众转变为用户的机会。

图 6-21　X 产品展示视频

二、跨境营销短视频制作

跨境营销短视频制作需要编写拍摄大纲、拍摄素材、编辑视频内容三步。

小贴士

在短视频制作前，需要为该视频建立一个目标，例如想提升品牌知名度、想带来外部链接流量、想添加订阅者到频道上或增加社交分享等。建立目标之后就可以专注于视频脚本以及完成目标要采用的策略上。

1. 编写拍摄大纲

确定视频目标后，就要开始思考创意并将其写在拍摄大纲上。拍摄大纲需要包含不同拍摄场景的草图描述、摄像机位置与运动说明、对白的信息说明等。如表 6-11 所示：

表 6-11　短视频故事板示例

场景描述	景　别	摄　法	地　点	时　长	音　乐

2. 拍摄素材

完成所有准备工作后，就可以开始拍摄素材。如果用手机拍摄视频，一定要用横屏模式拍摄，在上传视频到 YouTube 的时候，用这种模式拍的视频就不会有难看的裁剪框架。拍摄素材时需注意以下几个要点：

（1）利用三脚架

让观看者集中精神关注你的故事，而不被抖动的画面影响。因此静态拍摄时，一定要把摄像机放在三脚架或其他水平面上。

（2）采用手动模式

把摄像机设置成全手动模式。这样就可以按需调整焦距和其他设置，从而正确曝光、清晰对焦。

（3）不同位置拍摄

每个场景都可以从不同的位置进行拍摄。例如要拍摄只有一个人的访谈节目或视频，就可以通过移动摄像机，既拍摄正面也拍摄 45° 的侧面。或者将镜头拉近拉远或缩小放大，这样拍摄出来的画面会更加多样化，对观看者来说也更具有吸引力。

3. 编辑视频内容

视频内容的编辑有很多编辑工具和软件可以选择。如 iMovie 或者 Windows Movie Maker 都有基本的编辑工具，可以剪切视频片段、加标题、添加有限的视频效果和色彩校正。更专业的有 Final Cut Pro X 或 Adobe Premiere CC，这些程序有一系列编辑工具。YouTube 还有自己的线上编辑平台，可以将多个片段整合到一个视频里，同时也可以对视频进行编辑。

小贴士

在编辑的过程中最好是制作中英文字幕，字幕可以运用剪映配合“网易见外工作台”进行制作，字幕添加可以运用 Arctime 软件进行快速添加。

背景音乐要注意确保有使用歌曲的权限，YouTube 有一个免费的音效和音乐库，可以用在视频里。还可以在 Pond5、Epidemic Sound 和 PremiumBeat 里找到很多免版税音乐。

三、短视频发布与运营

在社交平台上分享视频可以更好地了解你的视频并且与观看者互动。因此短视频制作完成后需要将视频发布至平台，提高浏览量。

1. 短视频发布

（1）发布平台

跨境主流短视频平台是 YouTube 和 TikTok。

① YouTube 是世界范围内的视频网站，全球拥有 10 亿活跃用户，其用户涵盖了全球主流的消费群体。买家通过视频获得商品的操作方式、运行过程和效果展示，满足了大部分买家需要通过实体商店或展会才可以获得的体验。

② TikTok 在 2022 年第一季度的月活跃用户已经超过 15 亿，TikTok 的盛行使它在

全球的影响力不断提高，吸引大量用户的同时，也带来了可观的广告收入。平台的短视频形式也让更多用户参与创作，形成强关联、强互动，因此也是适合商家发布营销短视频的平台之一。

（2）发布操作

以 YouTube 为例进行介绍。

① 标题：标题简洁且精准，要包含关键字，且尽量将关键字放在前面，进而让视频获得更多的曝光机会，示例如表 6-12 所示：

表 6-12　YouTube 视频标题示例

<table>
<tr><td rowspan="2">视频关键词
make a potato cake
（制作土豆饼）</td><td>标题 1：Three ways to make a potato cake（制作土豆饼的三种方法）</td></tr>
<tr><td>标题 2：Make a potato cake：Three ways you need to know（制作土豆饼：你需要了解的三种方法）</td></tr>
</table>

从上述信息可得：第二个标题的开头就是视频的关键词，向观众精确描述了视频的内容是什么。这种标题往往在 YouTube 搜索结果中表现良好。

② 描述：为视频添加详细的描述，有助于 YouTube 算法查找卖家的视频内容，以及 Google 搜索结果查找卖家的视频内容。视频描述也是用户了解该视频主题内容的渠道，为用户提供精准的视频描述有助于增加视频的点击率。

③ 标签：标签有助于 YouTube 算法了解视频的内容，同时还能将卖家的视频与类似视频相关联，从而扩大视频的发布范围，提高视频的曝光量。

例： 对于雪地靴，可以将视频标签设置为“雪地靴（商品关键词）、雪地（使用场景）、鞋子（行业泛词）”。

④添加产品链接：在 YouTube 页面右上角的个人资料图片处单击，导航到 YouTube Studio；在 YouTube Studio 中，单击左侧的“内容”选项；在内容选项下找到要添加链接的视频并单击其右侧的铅笔图标；在描述框中添加链接的 URL，记得在链接前添加“https://”前缀。保存已添加的链接，此时该视频的描述中就会出现链接，如图 6-22 所示。

图 6-22　添加链接

2. 短视频运营

（1）关键词设置与优化

YouTube 视频营销的竞争是异常激烈的。如果卖家上传的视频所设置的关键词不精准，即使视频的内容很好，也可能会被淹没在成千上万的视频中。

因此在设置关键词时，卖家需要明确让用户搜得到和让用户想点击这两个目的。这需要卖家在视频的标题、摘要及详细描述等方面都能设置合理的关键词。只有合理设置关键词，才能让视频有机会获得排名和曝光，进而达到引流的效果。关键词寻找优化主要有以下几种方法：

① YouTube Suggest：里面提供的关键词是用户常搜且爱搜的关键词。卖家只需在YouTube首页搜索框中输入一个关键词，在弹出的下拉列表中会自动显示YouTube给出的关键词建议。

② 第三方工具Tube Buddy：这是一个免费的浏览器扩展工具，Tube Buddy中必用的一个工具就是Tag Explorer。该工具主要用于查询分析热门关键词，帮助卖家选择判断Tags（标签），可以让用户精准地找到卖家所上传的视频，如图6-23所示。

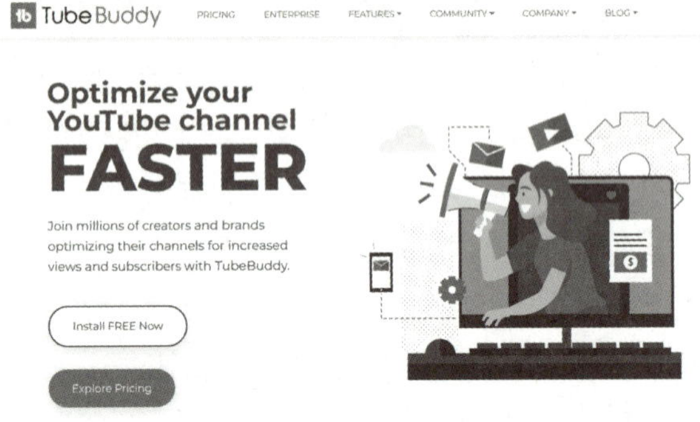

图 6-23　Tube Buddy 首页

（2）受众群体拓展

卖家使用YouTube频道无论是进行营销还是分享一些有趣的事，都希望有很大的受众群体。拓展受众群体的方法有以下几点：

① 与其他视频发布者合作：最常见的一种做法就是视频发布者相互出现在对方的视频中，这样双方都有在其他创作者的受众面前获得认可的机会。

② 刺激用户的转发：把握YouTube的热门大势，让品牌的视频关键词尽量贴近热门关键词，提高分享的概率。

③ 借助热点获关注：考虑制作一些与热点新闻、名人、流行趋势相关的视频，因为这些新闻已经有了一定的受众，与之相关的内容也能吸引一定的受众群。

活动 3　红人营销

红人营销也被称为影响者营销，是指品牌或商家通过和有粉丝的、有影响力的人合作，达到计划的推广目的，如品牌曝光、涨粉或者销售转化等。这些有影响力的人就是KOL（key opinion leader，关键意见领袖）。

Influencer Marketing Hub 联合 Upfluence 的调查数据显示，90% 的受访者认为红人营销是有效的营销方式。2017—2021 年间，国内外诞生了 1 360 家红人平台和代理。无论国内还是海外，红人营销的热度都很高，因此红人营销是跨境电商必做的推广渠道之一。

一、红人合作概述

1. 红人合作形式

目前，常见的海外红人营销的合作模式有以下几种：

红人合作模式

（1）产品置换

产品置换是指品牌方给红人寄送样品，红人在使用后通过开箱测评、好物推荐等形式，向粉丝分享自己的使用感受。这种形式一般小网红参与比较多。

（2）内容植入

红人根据产品特性，结合自身频道内容形式和风格，进行自由创作，可以是口播、穿插品牌视频、视频中插入广告贴片等形式，进行推广。对于这种方式，不同级别的红人合作费用差异极大，商家、品牌方需要根据自身实力进行选择。

（3）合作分佣

合作分佣的模式只有在有用户进行购买支付、下载注册等转化行为之后，红人才会收到相应的佣金，这种模式非常考验红人的带货能力。带货能力强的网红会更愿意选择这种方式。

以上是常见的红人营销合作形式，但它们并不彼此独立，具体到实际营销中，也有可能交叉进行。比如很多品牌方按产品置换的方式跟红人先达成合作，并且同时以分佣的方式给予红人更多的推广奖励，刺激红人更多地优化视频内容，从而提高网站的视频转化率。

2. 红人合作流程

红人合作流程包含查找红人、对比判断、确定目标红人、联系红人等 8 个环节，如图 6-24 所示：

图 6-24　红人合作流程

二、红人寻找与判断

红人营销效果固然好，但是如果找错红人或者找到质量差的红人，那么也有可能无法起到很好的效果。因此我们要如何寻找红人以及判断红人质量呢？

1. 红人寻找

红人寻找主要有以下几种方法：

（1）内容平台寻找

直接利用平台的搜索功能进行搜索，可以搜索品类或产品关键词如“makeup、clothes、fashion”；也可以利用平台的标签找到发帖或发视频的博主；还可以通过红人互推的形式寻找。

（2）亚马逊导航

进入亚马逊导航（https://www.amz123.com/），找到独立站下的网红营销（如图 6-25 所示），Shoutcart、Noxinfluencer 等都有大量红人资源。

图 6-25　红人寻找网站

2. 红人质量判断

通过点入具体账号，利用 Social Blade（链接：https://socialblade.com/）查看红人账号的数据，包括每天增加了多少粉丝、正在关注多少账号、互动率、过去 2 周每天上传了多少文件等。真实红人账号的粉丝数整体上一定是呈上涨趋势的，而且账号上传的文件数也应该是上升的，我们要做的就是找到这样健康的红人账号。

在健康账号的基础上，参考下列维度可进行红人质量判断。

（1）粉丝量

粉丝量是衡量红人影响力的重要指标之一，但是不一定是决定性因素。要注意的是，粉丝量很容易被刷粉或者成为僵尸粉而存在一定的虚假性，因此需要综合其他指标进行判断。按照粉丝量大致可以把红人分为 3 个级别，如表 6-13 所示：

表 6-13　红人梯度及特性

红人级别	粉丝量	特　性
Micro	1 000 ～ 10 万	粉丝参与度、信任度高；ROI 高；部分不收费
Macro	10 万～ 100 万	大部分需要收费；参与度较差；内容质量高
Mega	大于 100 万	合作难度较大，收费高；知名品牌成功率较高

（2）活跃度

活跃度反映了红人的互动情况，包括对评论的回复、点赞数量、转发数量等。活跃度较高的红人可以促进产品传播，带来更好的营销效果。

（3）领域匹配

分析目标用户和红人的匹配度。明确自身用户属于哪一类群体，才能有针对性地找到合适的红人进行推广。可以通过查看红人过往评测的产品，跟哪些品牌合作过，频道的主题是否保持一致，是否与我们的产品定位相关。匹配度高的红人对于商家来说才是优质的红人，否则即使粉丝量再多也无法获得好的效果。

（4）转化率

红人说的话是否真实、权威，能直接影响粉丝的购买决定。可以大致浏览红人发布的动态下粉丝评论的导向如何，是赞同还是吐槽居多，如果是赞同居多，则说明该红人的转化概率较高。

三、红人合作关系建立

建立与红人的合作是完成工作目标及扩大业务的重要部分，在建立合作关系之前，需要先联系红人。通常，通过社交媒体平台上发布的邮箱或者站内私信就能联系到红人。

1. 红人联系

（1）平台站内搜索：如 YouTube、Facebook、Instagram 等点击该红人频道简介，就可以找到该红人的邮箱或社交媒体矩阵号，可以通过这些方式联系红人。

（2）专业机构：规模更大的独立站 / 品牌追求的是更高的效率和红人营销产出，这时候可以利用代理机构来联系红人并达成合作，例如 The Influencer Marketing Factory，链接地址 https://theinfluencermarketingfactory.com/。

2. 合作邮件撰写

确定目标红人后，即可通过撰写邮件的形式向红人表达合作意向。

（1）标题

邮件标题需要有：品牌 + 产品名 + 评论请求（review request）。

（2）正文

红人合作邮件撰写模板

开头先打招呼，例如“Hello，×××”，如果不知道名字就写“Hello from ××（品牌）”。正文需明确表达合作目标，并适当表达对其作品或个人的欣赏，真诚邀请他合作。

【情境】

某品牌的商家想与红人“Alice”建立产品置换形式的合作关系，于是给 Alice 写了一封邮件传达合作意向。

【参考答案】

Dear Alice：

I hope this email finds you well! I am reaching out because we would love for our brand, ××(公司名), to collaborate more closely with your channel in exchange for a free product. As an influencer type, you draw a lot of attention to yourself, and our brand would love for people to be excited about your content and be aware of our brand.

Looking forward to your reply.

给红人的邮件内容没有固定的格式，但需要保持多次发送，防止信息被红人的群发邮件掩埋或直接进入垃圾箱。邮件的内容尽量精简，明确合作细节，包括合作方式、价格、通信地址等，站在对方的角度思考，成功率可更高。

3. 红人合作管理

不同平台红人收费标准

不同地区的红人，报价也不相同，例如北美红人资源丰富，经济发达，红人营销体系成熟，对红人的需求量大，所以相应的红人价格比较高；俄语系国家，物价不高，红人资源也丰富，所以价格相对比较低。

各商家需要根据自身的资源、能力标准选择合适的红人。例如店铺刚起步的商家可以选择粉丝量在 1 万～ 5 万的底部红人，这个阶段的红人对接难度相对较低，又能够拥有草根级别的影响力和转化能力，带动小群体内的互动和传播。对于互动率、真实性双高的红人商家可以采取长期合作。

如果是处于中端的店铺则可以采取“334 法则”，即 30% 的资源给到 Marco、30%

的资源给到 Micro，40% 的资源给到 Mega。合理分配资源再通过数据进行细微调整，最终达到最佳效果。

资源丰富且资金充足的店铺在选择头部红人时，要注意实时观察其内容质量、传播转化、视频内容与产品适配度、粉丝评论等各项指标是否处于健康状态。因为头部红人收费高的特性，要及时淘汰数据不乐观的红人，选择与自身品牌、产品特性一致的红人。

课程总结

本任务主要阐述了店铺活动促销、跨境 Ads 推广以及跨境 SNS 营销三个部分，分别介绍了店铺活动促销策划与执行、速卖通直通车建立、投放与优化以及软文、短视频、红人三大 SNS 营销手段。

宣传推广是跨境电商企业引流的最重要渠道。因此，了解活动促销、广告推广流程以及 SNS 营销手段是跨境电商营销人员必备的技能。

课后思考

1. 你能否自主策划完成一场以提高店铺知名度为目的的促销活动？
2. 你能否完成速卖通直通车重点推广计划的建立？
3. 你能否完成营销软文的撰写并发布至 Facebook 等平台？
4. 你能否完成短视频制作并成功发布至 YouTube 等平台？
5. 你能否完成一篇回复率相对高的联系红人的邮件撰写？

延伸拓展

拓展阅读

扫码阅读以下学习资源，拓宽自己的知识和视野：

文章 1：如何通过 Facebook 为网站带来流量

文章 2：SNS 营销案例——星巴克

文章 3：速卖通直通车排序规则

文章 1

文章 2

文章 3

戴尔社媒营销案例分析

思政元素：培养创新精神，注重实践探索。

2009 年 12 月 10 日，戴尔宣布，从两年前开始通过 Twitter（现改名 X）吸引新用户以来，戴尔在 Twitter 上进行的营销活动已经给该公司带来价值逾 650 万美元的计算机、配件和软件订单。市场研究公司 ComScore 表示，戴尔有超过 100 名员工通过 35 个频道发布 Twitter 消息。此外，戴尔还通过 Facebook、MySpace 和 YouTube 进行营销活动，它们通过社交网站吸引了 350 万的潜在用户。

而后戴尔开始格外关注每条信息的质量，着重精选粉丝关注的促销信息，并且以用户能够接受的表达方式进行。最终，戴尔确定在每日的 4 点发布公司新闻、打折信息、博客账户、社区账户等信息最好。从布局上，戴尔创造性地确定了一个微博的多样化战略，即并不仅限于一个账号。如果你只是想找打折信息，可以关注 @DellOutlet；如果你只想了解戴尔的突发新闻，便可以关注 @Direct2Dell。为了迎合用户的兴趣，戴尔还专门设立推广用的 Twitter 账户，为那些对此感兴趣的用户提供纯粹的推广信息。这样做的目的是可以满足不同人群的需要，并通过此途径与全球各地的各类用户进行交流，并满足他们的需求。

（资料来源：SNS 营销：网商成功之道节选 [EB/OL].（2015-06-12）[2024-09-10].https://www.qidian.com/book/1001605425/）

【思考与讨论】

1. 通过 Twitter 创造了接近 700 万美元销售额的戴尔是如何将 Twitter 内容转换成销售额的？
2. 在此基础上，如果戴尔想进一步提升销售量与关注度，你认为要怎么做？

自我分析与总结

错题整理

学会的内容

总　结

Module 7

模块七　跨境电商数据分析

课时建议：12 课时

学生工作页

学习情境

跨境电商数据分析对于卖家开展跨境业务至关重要，包括流量、销售、客户和供应链方面的数据收集及分析。卖家需要根据分析结果调整自身的业务策略，包括优化商品描述和推广、调整价格和促销策略以及加强客户服务和供应链管理等。另外，在进行数据分析的过程中，卖家需要遵守规定的风险防范措施，保证店铺运营安全和数据隐私保护。

学习目标

知识目标	技能目标	思政目标
• 能概述诊断店铺流量的常用指标； • 能简要说明成交转化漏斗的运作逻辑； • 能列举客单价的提升策略； • 能说明客户画像的构建流程及应用场景； • 能概括客户舆情监测、分析及应对的方法； • 能列举采购、库存及物流数据分析的常用指标。	• 能正确计算 ACoS、成交转化率等数据，并能对流量来源及成交转化漏斗进行诊断； • 能正确计算客单价、利润等数据，并能对产品成本与利润进行诊断； • 能根据店铺数据正确构建客户画像，并诊断客户舆情及进行合理应对； • 能对采购、库存、物流等供应链数据进行分析诊断。	• 关注并积极参与经济全球化进程，增强对国际合作和共赢的认识； • 强化行业道德规范，遵守职业道德和诚信原则； • 增强自身的创新意识，关注和学习新兴跨境电商技术和模式； • 提升自身的国际化视野和文化素养，努力融入跨境电商行业国际化发展的潮流。

聚焦竞赛

本模块学习内容聚焦如下竞赛技能标准：

1. 能够根据店铺运营方案，采集店铺内产品访客数、点击率、浏览量、平均停留时长、加购加收藏人数、转化率等重要指标数据。

2. 能够根据店铺发展目标，正确采集店铺站内流量数据，分析店铺流量来源、各来源流量占比等数据。

3. 能够根据店铺运营方案，利用 Excel 等工具处理产品访客数、点击率、加购加收藏人数、支付转化率等数据，制定增加产品加购加收藏人数、提升产品支付转化率的方案。

4. 能够分析诊断访客数、点击率、转化率和客单价等销售额指标值，并在关键词、类目、文案、价格、评价等方面提出改进方案；并能够根据店铺现有经营数据以及经营目标，分析诊断动销率、销售额增长率和利润增长率等店铺健康数据指标值，并提出优化方案。

5. 能够根据平台提供的数据及第三方数据采集工具所采集的数据，分析区域、人口属性、社会属性、行为习惯、购买力和兴趣偏好等客户数据指标，建立不同类型的客户标签。

6. 能够根据客户消费行为，建立客户数据模型，分析客户消费习惯、消费偏好，强化店铺与客户之间关系，提升客户忠诚度。

7. 在店长的指导下，能够收集和整理与顾客交流的有效信息，不断了解顾客需求，对产品的开发升级提出建议。

8. 能够根据产品销售额，结合产品成本、物流成本、推广成本和平台佣金等分析单一产品利润；能够根据店铺销售额，结合产品成本、物流成本、推广成本和平台费用等分析店铺利润。

9. 能够根据公司预算，结合产品周期销量、库存量和备货时间，调整产品备货方案，规避产品冗余风险。

10. 具备一定的数据敏感性和洞察力，能够甄别并判断相关有效数据。

工作准备

1. 认真阅读学习任务书，明确本次工作活动的学习任务要求；

2. 上网自主搜集跨境电商数据分析方面的资料，进行深入阅读，感悟数据分析的思路，并记录问题。

3. 提前准备好本模块任务实施的相关材料；

4. 结合学习任务书梳理大致的工作计划和要点。

学习任务书

认真阅读如下所示任务背景，明确本任务要求。

任务背景

材料 1：小李在亚马逊平台经营了一家女装店铺，为了改善店铺情况，小李统计了店铺近 30 天的流量来源数据与成交转化数据，如表 7-1 和表 7-2 所示。现小李需要对店铺的流量数据进行诊断，并进行针对性优化。

表 7-1　店铺流量来源数据

流量来源	访客数	访客数占比 /%	下单转化率 /%	直接成本 / 美元	销售额 / 美元
关键词搜索	12 500	45.45	2.5	0	12 500
CPC 广告	6 250	22.73	3.5	2 560	8 750
类目导购	4 375	15.91	1.5	0	2 625
站外推广	1 875	6.82	1.0	400	750
平台推荐	3 125	11.36	5.0	0	6 250
其　他	625	2.27	1.5	0	375

表 7-2　店铺成交转化数据

转化环节	数据
浏览量	18 000
点击量	3 600
放入购物车数	920
结算订单数	850
成交数	800

材料 2：近一年（去年 4 月至今年 4 月），小王店铺的月销售额统计如图 7-1 所示。4 月份，共有 670 名客户成交过一笔订单，其中有 80 人进行过复购，商品成本、物流仓储成本、加工成本等在内的直接成本共计 1.5 万元，各种间接费用共计 0.6 万元，税费为 0.4 万元。现小王要对店铺的各项销售数据进行计算。

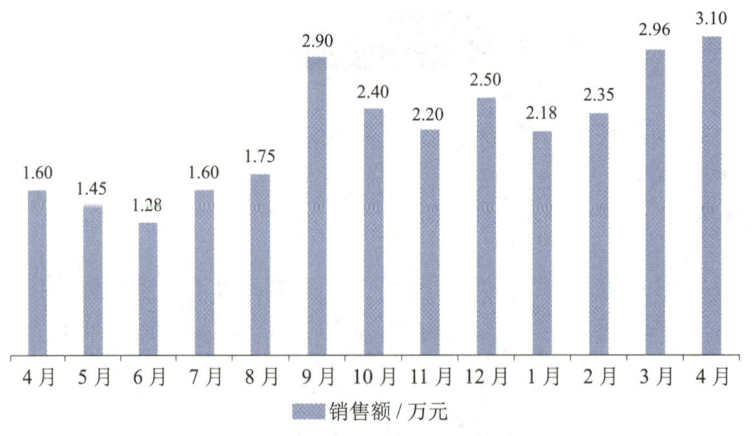

图 7-1　小王店铺近一年的销售额

材料 3：产品名称：USB 台式风扇（USB Desk Fan）；

品牌名称：SmartDevil；

产品图片：见图 7-2。

图 7-2　USB 台式风扇产品图片

材料 4：雅琪玩具公司专注于做儿童玩具跨境零售，主营产品为飞机玩具。在年底，后勤部门对飞机玩具的供应情况进行了数据汇总，具体情况如下：

【采购数据】

本年度飞机玩具的采购价格数据如表 7-3 所示：

表 7-3　本年度飞机玩具采购单价　　　单位：元 / 件

1 月	2 月	3 月	4 月	5 月	6 月
6.7	7.8	8.1	6.5	6.4	6.7
7 月	**8 月**	**9 月**	**10 月**	**11 月**	**12 月**
7.1	6.8	6.2	5.6	5.4	5.8

雅琪玩具公司本年度的飞机玩具供应商的平均报价、退货频次及货损率等数据，统计如表 7-4 所示。

表 7-4 本年度飞机玩具供应商数据

供应商	平均报价 /（元 / 件）	退货频次	货损率 /%
A	8.9	5	2.1
B	9.1	1	0.7
C	11.3	4	1.8
D	12.4	3	1.5

【库存数据】

雅琪玩具公司下半年飞机玩具的库存情况如表 7-5 所示。四季度库存实际 SKU 数量总计为 18 种，四季度有产生销售的 SKU 数为 17 种。

表 7-5 下半年飞机玩具库存数据 单位：元 / 件

入库时间	期初数量	入库数量	出库数量	结存数量	库存标准量
7 月 10 日	300	1 900	2 000	200	150
8 月 10 日	200	2 300	2 400	100	150
9 月 10 日	100	1 900	1 800	200	150
10 月 10 日	200	1 600	1 700	100	150
11 月 10 日	100	1 600	1 650	50	150
12 月 10 日	50	1 600	1 450	200	150

【物流数据】

雅琪玩具公司 12 月的上网率、妥投情况和纠纷情况如表 7-6 所示。

表 7-6 12 月物流数据情况

比较项目	上网率 /%			妥投率 /%	平均妥投天数 / 天	物流 DSR 评分
	72 小时	48 小时	5 天			
雅琪玩具	80.91	76.49	92.50	70.67	22.56	4.86
同行平均	57.94	50.81	81.73	53.96	28.74	4.83
同行优秀	89.36	80.22	98.52	99.13	18.36	5.00

任务要求

根据提供的任务背景信息，完成下列任务：

任务 1：结合材料 1 给定的数据，请你帮助小李完成店铺的流量来源诊断，以及成交转化漏斗诊断，并提出优化建议。

任务 2：结合材料 2 给定的数据，请你帮助小王计算该店铺 4 月份的销售额增长率、客单价、毛利与净利的具体数值。

任务 3：根据材料 3 给定的品牌产品，请你在亚马逊平台上分析该产品的客户评价，并通过舆情分析找到该产品或企业可以改进的方向。

任务 4：根据材料 4 中给定的数据，请你完成雅琪玩具公司的供应链数据诊断，包括采购价格走势、供应商质量判断等采购诊断，库存水平、库存动销率等库存诊断，以及物流效率、物流质量等物流诊断。

★ 学习任务对应岗位：跨境电商数据分析员。

★ 涉及知识与能力：跨境店铺的流量、销售、客户及供应链的数据分析。

任务分组

将学生按每组 4 ～ 6 人分组，明确每组的工作任务，并填写表 7-7。

表 7-7　学生分组表

班　级		组　号		指导老师	
组　长		学　号			
组　员	姓　名	学　号	姓　名	学　号	

续表

任务分工
例如：__________同学，主要负责__________工作。

获取信息

根据引导问题，从信息页的相关学习任务中获取对应的信息，回答引导问题并在空白处填写答案。

引导问题 1：流量数据是反映跨境卖家运营行为的关键指标。请问要分析流量数据，需要从哪些数据着手？

____

____

____

____

引导问题 2：某跨境店铺的浏览量低、访客数低，导致出现这种状况的原因可能有哪些？

____

____

____

____

引导问题 3：某跨境店铺的跳失率高、平均停留时长较短，导致出现这种状况的原因可能有哪些？

____

____

____

____

引导问题 4：分析店铺流量来源，要从各种流量来源间的____________、____________、____________等方面入手。

引导问题 5：____________是指广告花费与所产生销售额的比率，是衡量广告投资回报率的重要指标。

引导问题 6：请在下框处填写 ACoS 的计算公式。

引导问题 7：ACoS 受到多个因素的影响，包括但不限于广告预算和出价、同领域竞争程度、关键词选择和质量、目标和受众、产品页质量等。那么，请简述降低 ACoS 的有效方法。

____

____

____

____

引导问题 8：请概述成交转化率的含义。

____

____

____

引导问题 9：电商成交转化漏斗通常由浏览、__________、__________、结算、__________等环节组成，每一个环节的客户比率都代表了该环节的转化率。

引导问题 10：请解释整体转化率与环节转化率的区别。

____

____

____

引导问题 11：请结合成交转化漏斗，将表 7-8 补充完整。

表 7-8　成交转化率分析表

转化环节	转化率低的原因	解决方案
浏览量		优化搜索引擎、投放广告等
点击量	主图不吸引人，广告定位不准确，活动优惠力度不够	
加购数		挖掘商品卖点，优化商品详情描述，优化定价
订单数		设置促销活动，增加支付方式，加强安全保障
成交数	售后服务差，物流配送慢等	

引导问题 12：__________是指商家的毛收益总数。它能用于了解店铺的销售情况，预测收入，计算各种费用和利润。

引导问题 13：请在下面方框中填写增长量与增长率的计算公式。

引导问题 14：请概述客单价的含义。

____

____

引导问题 15：请简述客单价的提升策略。

____

____

____

____

引导问题 16：毛利润、净利润与投资回报率的区别是什么？

____

____

____

____

引导问题 17：统计不同商品在同一阶段的成本与利润数据，通过对比分析，可以将经营商品划分为四种类型，分别是__________、__________、__________、__________。对于这四类商品，卖家应采取什么对策去改进现状？

引导问题 18：客户画像，又称客户角色，是收集和分析消费者数据后抽象出的一种调查分析报告，也是客户信息的标签。对于跨境卖家来说，构建客户画像有什么用处呢？

引导问题 19：构建客户画像需要获取的客户数据维度包括哪些？

引导问题 20：列举三种客户画像的高频应用场景。

引导问题 21：简述监测客户舆情的两种重要方式。

引导问题 22：请在下面方框处填写采购成本与库存动销率的计算公式。

引导问题 23：要分析合作供应商的质量，需要重点关注四组数据，分别是退货量、________、________和________。

引导问题 24：请概述库存水平与库存新鲜度的含义。

引导问题 25：衡量物流效率、物流质量、物流异常的数据指标有哪些？请分别列举并解释这些指标。

计划决策

小组内每位成员提出自己的计划和方案，经小组讨论比较，综合每位同学的意见，确定小组的最终实施方案。

任务 1：流量数据诊断

➤ 计划 1：请联系材料 1，针对小李店铺的流量来源做出诊断计划。

问题 1：诊断店铺流量来源具体要如何实施？

问题 2：结合小李店铺的流量来源数据，你发现了什么问题？如何解决？

决策结果：________________________________

____

____

____

____

➤ 计划 2：请联系材料 1，针对小李店铺的成交转化做出诊断计划。

问题 1：要诊断成交转化数据，是否要计算环节转化率和整体转化率？

问题 2：结合小李店铺的成交转化数据，你发现了什么问题？如何解决？

决策结果：________________________________

____

____

____

任务 2：销售数据计算

➤ 计划 3：请联系材料 2，策划小王店铺销售额增长率的计算操作方案。

问题 1：要计算销售额增长率需要获取哪些数据？

问题 2：销售额同比增长率和环比增长率的计算方法有何不同？

决策结果：________________________________

____

____

____

➤ 计划 4：请联系材料 2，策划小王店铺客单价的计算操作方案。

问题 1：要计算客单价需要获取哪些数据？

问题 2：计算客单价应该用总购买金额除以购买订单数，还是总购买人数？

决策结果：________________

____

____

____

➤ 计划 5：请联系材料 2，策划小王店铺毛利与净利的计算操作方案。

问题 1：利润是收益减去成本所得到的差额，那么毛利润与净利润的成本构成有何不同？

问题 2：在计算毛利率和净利率时，应该使用哪些数据？

决策结果：________________

____

____

____

任务 3：客户舆情诊断

➤ 计划 6：请联系材料 3，针对该产品评价的舆情做出诊断计划。

问题 1：诊断产品评价舆情的作用是什么？

问题 2：针对特定产品评价的舆情具体应如何实施？

决策结果：________________

____

____

____

任务 4：供应链数据诊断

➤ 计划 7：请联系材料 4，针对雅琪玩具公司的采购数据做出诊断计划。

问题 1：结合雅琪玩具公司的采购数据，从中能否判断采购价格走势，以及市场供需变化？

问题 2：要选出最优质的飞机玩具供应商，应该如何实施？

决策结果：____

____

____

____

____

➤ 计划 8：请联系材料 4，针对雅琪玩具公司的库存数据做出诊断计划。

问题 1：判断库存水平是否合理的依据是什么？

问题 2：要计算出飞机玩具的库存动销率，具体要怎么做？

决策结果：____

____

____

____

➤ 计划 9：请联系材料 4，针对雅琪玩具公司的物流数据做出诊断计划。

问题：要判断雅琪玩具公司的物流效率与物流质量跟同行之间的优劣，应该如何进行对比？

决策结果：____

____

____

____

实施计划

根据制定的工作计划，按照任务书的要求实施任务，并将实施结果填写到对应问题下方。如果无法独立完成，可以参考配套实训任务书。

计划实施 1：结合材料 1 给定的数据，请你帮助小李完成店铺的流量来源诊断，以及成交转化漏斗诊断，并提出优化建议。

要求：(1) 条理清晰，逻辑严谨；(2) 观点明确，理由充分。

计划实施 2：结合材料 2 给定的数据，请你帮助小王计算该店铺 4 月份的销售额增长率、客单价、毛利与净利的具体数值，并将结果填入表 7-9 中。

表 7-9　店铺数据表

销售额同比增长率	
销售额环比增长率	
客单价	
毛利润与毛利率	
净利润与净利率	

计划实施 3：根据材料 3 给定的品牌产品，请你在亚马逊平台上分析该产品的客户评价，并通过舆情分析找到该产品或企业可以改进的方向。

要求：(1) 条理清晰，逻辑严谨；(2) 信息来源正确，不得捏造事实。

计划实施4：根据材料4中给定的数据，请你完成雅琪玩具公司的供应链数据诊断，具体诊断方向如下：

（1）判断飞机玩具的采购价格走势，并分析市场供需变化关系。

（2）对飞机玩具的供应商做出质量判断。

（3）判断玩具飞机产品库存水平是否合理，且是否需要调整库存标准量。

（4）计算玩具飞机的库存动销率，并判断动销率情况。

（5）判断雅琪玩具公司的物流效率与物流质量情况，并与同行进行对比。

评价反馈

1. 各组派代表上台展示成果，并介绍任务的完成过程。
2. 其他组同学给你们提供了哪些意见或建议？请记录在下面。

____

____

____

3. 本次课的心得体会：

____

____

____

4. 评价方式采用多元化评价，评价主体由学生、小组与教师构成，评价标准、分值及权重如下所示：

（1）学生进行自我评价，并将结果填入表 7-10 中。

表 7-10　学生自评表

班级：__________　　组名：__________　　日期：________年____月____日

评价项目	评价标准	分　值	得　分
信息检索	能有效利用网络资源、配套资料查找有效信息	10	
知识掌握	能准确理解学习任务中讲述的知识内容	15	
技能训练	能按任务书要求，按计划完成工作任务	15	
感知工作	认同工作价值，在工作中能获得成就感	10	
团队素养	能与教师、同学之间相互尊重、理解和平等交流	10	
职业素养	能严格遵守相关工作守则和法律法规	10	
思维状态	能发现问题、分析问题并解决问题	10	
参与状态	能发表个人见解，倾听他人意见和看法	10	
创新意识	能在工作过程中做出创新点	10	
合　计		100	

（2）学生以小组为单位，对学习任务的实施过程与结果进行互评，将互评结果填入表 7-11 中。

表 7-11　小组互评表

班级：__________　　被评组名：________　　日期：________年____月____日

评价项目	评价标准	分　值	得　分
团队素养	该组小组成员间合作紧密，能互帮互助	15	
	该组的工作计划周密，组织有序	15	
	该组态度端正，有较强的吃苦耐劳精神	10	
工作情况	该组的工作效率突出	20	
	该组的工作成果完整且质量达标	30	
	该组严格遵守相关工作守则和法律法规	10	
合　计		100	

（3）教师对学生工作过程与工作结果进行评价，并将评价结果填入表 7-12 中。

表 7-12　教师评价表

班级：__________　　组名：__________　　姓名：__________

<table>
<tr><th>评价项目</th><th colspan="3">评价标准</th><th>分　值</th><th>得　分</th></tr>
<tr><td>考　勤</td><td colspan="3">无无故迟到、早退、旷课现象</td><td>10</td><td></td></tr>
<tr><td rowspan="3">工作过程</td><td colspan="3">能正确回答引导问题并填写答案</td><td>20</td><td></td></tr>
<tr><td colspan="3">能制定详细的工作计划</td><td>10</td><td></td></tr>
<tr><td colspan="3">能按任务书要求规范实施工作活动</td><td>20</td><td></td></tr>
<tr><td rowspan="3">项目成果</td><td colspan="3">能按时完成任务</td><td>10</td><td></td></tr>
<tr><td colspan="3">学习态度认真、细致、严谨</td><td>10</td><td></td></tr>
<tr><td colspan="3">任务成果完整且质量达标</td><td>20</td><td></td></tr>
<tr><td colspan="4">合　计</td><td>100</td><td></td></tr>
<tr><td rowspan="2">综合评价</td><td>自我评价（20%）</td><td>小组互评（30%）</td><td>教师评价（50%）</td><td colspan="2">综合得分</td></tr>
<tr><td></td><td></td><td></td><td colspan="2"></td></tr>
</table>

信息页

情境导入

小李是一名跨境电商公司的实习生，主管让他对店铺的流量、销售、客户和供应链数据进行分析。起初面对这些任务，他感到无从下手，于是向主管老张请教。老张解释了每项任务的具体内容：流量数据分析旨在提高转化率；销售数据分析可优化业务流程；客户数据分析能提高客户忠诚度，推动业务增长；供应链数据分析则可以降低成本和提升效率。在得到主管的指导后，小李努力学习和实践，并成功完成了数据分析任务。

【思考】

认真思考以下问题，并带着问题进入课堂寻找答案吧。

- 什么是转化漏斗？店铺的成交转化率如何进行诊断？
- 要得出店铺的年度净利润，应该如何计算？
- 客户画像的作用是什么？如何构建客户画像？
- 动销率是什么意思？它的作用是什么？

学习任务 1　流量数据分析

流量数据是反映跨境卖家运营行为的关键指标，它可以帮助跨境卖家了解自身在市场中的表现，同时制定更加有效的店铺运营方案。要分析流量数据，需要从曝光、访客、跳失、停留、来源等方面店铺流量数据着手，并深入分析广告销售成本比、成交转化率等流量转化数据。这样可以帮助卖家更全面地了解流量数据背后的运营和销售行为，从而为业务发展提供更为精准、高效的指导。

因此本学习任务主要从以下三个方面展开讲解：

➤ 店铺流量分析

➤ 广告销售成本比分析

➤ 成交转化率分析

活动 1　店铺流量分析

要对店铺的流量数据进行分析，需要了解店铺流量各项指标的含义和诊断方向，以及对店铺的流量来源进行分析，从而为制定有效的店铺推广策略提供参考依据。下面针对这两点进行讲解：

一、流量指标诊断

跨境店铺的流量核心指标包括浏览量、访客数、跳失率、平均停留时长等。如图 7-3 所示为速卖通平台流量看板。

图 7-3　速卖通店铺流量看板示例

小贴士

速卖通平台的“生意参谋”提供的数据非常详细，但有些跨境平台并没有提供如此详细的数据，卖家就需要借助第三方数据工具进行统计查询。

1. 浏览量

浏览量是指店铺页面的访问量，每次客户打开或刷新页面都会计算一次浏览量，包括重复访问同一页面的情况。人均浏览量是平均每位访客浏览的页面数量。

问题：店铺浏览量低。

诊断方向：(1) 关键词优化不足，导致很少有人能找到自己店铺。

(2) 营销推广不足，缺少店铺曝光。

针对浏览量问题，卖家应使用相关、全面的关键词并尝试新的盈利模式；进行有效的广告营销和推广活动，增加店铺的知名度和流量。

2. 访客数

访客数是指访问店铺的唯一客户数量，即每位客户只被计算一次，不论他们访问了多少个页面。新访客数是首次访问店铺的客户。同理，新访客数占比是指首次访问店铺的客户占总访客数的比例。

问题：店铺访客数低。

诊断方向：(1) 产品质量不佳，或与其他卖家同质化。

(2) 销售价格高于市场竞争对手。

(3) 产品页面设计不佳，客户无法得到有效信息。

针对访客数问题，建议优化产品和店铺页面质量，增加产品的差异性；降低产品的售价，提高客户的购物热情。

3. 跳失率

跳失率是指客户在访问店铺后仅浏览了单个页面就离开的比例。也就是说，客户只访问了店铺的一个页面就跳出了该店铺。

问题：跳失率高。

诊断方向：(1) 产品实际情况与宣传不符。

(2) 销售价格高于市场竞争对手，或优惠力度不足。

(3) 客户群体不精准，客户对产品不感兴趣，从而选择离开。

针对跳失率问题，卖家应精准定位客户群体；产品宣传切勿脱离产品实际功效；对产品进行合理定价，并制定有效的营销策略，如促销、广告等。

4. 平均停留时长

客户平均停留时长是指客户在访问店铺后，在店铺停留的平均时间长度。平均停留时长是评估店铺产品和体验认可程度的重要指标之一。

问题：平均停留时长短。

诊断方向：（1）产品页面卖点描述不到位，缺乏吸引力。

（2）产品差异不足，与竞争对手没有明显的区别。

（3）跳失率过高，拉低平均停留时长。

针对平均停留时长问题，卖家应设法降低店铺跳失率，深入挖掘店铺产品的独特卖点，例如技术、功能、材质、创意等属性，同时确保产品详情描述得当。

店铺流量是受多方面因素影响的，如关键词、产品价格、产品页面设计、营销策略等。事实上，一个环节做不到位，就会对多个流量指标产生负面影响。

（1）关键词优化：可以从关键词选择、词义表述和搜索量分析等多方面入手，使得店铺产品的搜索性能更好。

（2）产品价格优化：可以从市场对比、利润预算、目标客户群体等多个维度来考虑，使客户能够接受并且认为价格是合理的。

（3）产品页面设计：可以从卖点文案、图片、排版等多层面来考虑，使得客户在浏览店铺时获得更好的体验。

（4）营销策略制定：可以根据店铺类型、目标客户、市场竞争情况等因素制定出更加切实可行的策略，从而达到获得更多店铺流量的目的。

二、流量来源分析

每家店铺的流量来源都是多样的，有免费流量、付费流量，还有站外流量。如图 7-4 所示为速卖通流量来源分布示例。

（1）免费流量包括搜索、推荐、复购等。

（2）付费流量即广告投放带来的流量。

（3）站外流量包含促销网站、社交媒体、网红推荐等。

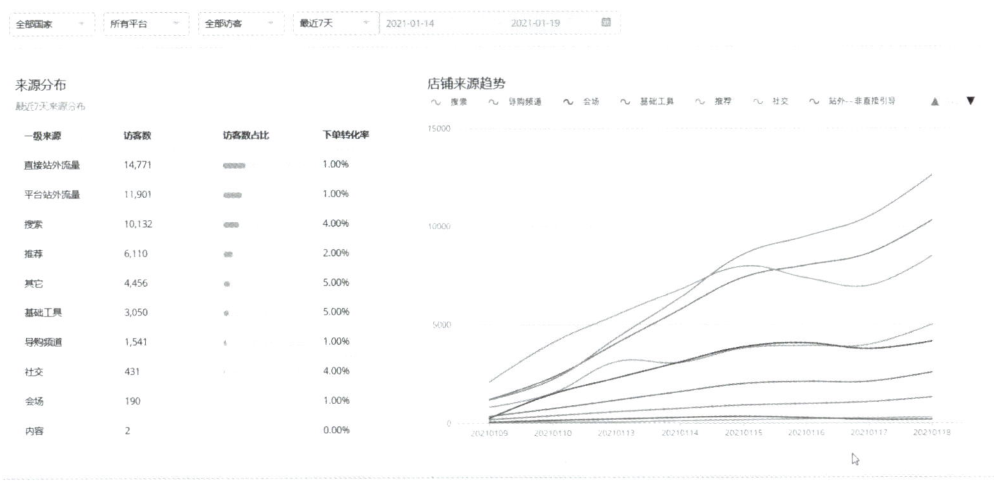

图 7-4　速卖通流量来源分布示例

小贴士

在免费流量中，搜索和推荐是最重要的流量来源。

（1）搜索是指访客通过跨境电商平台的站内搜索进入卖家店铺。如客户在速卖通首页搜索框里搜索“手机”，然后在展现出来的商品列表页进入卖家店铺。

（2）推荐是跨境电商平台基于算法推荐给客户进入店铺的访客。如首页推荐、购物车推荐、关联搭配推荐等。

分析店铺流量来源，要从各种流量来源间的占比、转化率、投资回报率等方面入手。

（1）分析流量占比。了解哪些流量渠道对店铺的流量贡献最大，占比高的加大或维持投入，占比小的减少投入或优化策略。

（2）分析流量转化率。了解各流量渠道的实际转化率，以判断渠道质量。若某些渠道流量质量高且占比大，则需要进一步分析其具体内容，例如搜索流量则需确定关键词对流量的功效。对那些转化率较低的渠道，则需要改进页面设计、卖点描述、营销策略等方面。

（3）分析各渠道的投资回报率。通过比较流量来源的投入和回报，计算投资回报率，确定各个流量来源对店铺利润贡献的大小，并做出相应调整。

大部分跨境平台都有提供流量来源数据，如在亚马逊卖家中心的“报告”→“流量”页面、速卖通平台的“生意参谋”→“店铺来源”页面、Shopee 平台的“数据统计”→“流量来源”页面等，均可查看店铺流量来源。

活动 2　广告销售成本比分析

广告销售成本比（ACoS）是指广告花费与所产生销售额的比率，是衡量广告投资回报率的重要指标。通过 ACoS 数据反馈，卖家可以直观地判断广告效果是否理想，从而快速调整广告投放策略。

尽管 ACoS 为亚马逊特有的广告效果量化标准，但其他跨境平台的卖家也应自行计算 ACoS，以便进行综合的数据分析和业务优化。

一、ACoS 计算方法

ACoS 的计算公式为：

$$ACoS = (广告花费 \div 广告销售额) \times 100\%$$

卖家在任意跨境平台上进行广告投放后，广告报表都会给出广告花费和广告销售总额的具体数据，通过这两个指标计算 ACoS 即可。一般而言，ACoS 值越小，广告投入所产生的效益就越好。

例：假设某卖家在一周内投入了 1 000 美元的广告费用，在同一时间内实现了 6 000 美元的广告销售额，则他的 ACoS 为：

$$ACoS = (1\,000 \div 6\,000) \times 100\% \approx 16.67\%$$

这意味着该卖家每投入 1 美元广告费用，仅能够获得 6 美元的广告销售收入。如果想提高 ACoS，可以尝试减少广告成本或者增加广告销售额。

二、ACoS 优化策略

ACoS 受到多个因素的影响，包括但不限于：广告预算和出价、同领域竞争程度、关键词选择和质量、目标和受众、产品页质量等。

要降低 ACoS，可采用的有效方法有如下几种：

1. 调整广告出价

根据广告系列的 ACoS 和投放策略，卖家需要不断调整广告出价，使广告投放达到最佳效果和投入产出比，以控制成本，降低 ACoS。

2. 优化关键词匹配度

卖家需要不断优化广告系列的关键词，匹配度更高的关键词有助于提高广告效果和点击率，进而减少广告成本和 ACoS。

3. 提高广告质量得分

广告的质量得分越高，其转化率就越高，ACoS 就越低。卖家可以通过优化广告创意、目标受众、商品页、卖家评分等方面来提高广告质量得分。

4. 优化产品页面

卖家可以通过优化产品页面排版、文字、图片等元素，吸引更多的用户点击广告，提高转化率，降低 ACoS。

在实际操作中，不同的广告系列问题可能不同。例如，可能存在大词造成的费用浪费，无效关键词、关键词数量过多等问题导致高 ACoS。总之，卖家需要不断监测和分析广告系列的投放效果、转化率和成本，找出产生高 ACoS 的主要因素，并采取针对性优化措施。

三、ACoS 目标设定

值得注意的是，ACoS 并不是越低越好，有时候需要在广告成本和销售额之间进行平衡，以获得更好的投入产出比和更高的盈利水平。不同情况下的 ACoS 目标理想数据如表 7-13 所示。

表 7-13 不同情况下的理想 ACoS

产品状态	广告目的	理想 ACoS
成长期产品	推动产品销售，提高产品搜索排名	确保自己盈亏平衡
新品发布	卖家有新品发布，让新品获得大量曝光	可设定较高 ACoS
成熟产品	获得高额利润	ACoS 越低越好

活动 3　成交转化率分析

成交转化率表示在一定时间内，完成购买行为的用户数量与该商品或服务页面访问量的比例。换言之，它衡量着一个网店或营销活动在访客数量中产生销售转化率的大小。成交转化率高意味着进店客户中成功交易的比例高。

一、成交转化漏斗

成交转化漏斗是指通过分析整个购物流程，将可能的客户按照流程分组，并计算每个步骤中的客户比率，以此来描绘出一个整体购物流程的分析模型。电商成交转化漏斗通常由浏览、点击、加购物车、结算、成交等环节组成（如图 7-5 所示），每一个环节的客户比率都代表了该环节的转化率。

漏斗的每个环节都有可能产生客户流失，尤其是客户触达第一个页面的流失率往往过高。其中的因素很多，如客户因为被广告诱导进入，发现产品与预期严重不合，造成流失。

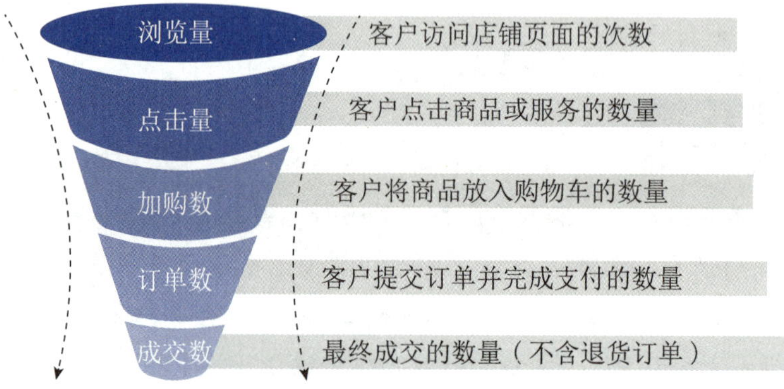

图 7-5　成交转化漏斗模型

转化漏斗的适用场景十分丰富，除了用于衡量店铺成交转化率，还可以用来衡量广告的有效性，也就是大家常说的广告转化率。电商广告的转化漏斗是指在电商广告投放的过程中，通过对用户的广告触达、访问、转化等环节的统计和分析，形成一个描述广告效果的漏斗模型，如图 7-6 所示。

图 7-6　广告转化漏斗模型

电商广告的转化漏斗的作用是帮助卖家了解广告系列的效果和质量，找到影响广告投放的关键因素，从而更好地进行广告优化和调整。

二、成交转化率计算

转化率是一个多层次的概念，转化漏斗的每个层级都能统计转化率。因此，在计算转化率时，要分为整体转化率和环节转化率两部分看待。顾名思义，整体转化率反映整个业务转化流程的总体转化情况；环节转化率是指在转化漏斗路径中，上一路径到下一路径的转化率。

整体转化率计算公式：

整体转化率 =（成交数 ÷ 访客数）× 100%

环节转化率计算公式：

环节转化率 =（本环节数据 ÷ 上一环节数据）× 100%

例： 假设一个手机壳店铺的成交转化数据如下：浏览量 10 000、点击量 4 000、放入购物车数 600、进入结算数 400、成交数 360。

代入成交转化率公式计算，结果如图 7-7 所示：

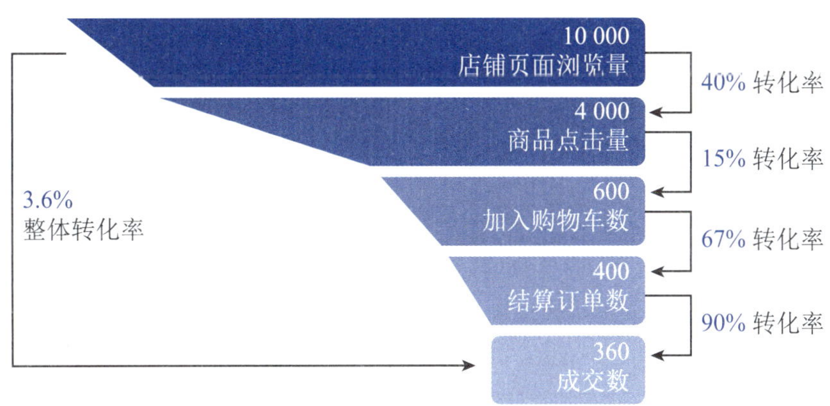

图 7-7　成交转化漏斗计算

也就是说，在这个漏斗中，整体成交转化率只有 3.6%。浏览到点击的转化率为 40%；点击到放入购物车的转化率为 15%；放入购物车到进入结算的转化率为 67%；进入结算到成功支付的转化率为 90%。卖家需要重点关注转化率较低的环节，并采取相应的优化策略。

大部分跨境平台都有提供浏览量、点击量、加购数、订单数和成交数的具体数据，卖家登录店铺后台即可查看。

三、成交转化诊断

漏斗分析的作用是定位问题节点，找到出问题的业务环节在哪。当出现整体成交转化率下滑时，就要对整个转化路径进行诊断，观察哪个转化环节出现了问题，找出原因并对症下药。

例：“点击—加购物车”环节转化率过低，整体转化率在此环节出现大幅度跳水，说明该环节出现问题。

导致出现该问题的原因有：

（1）商品详情描述不清晰或卖点不足，导致客户对产品失去兴趣。

（2）同类产品竞争激烈，买家货比三家，决策后放弃。

针对可能出现的原因，卖家要一一排查，找到最终原因并解决。

在电商成交转化漏斗中，每个转化路径可能导致低转化率的原因与解决方案总结如表 7-14 所示，卖家在诊断转化率时可进行参考。

表 7-14　成交转化漏斗总结

转化环节	转化率低的原因	解决方案
浏览量	店铺流量质量差，，关键词优化不足，缺少营销推广或推广不合理	优化搜索引擎、广告投放等
点击量	主图不吸引人，广告定位不准确，活动优惠力度不够	优化产品主图，优化广告策略，加大优惠力度
加购数	商品详细信息不清晰，卖点不足，商品价格过高	挖掘商品卖点，优化商品详情描述，优化定价
订单数	价格过高，买家等待优惠，支付方式不够多样化，担忧产品质量	设置促销活动，增加支付方式，加强安全保障
成交数	售后服务差，物流配送慢等	提高售后服务质量，优化物流配送体验等

学习任务 2　销售数据分析

销售数据分析可以帮助企业全面了解销售情况，包括销售额增长情况、客单价计算和提升策略以及成本与利润数据分析等方面。通过对销售数据的分析，企业可以制定具有针对性的销售策略和营销方案，提升销售业绩和市场竞争力，从而使利润回报最大化。

因此本学习任务主要从以下三个方面展开讲解：

- 销售额增长分析
- 客单价分析
- 成本与利润分析

活动 1　销售额增长分析

总销售额（gross merchandise volume，GMV）是指商家的毛收益总数。对卖家而言，GMV 是重要的数据指标之一。它能用于了解店铺的销售情况，预测收入，计算各种费用和利润。通过销售额分析，可以检查销售计划的执行情况，并比较和评估实际销售额与计划销售额之间的差距，以作为店铺业绩考评的依据。

一、销售额增长计算

销售额增长情况有助于企业判断主营业务的发展状况，也是重要的财务指标之一。

1. 认知基期、现期

在统计术语中，基期指作为对比参照的时期；现期指相对于基期而言，是当前所处的时期。

例： 如果想了解 2023 年比 2022 年销售额增长了多少，则 2023 年为现期，2022 年为基期。

2. 认识同比、环比

同比，就是跟去年同期比；环比，就是跟上一个周期比。

例： 去年 3 月的销售额是 10 万元，今年 3 月的销售额是 10.5 万元，那么今年 3 月销售额同比增长 5%。今年 2 月的销售额是 10.5 万元，今年 3 月的销售额是 10.5 万元，那么今年 3 月销售额环比增长为 0。

3. 计算增长量和增长率

销售额增长量和增长率是直观评价企业成长状况和发展能力的重要指标。

增长量计算公式：

$$增长量 = 现期 - 基期$$

增长率计算公式：

$$增长量 = \frac{现期 - 基期}{基期}$$

例： 某店铺的销售额及同比增速如图 7-8 所示，从图中可以观察到，该店铺的销售额及同比增速平稳上升，代表业务发展健康。

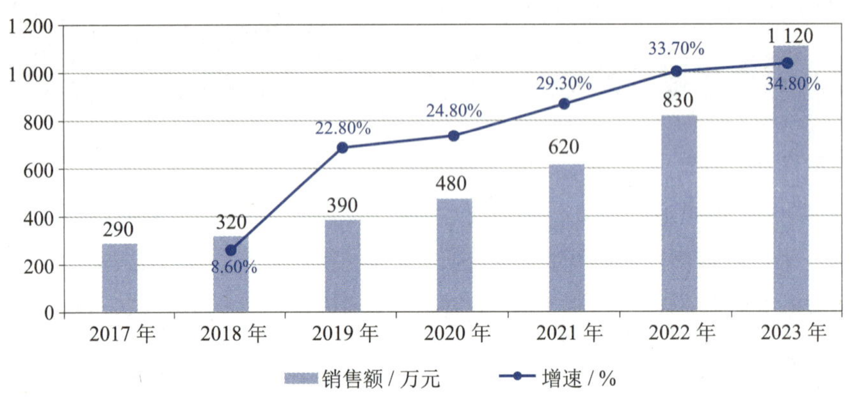

图 7-8 某店铺销售额及同比增速

二、销售额数据分析

销售额数据分析是卖家进行店铺经营管理非常重要的一环。通过对各种类型的销售数据进行分析，卖家可以深入了解店铺的销售情况，从而更好地制定营销策略，提高销售业绩。常见的销售额数据分析手段如下：

1. 时段比较

将不同时间段的 GMV 进行比较，例如日、周、月、季度等。通过比较可知道店铺的销售趋势和季节性，为制定销售策略提供参考。

2. 产品销售分析

基于 GMV 分别分析每个产品或产品类别的销售情况，以了解哪些产品或者类别对 GMV 的贡献最大。这能够帮助卖家更好地优化产品，同时推出更多的畅销产品。

3. 地域分析

基于 GMV 对不同的地理区域进行分析，可以了解哪些地区的销售情况较好，并进行实时调整。

4. 流量来源分析

基于 GMV 对不同的来源进行分析，例如免费流量、付费流量、站外流量等。这样可以更好地了解每种流量对 GMV 的贡献情况，进而制定更有针对性的营销策略。

小贴士

通过数据驱动的销售额数据分析，卖家可以找出销售的优势和不足之处，并进一步深化和优化策略，从而提高经营效益和销售业绩。

活动 2　客单价分析

客单价是每个用户在一定周期内平均购买商品的金额，即平均交易金额。店铺的销售额是由客单价和客流量决定的，要提升店铺的销售额，除了尽可能多地吸引客户，提高客单价也是非常重要的途径。

一、客单价计算

客单价计算公式：

客单价 = 总销售额 ÷ 购买人数

其中，总销售额（GMV）是指一个时间段（如一天、一个月或者一年等）内店铺的总成交金额；购买人数是指在同一时间段内购买产品的顾客总数。

客单价的本质是在一定时期内每位客户消费的平均价格，离开了“一定时期”这个范围，客单价这个指标是没有任何意义的。

例：某店铺过去 7 天的总销售额为 24 200 元，有 550 名买家各成交 1 笔订单，50 名买家各成交 3 笔订单。则

客单价 = 总销售额 ÷ 购买人数 =24 200 ÷ 600 ≈ 40 元

即过去 7 天店铺的客单价约为 40 元。

通过计算客单价，卖家可以深入了解客户的消费行为和偏好，从而制定更加个性化的商品组合和促销策略，提高客户购买意愿和满意度。

二、客单价提升策略

影响客单价的因素主要有商品定价、促销优惠、关联营销、复购情况等。

（1）商品定价。商品定价的高低是影响客单价的最基础的因素。如果商品价格高，那么客单价自然也会相应地提高。

（2）促销优惠。优惠活动能刺激购买欲望，增加店铺销量，但客单价水平也受影响。第二件半价、满减等促销方式会提升客单价，单品优惠、下单折扣、无门槛优惠券则会拉低客单价。

（3）关联营销。通过关联营销的方式，例如捆绑销售、套餐搭配、关联推荐等，可以促进顾客的购买频率，提高客单价。

（4）复购情况。客户的复购情况直接影响着客单价水平，客户在一定时期内的复购次数越多，则客单价就越高。

提升客单价的方法有两种：一是提高商品价格，二是引导客户购买多件商品。但是过高的价格可能会减少订单数，因此在定价上要综合考虑。

提升客单价常见的做法就是引导购买多件商品，具体方法如下：

（1）设置适当的促销活动，如“满 300 减 50”“买二送一”“第 2 件半价”等，这些促销活动不仅可以吸引顾客，提升人气和业绩，还可以通过引导顾客购买更多商品来提高客单价。

（2）提供多种 SKU 销售套餐，以便顾客有更多的选择、更灵活的组合方式，进而提高客单价。

（3）在详情页、购物车等页面设置好关联营销，向其推荐相关的商品，带动购买意愿，提高顾客的满意度和客单价。

（4）买家在咨询时，客服抓住时机进行商品推荐，促进买家购买。

活动 3　成本与利润分析

利润是收入与成本的差额，以及其他直接计入损益的利得和损失。销售利润分析有助于卖家发现营销过程中可能存在的问题，为制定有针对性和便于实施的营销战略奠定良好基础。

一、销售利润计算

基于成本计算出实际的销售利润，卖家就能够直观地了解自身的经营状况。在销售利润计算中，最常用的三个数据分别是毛利润、净利润和 ROI（投资回报率）。下面讲解这三项数据的计算方法。

1. 毛利计算

毛利润是指销售收入扣除主营业务的直接成本后的利润部分，毛利率则是指毛利润占销售收入的百分比。毛利润主要反映的是卖家主营业务是否赚钱，毛利润过低，意味着经营会面临亏本的风险。

毛利计算公式：

毛利润 = 销售收入 – 直接成本

毛利率 =（毛利润 ÷ 销售收入）× 100%

其中，直接成本包括商品成本、物流仓储成本、加工成本等。

例： 小王的跨境店铺在 3 月份的销售收入为 100 万元，其中商品成本为 50 万元，物流仓储成本为 20 万元，加工成本为 10 万元。则可求出：

毛利润 = 100 万元 –50 万元 –20 万元 –10 万元 = 20 万元。

毛利率 =（20 万元 ÷ 100 万元）× 100% = 20%。

这意味着，小王的店铺在 3 月份每售出 1 元的商品，就能够获得 0.2 元的毛利润。

要提高毛利润，理论上需要执行开源节流策略：开源指的是增加销售收入，而节流则是通过降低经营成本来实现。开源的方法受市场因素影响较大，实施起来具有一定难度。相比之下，节流相对容易，因此在行业寒冬来临时，许多企业都会调整策略，从节流入手，以维持利润。

2. 净利计算

净利润是指销售收入减去总成本和所得税后的利润，即卖家的税后利润。净利润是衡量一个卖家经营效益的主要指标。净利润多，卖家的经营效益就好；净利润少，卖家的经营效益就差。

净利计算公式：

净利润 = 总收入 – 总成本 – 所得税

净利率 =（净利润 ÷ 销售收入）× 100%

其中，总成本包括直接成本和间接成本，间接成本包括电商平台费用、营销费用、人员工资、退货成本、办公场地费等。

例： 联系上个例子，小王店铺的各种间接费用共计 25 万元，税费为 5 万元。那么在 3 月份，小王店铺的净利润和净利率为多少？

代入公式，可得：

净利润 = 20 万元（毛利润）–25 万元（间接成本）–5 万元（税费）= –10 万元

净利率 = –10 万元 ÷ 100 万元（总收入）× 100% = –10%

也就是说，小王在 3 月份总计亏损 10 万元。在该月，小王的店铺每售出 1 元商品，净亏损 0.1 元。

3. 投资回报率计算

投资回报率（ROI）是指通过投资而应返回的价值，即企业从一项投资性商业活动的投资中得到的经济回报，通俗来说，就是投入产出比。

投资回报率的计算公式为：

$$投资回报率（ROI）=\frac{投资收益-投资成本}{投资成本}\times 100\%$$

其中，投资收益是指投资项目在一定时期内所获得的收益，投资成本是指为实施该项目所做出的总投资，包括直接费用和间接费用。

小王的店铺在 4 月份花费了 10 万元用于广告投放，在该月，广告带来的销售收入为 100 万元。则可求出投资回报率：

ROI =（100 万元−10 万元）÷ 10 万元 × 100% = 900%

这意味着，在该月，小王店铺的广告投资带来了 9 倍的收益。

投资回报率与风险成比例，投资回报率越高，往往投资风险也越高。当投资一项高风险业务时，其投资回报率却很低，这样的业务则建议远离。

练一练

（1）某跨境服装公司在第一季度的销售额为 1 500 万元，其中直接成本是 800 万元，间接成本为 400 万元，税费为 200 万元。求该公司第一季度的毛利率和净利率。

（2）该服装公司在第一季度共花费了 240 万元用于广告投放，带来了 860 万元的成交金额。请问该公司在第一季度的投资回报率是多少？

二、成本与利润数据分析

卖家可根据商品利润，结合商品的运营成本，衡量该商品对卖家的价值贡献，判断是否值得对商品继续投入，判断该商品的销售策略是否需要调整。

1. 不同商品的成本与利润对比分析

统计不同商品在同一阶段的成本与利润数据，通过对比分析，可以将经营商品划分为如表 7-15 所示四种类型。针对不同商品的具体经营情况，采取相应的对策去优化卖家当前的商品结构。

表 7-15　成本与利润分析

商品类型	投入成本	利　润	对　策
主打商品	高	高	稳定收益，控制好投入成本
问题商品	高	低	减少投入或淘汰
潜力商品	低	高	增加投入，促进增长
边缘商品	低	低	可作为引流款

例： 某店铺经营 20 款商品,其成本与利润数据如图 7-9 所示。从中可以看出，商品（9、12、17）投入成本高但是利润低，说明该商品存在风险，应当减少对该商品的投入，如库存存量、推广费用等。商品（2、5、7、8）投入成本低，但是利润却很高，属于潜力商品，应当增加投入。

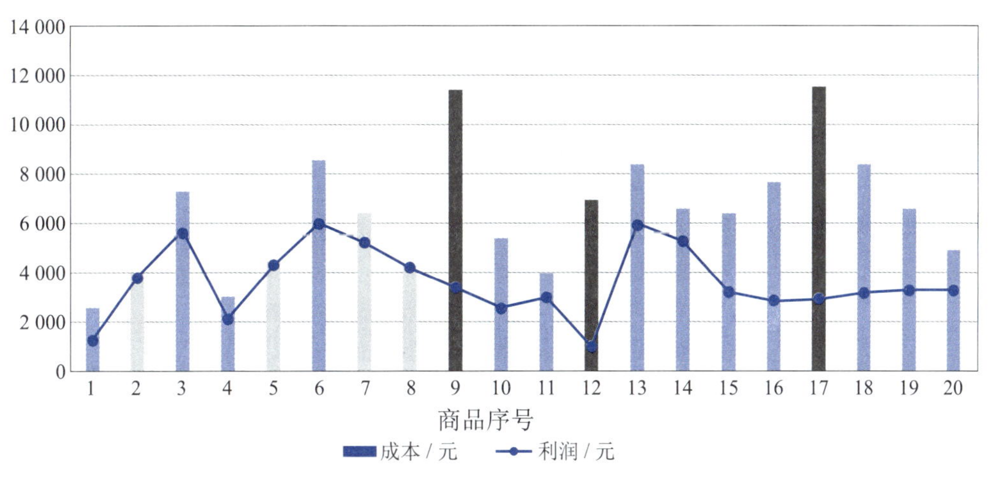

图 7-9　成本与利润数据统计

即便是相同的推广费用、渠道，不同的商品给店铺带来的利润也是不同的，卖家可将费用有侧重地投入利润更高的产品身上。

2. 同一商品的成本与利润阶段分析

统计同一款商品在不同阶段的成本与利润数据，并将成本与利润按比例进行对比分析，即可剖析该商品在销售中可能存在的问题。

例： 某店铺一款商品全年的成本与利润数据如图 7-10 所示，从中可以看出，9 月和 12 月成本增加，利润下滑幅度大。该卖家结合业务情况分析发现，9 月和 12 月该商品采购价上涨，但卖家未调整商品售价，进而导致利润下滑。

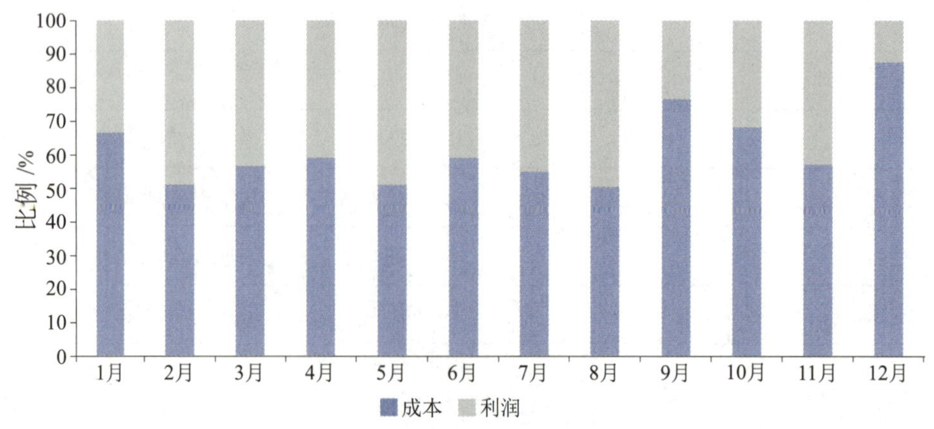

图 7-10　商品全年投入成本与利润比例

分析同一商品的成本与利润的阶段数据，可为卖家提供以下指导：

（1）当某商品利润比例持续上升时，说明该商品具有较大的销售潜力，应当加大推广力度。

（2）不同的推广渠道给同一商品带来的转化率是不同的，卖家可将推广费用转向推广效益较好的渠道，放弃效益低、无效的推广渠道。

（3）同一商品在不同销售地区带来的销售业绩不同，利润自然也不同。卖家可根据不同销售区域的利润占比，增加对高效益地区的投入。

学习任务 3　客户数据分析

客户数据分析是跨境电商中不可或缺的环节，可以帮助企业更好地了解客户需求、优化服务体验，并为企业提供更好的营销方案。客户画像分析和客户舆情分析是客户数据分析的两个重要方面。通过对客户的基本信息、兴趣爱好、消费行为和反馈意见等方面进行综合分析，企业可以更加全面地了解客户情况，以此为基础制定更有针对性的策略，提高整体运营效率和竞争力。

因此本学习任务主要从以下两个方面展开讲解：:

- 客户画像分析
- 客户舆情分析

活动 1　客户画像分析

客户画像，又称客户角色，是通过收集和分析消费者数据后抽象出的一种调查分析报告，也是客户信息的标签。对于跨境卖家来说，构建客户画像非常必要，因为它可以有助于卖家进行人群细分，明确核心受众，从而使跨境卖家的运营策略更具有针对性。

一、客户画像数据采集

要构建一份准确的客户画像，需要采集并分析多种客户数据。如图 7-11 所示为跨境电商卖家需要重点获取的客户数据维度：

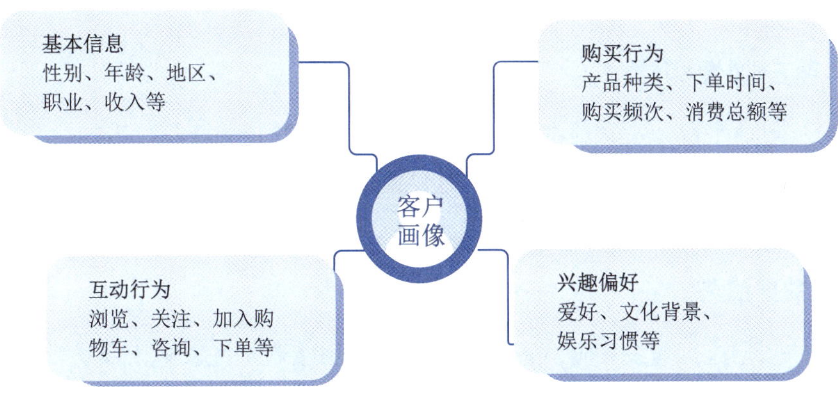

图 7-11　客户数据采集维度

1. 基本信息

基本信息数据包含性别、年龄、地区、职业、收入等。一般可通过客户的平台账号信息和下单时填写的订单信息获取。

2. 购买行为

购买行为数据包括客户购买的产品种类、下单时间、购买频次、消费总额等。可通过卖家中心或第三方数据分析工具进行获取。

3. 互动行为

互动行为数据包括客户在店铺内的浏览行为、关注行为、加入购物车行为、联系客服咨询等。这部分数据由于变化快，处理量大，卖家可借助第三方数据工具进行客户行为追踪，如 Jungle Scout、Helium 10、Egrow 等。

4. 兴趣偏好

兴趣偏好数据主要了解客户的爱好、文化背景、娱乐习惯等。要采集这方面数据有两种方式：一是向老客户发送调研问卷进行咨询；二是通过社交媒体监测软件来查询客户群体的兴趣数据，如关注的账号、参与话题、内容喜好等。

由于兴趣偏好数据涉及客户隐私，卖家在收集数据时必须确保客户数据的安全性和合法性，遵循相关法律法规和隐私政策，杜绝侵犯隐私的行为。

二、客户画像构建

虽然跨境电商平台为卖家提供了客户数据，但这些数据往往是分散的、杂乱的，需要进行整合和分析，才能真正发挥作用。这就需要卖家将客户数据具象化，也就是构建客户画像。构建客户画像的过程通常可以分为以下三个环节：

1. 客户数据清洗

对收集的数据进行清洗和整合，剔除重复和无用数据，将数据整合到 Excel 或其他数据处理工具中，并做好数据归类处理，如表 7-16 所示。

表 7-16　客户数据示例

客户编号	年龄	性别	地区	产品名称	产品价格	下单时间
NO1002019	24	女	纽约	Short Sleeve	$45	1/14 14:13
NO1002023	33	女	芝加哥	Neck Sleeveless	$21	1/14 14:51
NO1002177	26	女	纽约	Bodycon Dresses	$65	1/14 15:06
NO1002145	25	女	费城	Boho Dress	$43	1/14 16:43
NO1002213	31	女	洛杉矶	Sun Dress	$45	1/14 17:27

2. 客户数据分析

基于同一时间段内的数据，对客户进行分析。其中，比较重要的分析包括基础属性占比分析、顾客价格敏感区间分析和购物习惯分析。

（1）基础属性占比分析

利用累计订单数据，统计客户的基础属性，包括性别、年龄和地区的分布以及占比情况，并制作基础属性分布图，如图 7-12 所示。基础属性占比分析是构建店铺客户画像的基础性分析之一，这些信息有助于店铺更好地了解目标客户群体，制定更有针对性的推广和营销策略。

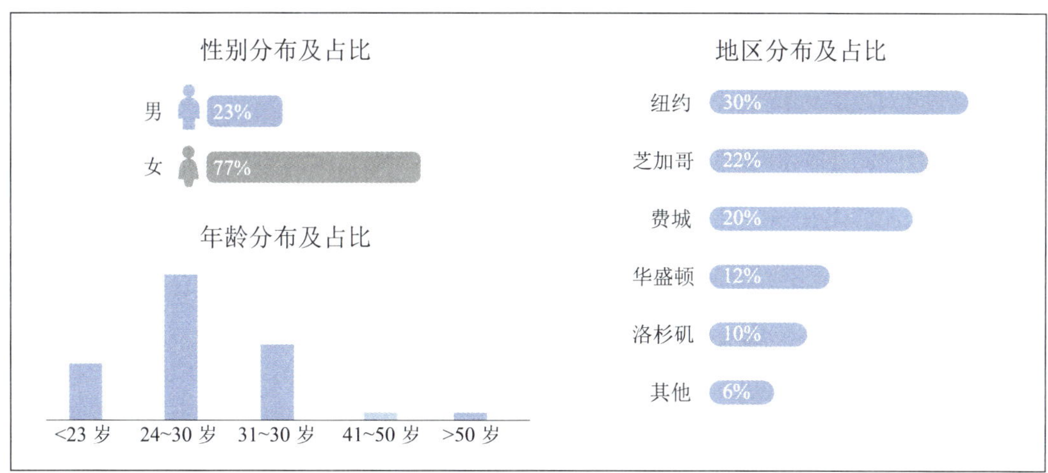

图 7-12 客户基础属性占比分析

（2）价格敏感区间分析

统计累计订单量的价格分布及占比情况，制作价格带分布图，如图 7-13 所示。从价格带分布图中可以看出客户的价格敏感区间。当商品价格处于敏感区间内时，微小的价格变动都可能导致消费者的购买行为发生改变。当价格高于敏感区间时，客户就会追求品牌知名度。而当价格低于敏感区间时，客户就不会在意价格了，而转去关注产品质量或服务。

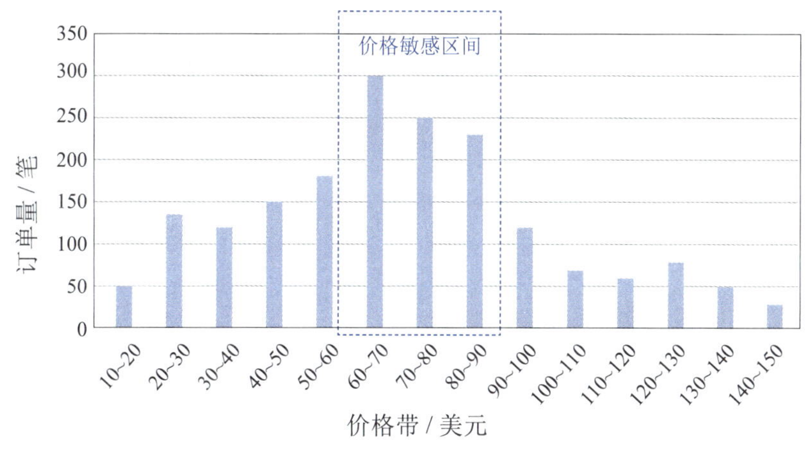

图 7-13 价格敏感区间分析

（3）购物习惯分析

统计累计订单量的客户下单时间，制作购物习惯分布图，如图 7-14 所示，并从长期和单日两个角度去观察。

① 长期主要观察客户下单的规律，如周末、假日等；

② 单日主要观察客户下单的时间，如购物高峰在晚上 8—11 时。

掌握客户的购物习惯，有助于卖家优化广告投放的时间点，以提升广告曝光率，优化广告单次点击竞价等。

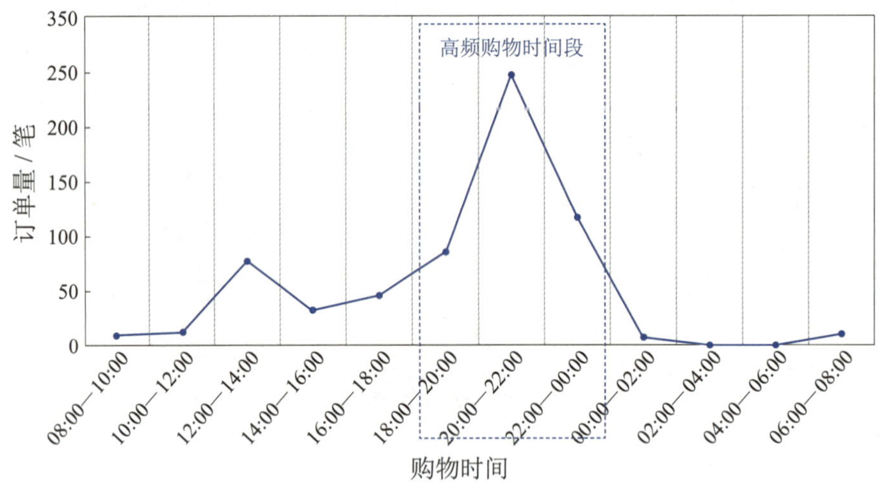

图 7-14 购物习惯分析

3. 客户画像绘制

最终绘制的客户画像需要具备代表性，能够代表店铺或产品的核心客户群体。在呈现上，要能一目了然地获取到目标群体的特征和偏好。画像的表达方式可以采用数据标签、图表、文字云等形式，不必拘泥于画面呈现。

例: 如图 7-15 所示为某母婴店铺的客户画像示例。

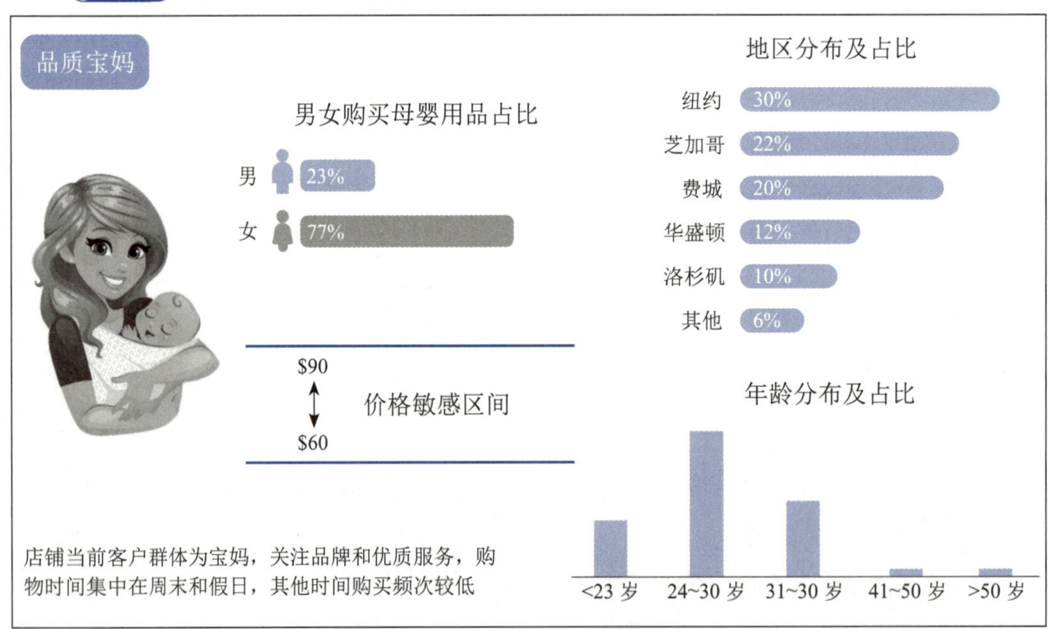

图 7-13 母婴店铺客户画像示例

客户画像不是一成不变的，而是随着对目标客户的了解逐渐深入。随着采集的数据维度与数据量逐渐丰富，要不断去修正、完善客户画像，从片面、不完整到更加符合目标群体的真实特征。

三、客户画像应用

客户画像可以帮助卖家明确核心客户群体，从而制定更有效的营销策略，提高店铺的销售额。以下是客户画像的几种高频应用场景。

1. 优化广告策略

根据客户画像，在广告投放中，卖家可以选择合适的投放渠道及投放策略，有针对性地制定广告策略，以提高广告效果和投放的精准度。

例： 如果目标客户群体是 20 ～ 30 岁的女性，并且主要分布在纽约、洛杉矶和芝加哥等城市中，同时也喜欢使用社交媒体，那么卖家可以选择在社交媒体平台上投放广告，并且投放目标要设定为居住在纽约、洛杉矶和芝加哥的 20 ～ 30 的女性群体。投放的素材可采用生动、热情和具有轻松感的文案或视频，以吸引和激发目标客户群体的购买兴趣，从而提高目标客户的转化率。

2. 优化产品卖点

通过客户画像，卖家可以深入了解目标客户群体的消费偏好，进一步优化产品特点和卖点的设计。

例： 如果目标客户群体的价格偏好较低，那么说明客户在意产品的价格和质量。卖家在产品详情中可以突出产品的性价比优势及优质的质量保证等关键信息，以此吸引目标客户群体，提高购买转化率。

3. 优化店铺装修

通过客户画像，卖家可以了解客户的需求和喜好，进行店铺规划和装修设计，从而提升店铺形象，吸引目标客户群体，增加销售额。

例： 如果目标客户群体主要是宝妈，卖家可以在店铺装修中增加可爱卡通形象，营造亲子氛围，符合宝妈的喜好和需求，并可以打造出令宝妈感到安全、可靠的购物体验。针对宝妈消费偏好的产品，卖家可以设置专属优惠，以提高宝妈的购买兴趣，进一步促进产品销售。

4. 优化产品定价

商家可以通过探索和分析客户的价格敏感区间，来优化产品定价策略。如果当前产品定价处于价格敏感区间，要增加订单量，则可以采用低价策略来拉拢客户；如果店铺准备打造品牌，需要吸引高收入的消费者——他们更加注重品牌形象等方面，相对价格敏感度较低，这时可考虑采用中高档的价格策略。

活动 2　客户舆情分析

客户舆情分析是指对消费者在社交媒体、评论区、论坛等渠道上对公司产品或服务的言论、评价、反馈以及各种情绪进行监测、分析和评估，以便企业更好地了解消费者需求和市场趋势，优化产品，提升品牌形象和口碑，改善客户体验，提高客户满意度，从而实现企业和客户的共赢。

一、客户舆情监测

监测客户舆情最为重要的两个监测方式，一是监测消费者对产品的评价，二是通过关键词监测社交媒体上与自身有关的内容。

1. 产品评价监测

在客户舆情监测中，产品评价监测是一项重要的任务。通过监测产品评价，卖家可以了解到产品在市场上的表现如何、客户对产品的反馈和评价如何。

监测方法如下：

（1）借助工具或手动定时监测自己店铺及竞品店铺的产品评价。

（2）重点统计消费者对产品的抱怨、意见和建议，及时发现产品存在的问题，为企业提供研发和改进产品的方向。

（3）关注产品评价中的细节信息，包括产品的规格、功能、质量问题等。

例：如图 7-16 所示，通过监测产品评论，可以得到消费者有关产品的真实体验和反馈，有助于卖家改进产品。

★★★★☆ **Easy application. Gorgeous results**
Reviewed in the United States us on March 3, 2023
Color: False Lash Effect | Size: 1 Count (Pack of 1) | **Verified Purchase**

This is definitely my new favorite mascara! Putting it on is fairly easy, and there is minimal clumping, which is exactly what I look for! It also feels very light where as other mascaras I've tried have weighted down the lashes quite a bit. With it not being waterproof, it does come off fairly easily with some residue left after that requires a little extra scrubbing. One if the few reasons I did knock off a star is throughout the day I do have some fallout. After a few hours there were quite a few black specks gathering under my eyes that were easily brushed away. Keep in mind I wear this with no primer, lashes in the photos are not curled, and I have minimal eye makeup on. I applied a single pass. This product does build up a bit more for thicker/longer lashes. Overall very happy with the results!

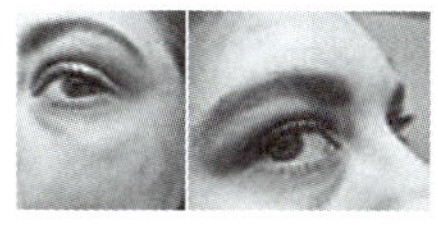

翻译：**由于它不防水，很容易脱落，之后会留下一些残留物，需要额外擦洗。**

28 people found this helpful

图 7-16　监测产品评价

2. 社交媒体关键词监测

跨境电商企业可以通过各种舆情监测工具，如 BuzzSumo、Hootsuite 等，在社交媒体上监测与自己品牌、产品相关的关键词的帖子、视频、评论等内容，及时了解消费者对品牌、产品的关注度和态度。

例： 跨境卖家可通过 BuzzSumo 舆情监测工具，监测与自身品牌及产品相关的社交媒体内容及舆情信息，如图 7-17 所示。

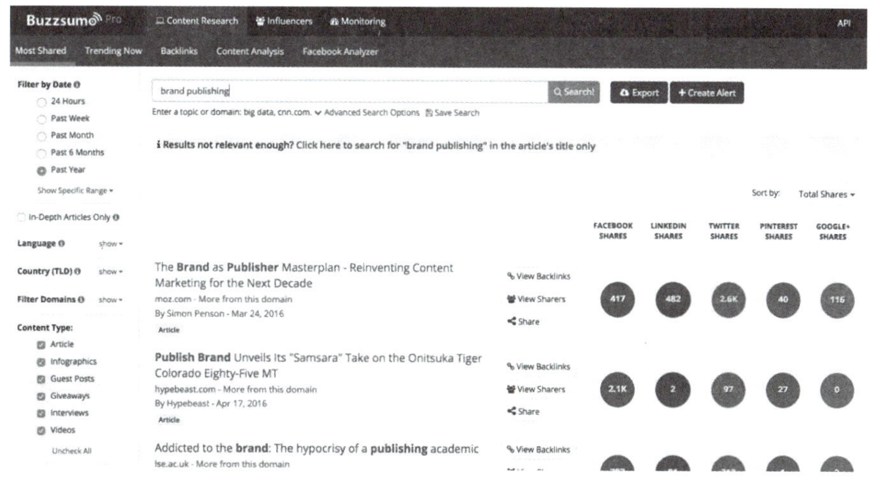

图 7-17　BuzzSumo 监测舆情

如果不借助舆情监测工具，卖家也可以在社交媒体手动搜索与自己店铺相关的关键词，定期去查阅客户的反馈，但工作量较大，比较烦琐。

例：在 YouTube 上检索品牌关键字，如 anker power bank（安克充电宝），查看相关视频及评论。

小贴士

借助舆情监测工具，可通过监控关键词建立危机预警，当发生舆论危机时，工作人员能及时反应并处理。

二、客户舆情分析及应对

通过客户舆情分析，企业需要了解客户的真实反馈和需求，从而有针对性地对产品、服务和沟通等方面进行优化和改进。具体措施如下：

1. 舆情分析措施

（1）需求分析：通过收集和分析客户关于产品的评价信息，了解客户对产品或服务的评价、痛点和关注点。

（2）情感分析：通过分析客户在各类社交媒体平台上发布的言论、评论，了解客户对企业品牌、产品和服务的情感倾向。

（3）热点分析：通过舆情数据了解当前热点话题，把握市场趋势。

2. 舆情应对措施

对积极舆情，要提取出客户对自身或竞品的积极评价的核心点，并在之后的宣传推广中加强这方面的营销。对负面舆情，要分析客户给予负面评价的核心原因，找到产品或服务上的缺陷，并针对性地改进。

专家指导

在客户舆情分析中，企业不能仅关注与自身相关的舆情，而应该同时关注竞争对手和整个行业的舆情。这样，企业才能比较全面地了解市场动态和客户需求的变化和走向，及时调整自身的产品、服务和营销策略，提升客户满意度和品牌形象，赢得更多的客户和市场份额。

学习任务 4　供应链数据分析

供应链数据分析涉及采购、库存和物流三个方面。采购成本分析可以帮助企业了解采购成本情况和供应商品质量，从而优化采购方案；库存数据分析则从库存水平、新鲜度和动销率等指标入手，协助企业进行库存管理和降低库存成本；物流数据分析包括物流效率和品质分析，可提高物流运营效率和品质，同时物流异常分析则能帮助企业解决物流过程中的问题，提高客户满意度。

因此本学习任务主要从以下三个方面展开讲解：

- 采购数据分析
- 库存数据分析
- 物流数据分析

活动 1　采购数据分析

对采购数据进行分析可以清楚采购成本，了解市场价格的变化，可以判断采购时间、采购价格、供应商等是否适合，并从中得出结论，以此来优化采购策略，保证企业盈利的稳定性。

一、采购成本分析

对采购成本进行统计是最基本的业务要求，不同的跨境电商企业根据业务特点，会按照日、周、月、季、年等不同周期进行采购金额统计。

采购成本计算公式：

单品采购总金额 = 采购数量 × 单价

要计算采购总额，即统计该周期内采购的不同单品的总金额之和。

例： 某跨境电商企业 10 月份的采购明细如表 7-17 所示，要计算 10 月份的采购总金额，只需对衣柜、鞋柜和展示柜的单品采购金额求和即可。

表 7-17　10 月份采购明细

种类	数量 / 个	单价 / 元	采购总金额 / 元
树脂衣柜	100	50	26 140
简易鞋柜	260	25	
玻璃展示柜	30	488	

通过观察历史采购数据的走势折线，如图 7-18 所示，可以分析产品的市场价格波动，还能预测未来的价格走势。

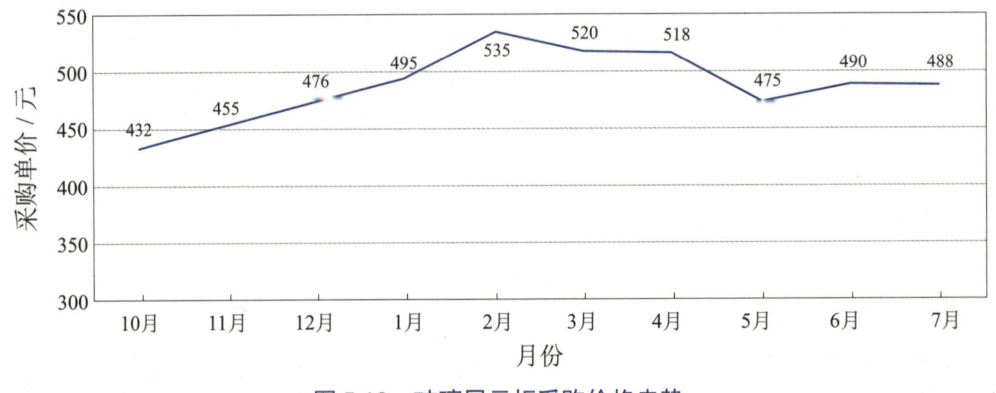

图 7-18　玻璃展示柜采购价格走势

二、供应商品质分析

采购方无论是前期选择供应商，还是后期对已建立合作关系的供应商进行评估，分析供应商品质都是不可缺少的一环。这方面主要是看哪家供应商的质量最好、价格更便宜、服务更优质等。

1. 供应商报价对比分析

对于供应商的选择，不一定要完全来自同一家，来自多家反而更有优势。这样不仅可以防范主要货源的中断风险，而且多家供应商都能提供我方所需货品的话，就能对多家供应商的报价进行比较，从中选择更有优势的供应商进行合作，从而降低商品采购成本。

对比不同供应商的报价，无须对单品价格数据进行一对一的比价，用对比折线图就能直观地呈现出来，如图 7-19 所示。

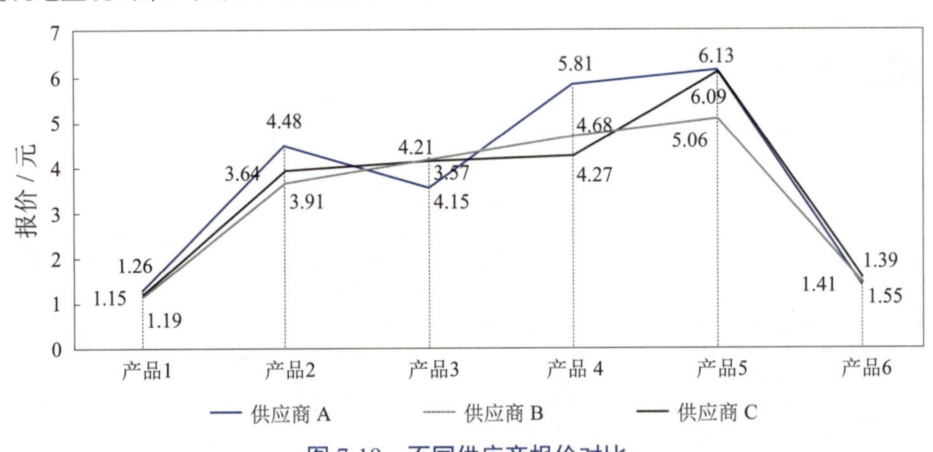

图 7-19　不同供应商报价对比

2. 供应商退货对比分析

要分析合作供应商的质量，需要重点关注四组数据：

（1）退货量：退货量大，说明供应商交付的产品不能满足采购要求，产品质量差。

（2）退货频次：退货频次高，说明供应商品管控不到位。

（3）事故次数：未按期、按量、按地交付被视为事故。事故次数多，说明供应商服务水平差，综合实力弱。

（4）货损率：货损率高，说明运输不规范。

对现有供应商进行以上数据统计，对比分析不同供应商的退货数据，基于企业标准，淘汰掉劣质供应商，加强与优质供应商的合作。

例： 某跨境企业上半年在四家供应商 A、B、C、D 进行采购，订单进货量相差无几，退货数据如图 7-20 所示。从中可以看出，供应商 B 和 C 问题明显，综合水平较差；应及时淘汰，供应商 D 表现优秀，应加强合作。

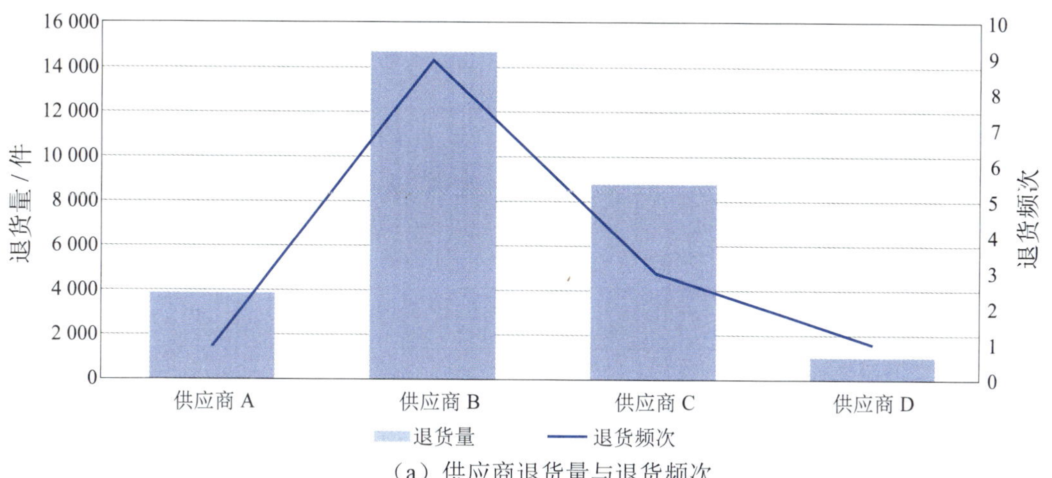

（a）供应商退货量与退货频次

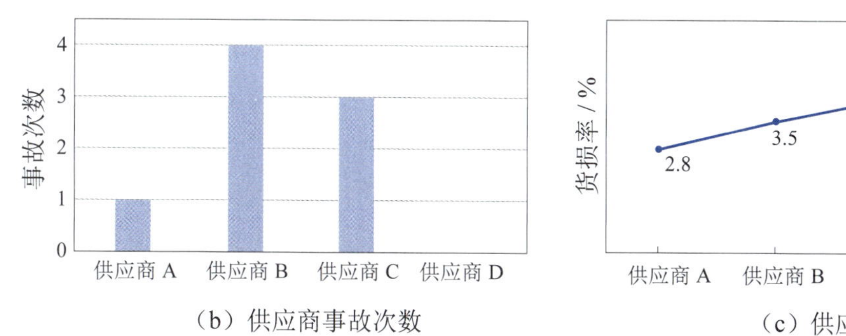

（b）供应商事故次数　　（c）供应商货损率

图 7-20　供应商退货数据对比

活动 2 库存数据分析

分析库存数据可以使企业掌握库存动态情况，及时调整各类产品的库存系数，均衡库存产品比例，从而制定相应的备货与补货策略。

一、库存水平分析

库存水平是指一定时期的库存量，可以用计量单位表示，也可用金额表示。它是了解供需状况的一个较为直接的指标。

产品的库存数量要保持适中，既要保证产品供应充足，满足日常销售所需，又不能有太多库存积压，产生较多的仓储成本。因此需要对库存数量进行分析，为下次入库数量提供数据支持。

例： A 企业的产品出入库记录如表 7-18 所示。

表 7-18 A 企业产品出入库记录表 单位：件

货品编号	入库时间	期初数量	入库数量	出库数量	结存数量	库存标准量
B2-101	2023-01-10	22	30	40	12	10
B2-102	2023-01-10	20	30	33	17	15
B2-103	2023-01-10	27	30	48	9	15
B2-104	2023-01-10	25	30	50	5	10
B2-105	2023-01-10	35	30	50	15	10
B2-106	2023-01-10	35	30	50	15	10
B2-107	2023-01010	35	30	50	15	10

为了直观地判断是否需要补货，可以将表 7-18 中“结存数量”与“库存标准量”的数据转化为柱形图进行对比，如图 7-21 所示。（注：库存标准量为企业自行设定的日常定额库存量，即库存的标准线。）

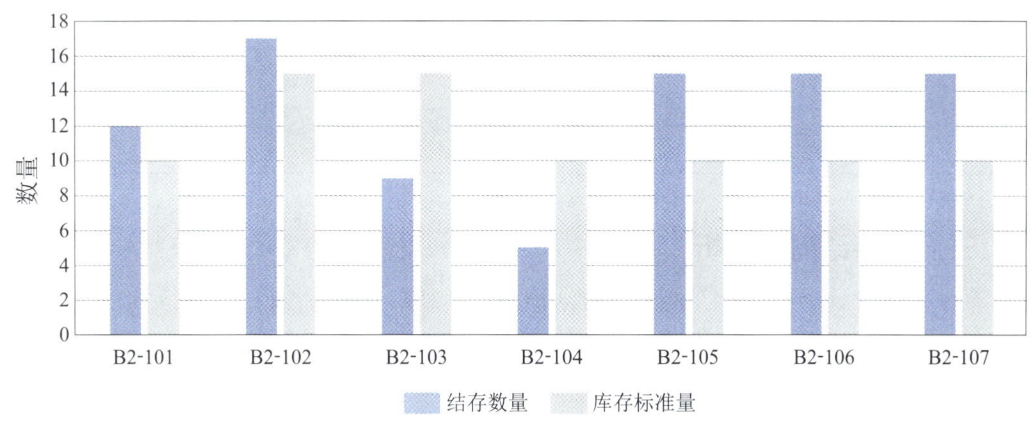

图 7-21　结存数量与库存标准量对比

从图 7-21 中可以清晰地观察到，编号 B2-101 和 B2-102 的结存数量和库存标准量差距不大，库存量适中；其余 5 款产品则差距较大，其中 B2-103 和 B2-104 需要补货，而 B2-105、B2-106 和 B2-107 的库存量过多。

二、库存新鲜度分析

库存新鲜度，也就是库存在库时间，是反映库存是否老化、质量好坏的重要指标。库存老化，就会导致企业货品资金周转慢，利润低，投资回报率低。对于“大龄”库存，应该加大清理力度，防止库存呆滞而造成损失。

例： 某产品的在库天数占比数据如图 7-22 所示。

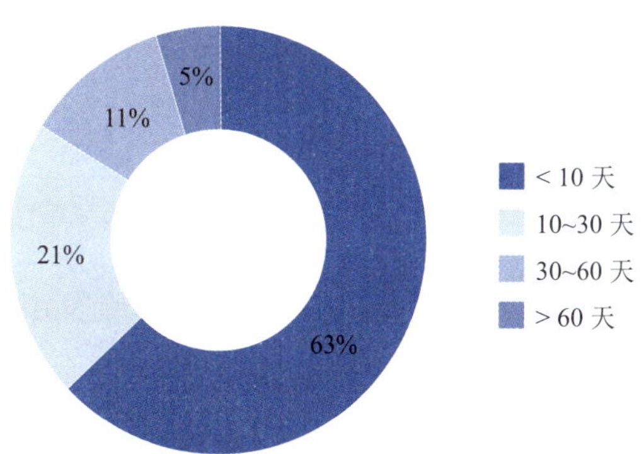

图 7-22　在库天数占比情况

许多企业在做库存分析时，都会对不同天数的库存贴上“标签”，并会根据实际情况制定内部的库存合格标准，因此不同企业存在差异。

例： 某跨境电商企业将超过 1 个月的库存定义为“老货”，并制定了企业内部的新老货库存合格标准，如表 7-19 所示。

表 7-19　新货占比合格标准

库存评级	优秀	良好	差
一个月内新货占比	> 80%	75%	> 65%

三、库存动销率分析

动销率，原是销售指标，指店铺有销售的商品品种数与本店经营商品总品种数的比率。呆滞率则正好与之相反。动销率能很好地反映库存结构变化，经常被用来衡量库存的健康程度。

动销率计算公式如下：

$$\text{周期内库存动销率} = \frac{\text{动销 SKU 数}}{\text{实际 SKU 数}} \times 100\%$$

其中，SKU 指最小存货单位，泛指商品的品种数。动销 SKU 指统计周期内有销售出库的 SKU 数，但不包括呆滞报废等非正常出库。实际 SKU 是期末的实际库存 SKU 数。

例：某企业第一季度库存实际 SKU 数总计为 290 种，第一季度有产生销售的 SKU 数为 285 种。则

$$\text{该企业第一季度库存动销率} = (\text{动销 SKU 数} / \text{实际 SKU 数}) \times 100\%$$
$$= (285 \div 290) \times 100\% \approx 98.28\%$$

库存动销率的高低，直接影响库存周转。一般来说，动销率越高，周转率越快；动销率越低，库存周转会越慢。库存动销率还和呆滞率呈一定的负相关：库存动销率低，呆滞率高；动销率高，则呆滞率低。

活动 3　物流数据分析

物流服务的效率和质量直接影响着买家的满意度和信任度。因此，卖家需要尽可能提高各项数据指标（图 7-23），以提高客户的满意度和忠诚度。

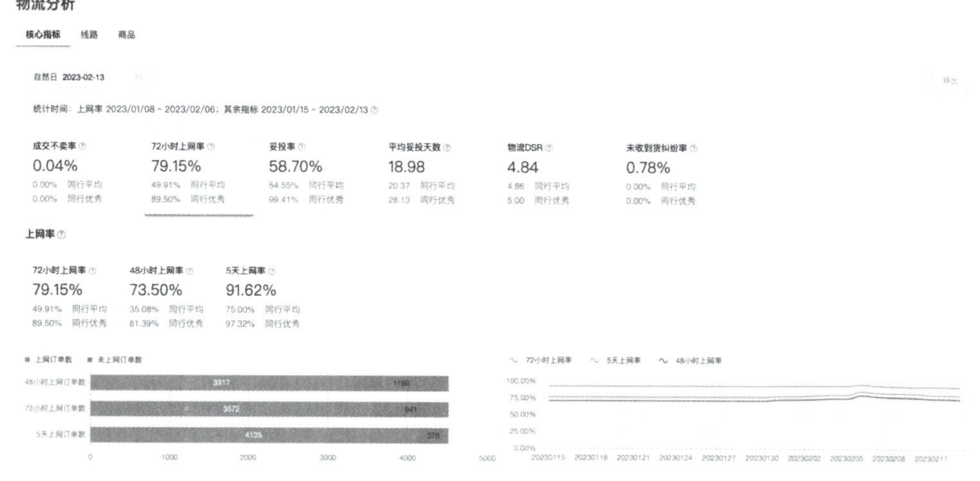

图 7-23　物流指标数据

一、物流效率分析

物流效率主要衡量物流的时效性，其核心指标主要有 72 小时上网率、发货超时占比等。下面分别对这些指标进行讲解：

1.72 小时上网率

72 小时上网率是指商品发货后，物流信息在 72 小时内被及时上传至快递公司的系统中，使得买家可以在快递公司网站上查询到物流信息的比例。除 72 小时上网率指标外，还有 48 小时和 5 天上网率指标，如图 7-24 所示。

72小时上网率		48小时上网率		5天上网率	
79.15%		73.50%		91.62%	
49.91%	同行平均	35.08%	同行平均	75.00%	同行平均
89.50%	同行优秀	81.39%	同行优秀	97.32%	同行优秀

图 7-24　物流指标数据

当 48 小时、72 小时、5 天上网率低于同行优秀值时，说明存在物流信息上传的问题，可能会导致一些客户的不满和投诉；如果低于同行平均值，则说明店铺的物流服务效率落后于竞争对手，这会导致店铺订单量下滑，并使客户倾向于选择竞争对手的服务。除此之外，当上网率连续低于考核指标时，平台将对商家实行一系列惩罚措施，包括流量限制、商品下架、店铺扣分等，而上网率符合考核指标的商品将获得更多的流量曝光或其他权益。

小贴士

店铺后台的上网率数据，一般都是统计过去 30 天的数值。另外，平台对上网率的考核指标是动态的，在不同时期会有变化。

2. 发货超时占比

发货超时是指没有在规定时间内发货（通常是 72 小时）。也就是说，卖家需要在订单生成后的 72 小时内发货，并在平台上更新物流信息。

衡量发货超时的指标在不同跨境电商平台会有差异，比如有成交不卖率、发货超时率、发货时效率等，但这些都是衡量卖家在规定时间内发货的指标。

例：以速卖通平台的成交不卖率为例（图 7-25），它指买家在付款之后，卖家没有及时发货导致订单关闭的订单数比率。正常来讲，卖家一定要保证自己的成交不卖率是 0%，否则会影响卖家服务分，进而影响店铺流量。

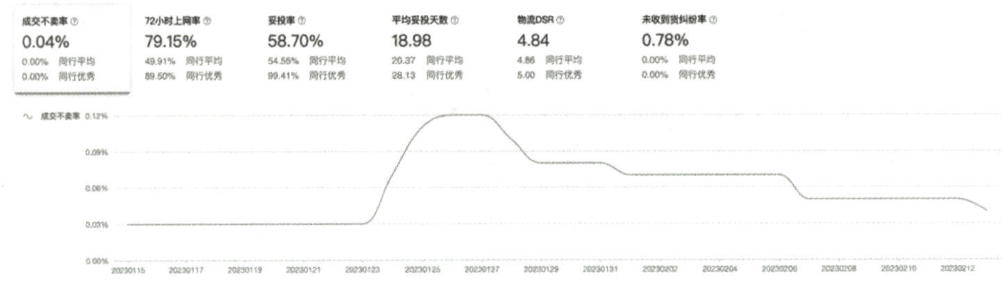

图 7-25　成交不卖率数据

那么如何避免发货超时 / 成交不卖？

（1）定期查看库存，及时补货，避免因为缺货而发不出去货；

（2）每天填写完发货通知之后，点击待发货的订单，按照发货时间升序排列，每天查看是否有漏发的订单。

（3）优化物流渠道，选择可靠的物流供应商，提高物流效率，减少发货超时的风险。

小贴士

发货超时不只影响成交不卖率指标，还会影响其他与发货时间有关的指标，例如 72 小时上网率等，因此卖家要尽可能地提升自己的发货效率。

二、物流质量分析

物流质量主要衡量物流的准确率和服务质量，其核心指标主要有妥投率、平均妥投天数、物流 DSR 评分等。下面分别对这些指标进行讲解：

1. 妥投率与平均妥投天数

妥投率是指物流公司提供送件服务过程中包裹派送成功的比率。平均妥投天数则是指客户下单后到收到包裹的时长平均值。如图 7-26 所示。

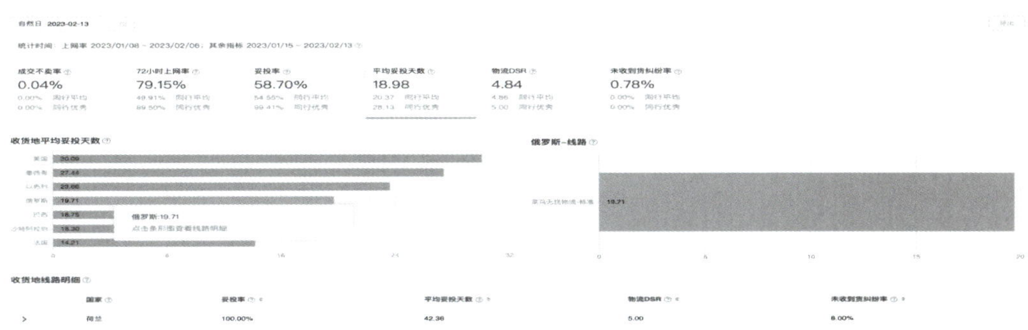

图 7-26 妥投率与平均妥投天数数据

例： 某跨境电商公司委托某物流服务商运送包裹，在近 30 日内，共发出 100 个包裹，有 96 个包裹成功送达，则妥投率为 96%。这 96 个包裹从客户下单到签收，平均时长是 12 天，则平均妥投天数为 12。

通常情况下，妥投率越高，平均妥投天数越短，说明物流配送的可靠性越高；相反，妥投率越低，平均妥投天数越长，说明配送的质量越差，卖家就需要采取相应措施进行改进，如更换物流服务商。

2. 物流 DSR 评分

物流 DSR（detailed seller ratings）评分是指买家对物流服务进行评分的平均分值，该分值越高，反映物流服务质量越高。如图 7-27 所示。

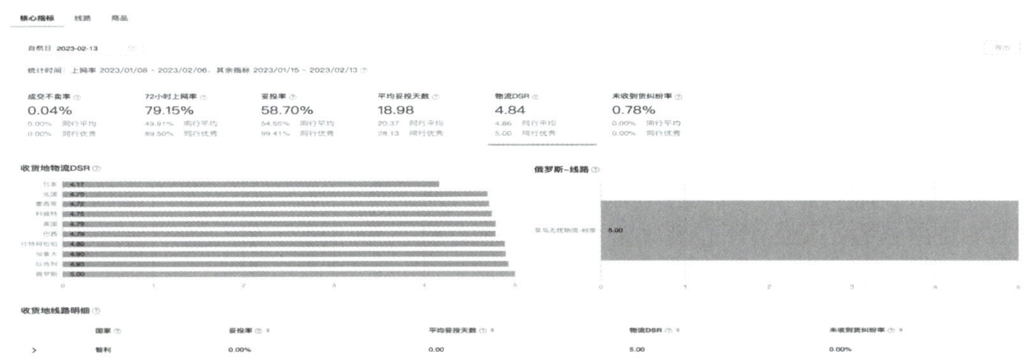

图 7-27 物流 DSR 评分

物流 DSR 评分直接影响着成交转化率，因为很多买家在下单时会在意物流时效性，如果买家在购买时看到卖家的物流 DSR 评分较低，就会担心物流时间过长，从而放弃购买。

要提升物流 DSR 评分，可从以下几点着手：

（1）提高物流速度，缩短买家等待时间。

（2）改进物流包装，保障商品在运输过程中不损坏。

（3）加强物流服务，满足用户对物流服务的多样化需求，如指定物流服务商、协调配送速度等。

三、物流异常分析

直接判断物流异常状况的指标就是未收到货纠纷率，如图 7-28 所示。未收到货纠纷率，是指近 30 天内完结订单中，买家因未收到货物发起退款纠纷的比例。

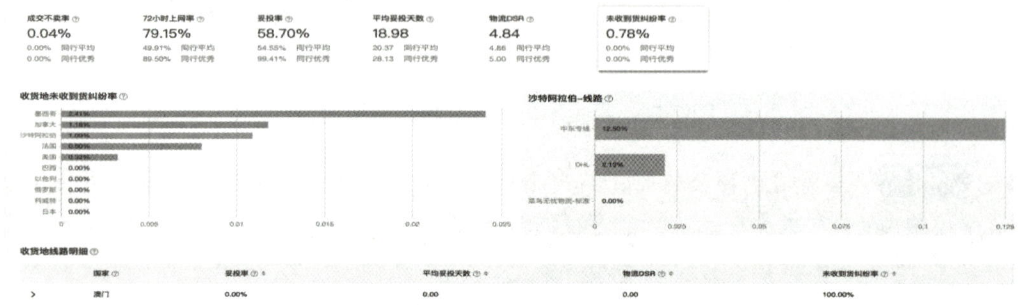

图 7-28　未收到货纠纷率

通常情况下，当买家的未收到货纠纷率≥10% 时，就会被平台处罚，如冻结物流线路或对店铺处以罚金等。保持较低的未收到货纠纷率，可以提升买家购物体验、增强信任感，同时还可提升卖家的 DSR 评分。

1. 未收到货纠纷原因

造成未收到货纠纷的原因主要如下：

（1）物流追踪问题：货物在途，时间过长客户不愿意等了；物流退回了包裹；无法查询到信息物流运单。

（2）海关问题：如被税扣关等情况。被税是指邮寄的商品被海关抽查，被海关要求征收关税；而扣关则是指包裹因为某些原因无法通过海关，需要进行额外的审批和清关手续。这两种情况都会导致包裹无法及时运输到客户手上。

（3）地址问题：如地址错误，导致投递失败，或者买家未签收。

2. 未收到货纠纷规避

如何有效规避未收到货纠纷呢？可关注以下三个方面：

（1）发货前：使用合适的包装和缓冲材料，避免在运输环节中损坏；与消费者再次确认好地址，避免地址错误造成派送失败。

（2）物流在途：要为客户提供运单编号，及时提醒客户包裹状态，使客户能够实时了解订单的分配情况，减少投诉的机会。

（3）海关问题：需要合理申报金额、选择优质线上物流、避免寄送违禁物品，一旦出现被扣关问题，可及时让客户联系海关。

最后，选择优质的物流服务商是至关重要的一环，决定了包裹可否及时安全送到顾客手中，也是规避物流纠纷的重要手段。

课程总结

本课程涵盖了流量数据分析、销售数据分析、客户数据分析和供应链数据分析四个方面的内容，从流量、转化率、销售、利润、客户、采购、库存、供应链等多个方面结合实例数据进行讲解。通过本课程的学习，学生应能更好地了解和应用各类数据，掌握跨境电商数据分析技能。

课后思考

1. 要提升客单价，你认为有哪些行之有效的措施？
2. 当店铺成交转化率下降时，许多跨境电商卖家都会采用打折促销，或者降价的方式来提升店铺转化率，你认为这种做法合理吗？
3. 通过第三方工具来监测社交媒体舆情，是否侵犯了客户隐私？
4. 当包裹被海关扣留时，作为卖家，你应该采取哪些措施来应对这种情况？

延伸拓展

拓展阅读

扫码阅读以下学习资源，拓宽自己的知识和视野：

文章1：亚马逊卖家如何提升转化率？

文章2：跨境电商专业人才需要做哪些数据分析？

文章3：如何管理跨境电商供应链

文章 4：深度剖析数据分析在跨境店铺运营中的作用

文章 1　文章 2　文章 3　文章 4

一顶假发卖出百亿级市场

思政元素：中国制造，国际视野。

随着我国假发行业的不断发展及海外市场的不断开拓，我国假发制品出口量及出口金额也随之逐年递增。在速卖通上，平均每 2 秒就可以卖出一箱中国假发；在亚马逊，中国卖家的假发产品占据了全球 85% 以上的市场份额。

而令人瞩目的是，在全球假发市场中约 80% 的假发在中国生产，也就是说老外每买 10 个，有 8 个都是“Made in China”。每到年底，因为海外市场的假发订单太多，深圳、许昌等地的假发企业每天都在“挑灯夜战”。

根据中国海关发布的数据，近年来中国假发行业出口情况总体呈现稳步增长的态势，中国假发的出口平均额约为 30 亿美元。如今美国是中国最大的假发制品消费市场，其次是非洲。有关数据显示，以法国和西班牙为首的欧洲国家消费出口也在快速增长，未来假发市场将会达到千亿级别。

（资料来源：奋“发”图强！中国假发畅销海外，狂赚百亿！[EB/OL].（2023-05-06）[2024-09-10].https://zhuanlan.zhihu.com/p/627226702）

【思考与讨论】

1. 发散思考一下中国制造的假发在国外深受欢迎的原因是什么？

2. 基于案例数据，分析跨境新卖家还能进入假发市场吗？

自我分析与总结

错题整理

学会的内容

总　结